格差社会と労働市場

貧困の固定化をどう回避するか

樋口美雄・石井加代子・佐藤一磨

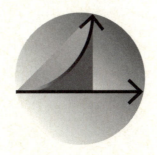

慶應義塾大学出版会

序

　人々の所得格差・経済格差に対する関心が高まっている。かつて「奇跡の復活」といわれた戦後の高度成長時代にわが国が達成したはずの「一億総中流化」現象、みなほぼ平等だという横並び意識は昨今大きく崩れ去った感がある。

　経済が大きく成長している時代であれば、仮に所得格差が発生していても、誰もが前の年よりも所得を増やすことができ、豊かになることは可能であった。だが、経済が成長しなくなると、一定のパイを分かち合わなければならなくなり、所得格差の拡大は、前年より所得の増える人がいる一方で、所得の下がらざるを得ない人を生み出す。なぜ特定の人の所得は増えて、特定の人の所得は下がるのか。

　所得の低下がその人にとって一時的な現象であれば、何とか所得を増やそうとして、頑張る人を生み出すかもしれない。賃金があまりにも低いと、生活費を稼ごうとして長い時間働く結果、健康を害したり、さらには賃金が下がって、「貧困のわな」に陥る人が増加しかねない。低所得が長期にわたって固定化してくると、本人の努力だけでは解決できないと、諦めを生み出し、社会を恨む人を増やすだろう。階層の固定化を伴う所得格差の拡大は、富める者はますます富み、貧しき者はますます貧しくなる状態をつくり出し、個々人の上昇意欲を失わせ、社会の分断、孤立化、秩序の混乱をもたらす。所得格差の問題を考えるとき、その大きさとともに重要となるのは、それが一時的な現象なのか、それとも固定化した格差なのかであり、個々人の所得のダイナミックな変化分析が必要となる。

　はたして日本社会における所得格差・経済格差はどちらの方向に向かって動いているのだろうか。そして所得格差の拡大・貧困層の固定化を回避するための施策としてどのようなことが求められるのだろうか。

　本書は、わが国における所得格差の現状、特徴を明らかにし、その変化の

方向性と固定化の実態について分析を試みる。世界各国において、所得格差はグローバル化や近年の科学技術の発展、高齢化の進展により拡大する傾向がある。その中でわが国の実態はどうか、格差の拡大を是正するにはどのような有効な施策が考えられるかについて検討していく。

　日本語の「所得格差」という言葉は、元来、単に「所得水準の差」を意味するだけでなく、「格付けの差」といったニュアンスをしばしば込めて使われる。このため「格差の拡大」は「客観的水準のちがいの拡大」を意味するだけでなく、社会的に望ましからず、解消されるべき問題として、価値観を込めて用いられる面がある。本書のタイトルに含まれる「格差社会」にしても、単に所得差・経済差が拡大している社会ではなく、収入や財産によって社会の構成員に階層化が進展し、階層間の移動がなく、格付けの固定化した閉鎖性の強い社会との意味合いでしばしば用いられる。たとえその差が市場経済において、社会環境の変化によって必然的に拡大しようとも、それが固定化し、階層化するのは望ましくなく、政策により解消されるべき社会問題であると、一般には受け止められる。

　個々人がどんなに努力しても、階層化が進展し、所得が固定化していれば、人々の努力するインセンティブが低下し、社会は活力を失ってしまう。そればかりか、固定化した階層による大きな差は貧困のわなをつくり出し、社会対立を招き、治安の維持さえ困難にし、社会の持続可能性を脅かす。

　その一方で、努力してもしなくても、所得に差があまりないと、これまた人々は働くインセンティブを失ってしまい、経済は発展しない。市場経済が発展していく原動力は「利己心の追求」であり、これがあるからこそ、資源の有効活用は可能になり、社会は発展すると考えられる。その前提となっているのは「格差の存在」である。これがなければ、まさに悪平等であり、人々は一生懸命働き、努力しようとはしなくなる。格差の是認は、効率性と公平性のトレードオフの関係がしばしば指摘される根拠になっている。こうした関係が存在する以上は、社会が重視すべきなのは「結果の平等」ではなく、「機会の均等」であるといわれる。「機会の均等」は競争市場が正しく機能するための社会インフラであるといわれる。

　だが、現実の社会を直視したとき、「結果の不平等」と「機会の均等」を切り離して考えることは実に難しい。人生は選択の連続であり、前の局面における結果が、次の局面における機会になり得るからだ。

　遊びの人生ゲームであれば、途中で不利になっても、リセット・ボタンを押して振出しに戻れば、もう一度対等な立場に立ってゲームを始めることができる。仮想社会であれば、前のゲームの勝敗の「結果の不平等」と、次のゲームの「機会の均等」を断ち切ることはできる。だが、一度しかない現実の人生には、元来こうしたリセット機能はついていない。教育にしても健康にしても、さらには仕事や引退後の生活にしても、一度の失敗が結果を左右し、それがまた次の局面の条件を悪化させる。人生は連続的であり、前の局面における勝負の結果は、次の局面のスタート条件に持ち越され、その局面の勝敗を大きく左右する。一度のゲームの負けが次のゲームのハンディを生み出すといった悪循環を断ち切るには、どのような施策が有効だろうか。

　政府は格差是正策として、いくつかの施策を持っている。一つは租税・社会保障制度による所得の再分配で、市場所得における格差を事後的に是正する方法である。だがそれは、市場所得が決まった後の事後的な再分配機能といいながら、制度の設計如何によっては就業意欲を失わせたり、所得を制限させたり、モラルハザードを引き起こす可能性がある。

　政府の果たす格差是正のもう一つの役割は、積極的に市場に働きかけ、雇用機会の均等・教育の機会均等を図ったり、低所得者の賃金を引き上げたり、能力開発を支援し、就業を促進することである。この場合にも、何をもって機会の均等と見なすのか、モラルハザードを引き起こさないよう「殻の保護より、翼の補強」という視点から検討していかなければならない。

　一方で、人々の価値観は多様であり、経済的格差ばかりに着目するのはおかしいという声も聞かれる。人々の幸せを規定する要因は経済以外にもたくさんあり、もっと大切なものも多い。人々は自分の価値観に基づき、選択肢の中から行動を決めているのであって、ほかの要因も考えるべきではないかという意見もある。たしかに人々の価値観は多様である。そしてそれに基づき行動を決めているのも事実だが、一方でその選択肢も経済状況によって大きく左右されるのも確かであり、これを分析することには意義があるとわれ

われは考える。

　人口学的な変化は経済格差の重大性を増す。長寿化は、教育を通じても、健康を通じても、仕事においても、不利な結果が次の局面の条件を悪化させ、それがまた結果を左右するといった悪循環の期間を延ばす。「人生100年時代」において、誰もが、いつからでもやり直し、チャレンジのできる状況を整備していくことが重要であるといわれるゆえんでもある。他方、少子化は、金融資産にしろ、実物資産にしろ、教育を通じた人的資産にしろ、親から資産を受け取る子どもの人数を少なくする結果、1人あたりの受け取り額を増やす。経済が成熟し、蓄積された資産が多くなればなるほど、親からの相続の影響は大きくなり、格差は拡大されやすい。

　経済のグローバル化やIoT、AIをはじめとする新しい科学技術の登場は、中間所得層の仕事を奪い、所得格差の拡大をもたらしているといわれる。はたしてわが国の実態はどうか。そして人生における格差の悪循環を断ち切るための、各局面における、わが国に適した「機会の均等化政策」とは何か。税や社会保障や能力開発などの積極的支援策といった政府の再分配機能も含めて、日本の実態について考えてみたい。本書では、以下、わが国における全体の所得格差、世代間格差、世代内格差、家族形成、就業・賃金格差、時間格差、健康格差、教育格差の現状と格差解消のための施策の有効性・妥当性について考察していく。

　こうした点を明らかにするには、一時点における所得格差のデータだけでは不十分である。むしろ多数の同一個人の所得の変化や行動の変化、機会の変化を長期にわたって追跡した「パネル調査（縦断調査）」が必要となる。われわれは2004年に『日本家計パネル調査』を立ち上げ、以降、これまで、無作為に抽出した約1万人の個人やその家族について追跡調査を行ってきた。本書では、各種のデータを交えながら、主にこのデータを使って、格差社会の実態とこれを緩和すべき政策の有効性・妥当性について検討していくことにする。

　このような問題意識のもと、本書は以下のように構成されている。第1章では、所得格差を分析する意義について再度確認した上で、日本における所

得分布や所得格差の時系列的な変化、さらには、国際比較を通じて、格差や貧困、税・社会保障制度による再分配効果について、諸外国における全体的な傾向と日本の特徴について検討する。

　所得格差は、他の先進諸国同様に、1980 年代以降日本においても拡大してきた。とくに高齢層で所得格差が大きいものの、年金給付の拡充により近年縮小してきており、代わりに、若年層における格差が拡大してきている。所得格差の拡大は、上位 1％の人々が社会全体の所得のどれだけを占有しているかという指標（所得占有率）からも確認できる。上位 1％所得占有率は、アメリカほど高くはないが、2010 年代時点で日本では 10％程度であり、過去 20 年間、上昇してきた。資産の格差は所得の格差よりもはるかに大きい。バブル経済の崩壊により、住宅・宅地資産における格差は縮小傾向にあるが、代わって貯蓄残高における格差は 1990 年代半ばから拡大傾向にある。

　貧困層の固定化についても着目し、日本の状況は決して楽観視できない状況にあることを指摘している。格差の拡大や、貧困層の固定化に対し、いずれの国においても税・社会保障制度による再分配を拡充してきており、日本も例外ではないが、他の先進国と比較するとその寄与率は低い。他の国と比べて、日本では貧困を「個人の怠惰」によるものと捉える人が北欧諸国等に比べ多くいるが、過去に比べると「所得はより平等であることが重要だ」と考える人が増えた。しかしながら政府によるこれまでの所得再分配機能のさらなる強化を求める人は以前よりも減っている。

　第 2 章では、所得格差拡大の背景にある労働市場の状況の変化について、国際比較を通して確認する。労働力人口、雇用者数、労働時間、賃金に加え、雇用調整速度や労働分配率の変化を分析し、所得格差の拡大の要因を分析する上での基本情報を提示する。

　日本においては、人口の少子高齢化により生産年齢人口が減少しているものの、近年の女性や高齢者の就業率の上昇により、以前と同じ就業者数を確保し、労働力人口の低下を補っている。賃金格差には問題があるものの、高齢者の就業率は先進国の中で一番高く、女性の就業率にしても、近年、アメ

リカの水準を抜いた。一方で、若年層の労働力率は、いずれの先進国においても低下している。雇用者数を見ると、いずれの先進国においても製造業をはじめとする第二次産業分野で雇用者数の大幅な減少が見られる一方、医療・福祉分野での雇用者数は増加しており、とくに日本においてその増加は著しい。

　賃金においてはアメリカ、イギリス、ドイツ、フランスにおいては、賃金の上昇幅は小さいものの、上昇を続けている一方で、日本では、名目賃金、実質賃金ともに低下を続けてきた。この原因の一つは、労働生産性の低下である。日本以外の国では、労働生産性の伸びを賃金の伸びが上回っているのに対し、日本では、労働生産性の伸びを賃金の伸びが下回っている。これに加え、日本において労働分配率が持続的に低下していることも、賃金低下の原因の一つである。企業収益が向上しても、労働所得が増加しないことを意味している。非正規労働者の増加も原因の一つとして考えられる。パートを中心に、賃金の低い非正規労働者の割合が高まったことにより、全体の賃金を押し下げていることが指摘される。

　第3章は、非正規労働者の増大が所得格差にどのような影響を与えているかを検討した章である。非正規労働者は正規労働者と比較して賃金が低く、労働者個人で見た場合、非正規労働者の増大は低所得者の増大につながる。とくに正規労働者が非正規に置きかえられた場合はそうだ。しかしながら、所得の最終的な単位を世帯とすれば、非正規労働者の増大が、無業者の減少と合わせて、世帯単位でみた所得格差にどのような影響を与えているかはわからない。この点についてOECDの国際比較の結果を引用し、日本における集計結果を加えて比較することで検討する。

　労働者個人単位で見た場合、たしかに非正規労働者の増大は所得格差を拡大させている。一方で、非正規労働者の多くは、有配偶女性か高齢男性、未婚の若年層であり、有配偶の世帯主であるケースはいまのところ、多くはない。非正規労働者における低賃金は黙認されるべきものではないが、世帯単位で見た場合、無業者の減少をともなう非正規労働者の増大は必ずしも世帯間の所得格差を増大させているとは言い切れない。むしろ、従来仕事をせず

専業主婦であった有配偶女性の非正規労働での就業開始は、世帯所得を引き上げ、格差を縮小させる可能性を有している。正規労働者と非正規労働者の賃金格差が是正されれば、世帯間の所得格差はさらに縮小する。これらのことについて、国際比較などを含めたデータで確認する。

　第4章では、非正規労働者に低賃金が多く、長く働いているにもかかわらず貧困であるという、いわゆるワーキングプアが多い問題に焦点を当て、非正規労働者の賃金引き上げに向けて、いかなる政策が有効なのか、先行研究からの知見や、本章独自の分析から検討している。非正規労働者の賃金引き上げの政策として本章で検討した政策は、法定最低賃金の引き上げ、同一労働同一賃金の実施、有期雇用者の無期転換への保証、能力開発支援である。

　法定最低賃金の設定は、競争により低賃金のさらなる低下、貧困のわなの回避を目的に実施されている。だが、法定最低賃金の引き上げが雇用に与える効果については、低賃金労働者の賃金の引き上げに貢献できるという半面、企業の人件費負担を増やし、雇用を減らしてしまうというデメリットも指摘されている。日本では他の先進国と比較して、最低賃金は低く設定されてきた。その結果、最低賃金で仕事をするよりも、無業で生活保護を受給したほうが所得が高くなるといった逆転現象もかつては生じていた。2007年の「成長力底上げ戦略会議」を契機に、最低賃金の大幅な引き上げが実施されるようになった。この効果を分析すると、この時期の最低賃金の引き上げは、非正規の低賃金労働者の賃金を引き上げ、賃金格差縮小に貢献したこと、また、これによる雇用削減は、20歳以上の人に限定すれば、観察されなかったことが確認される。

　正規労働者と非正規労働者における同一労働同一賃金、および、有期雇用者の無期転換への保証については、日本における制度の現状について、その背景も含め説明する。日本においては、企業を越えて、職種別や産業別に賃金が決定されるのではなく、各企業が個別に賃金を設定していることもあり、正規・非正規労働者間で大きな賃金格差が生じてきた。この点を解消するために、今後は、正規・非正規の賃金格差について、企業が説明責任を負うことになる。また、有期雇用者に対しては、雇い止めの不安を解消し、不

合理な労働条件から守るために、2013 年に労働契約法が改正され、有期労働が通算 5 年を超えたときは労働者の申し込みにより無期労働契約へ転換しなくてはならなくなったことの影響が説明される。

さらに、本章では非正規労働者の能力開発支援策が、正規雇用へのステッピング・ストーンとして有効であるとする先行研究の内容も紹介している。このような積極的雇用政策は、労働者の時間あたり賃金を高め、正規化を促し、低賃金からの脱却を促進することを指摘する。

第 5 章では景気変動が所得格差にどのような影響をもたらすのかを知るために、2008 年のリーマン・ショックに着目し、リーマン・ショックという景気変動が日本の所得格差にどのような影響を与えたのかについて、パネルデータを用いて分析している。

この章では、リーマン・ショックが家計に与える影響について二つの経路を想定している。一つは世帯主の所得へのショックである。リーマン・ショックが、わが国では失業の増加やボーナスの削減を通じ、高所得層と低所得層のどちらに大きなダメージを与えたのか、それにより所得格差に与える影響は異なる。二つ目の経路は、不況に対して世帯主以外の人の労働供給がどのように反応したかである。この反応が所得階層によって異なり、所得の低い世帯でより敏感に反応し、世帯員が労働供給を増やした場合、所得格差は縮小する可能性がある。特に妻の付加的労働者効果に着目する。

分析の結果、リーマン・ショックにより、いずれの所得階層でもおしなべて世帯主の所得の低下を経験したこと、一方で、世帯主の所得が下がった世帯では、妻が就業を開始するケースが大きく見られたが、とくに低所得層でその傾向が強いことがわかった。さらに、夫の所得で計測したジニ係数と、夫婦合算所得で計測したジニ係数を時系列的に比較した結果、妻の就労は世帯間の所得格差を縮小させており、なかでも 2008 年の景気後退直後からの数年間、産業構造の転換もあり、妻の就労による格差縮小効果が大きかったことがわかった。

2008 年の不況は低所得層に限らず全体として勤労所得の低下を引き起こしたが、夫の所得の低下に対して、低所得層の妻が敏感に労働供給を増やし

たことで所得格差の拡大を引き止めたことを指摘している。

　第6章では、医療サービスの利用に関する格差に焦点を当て、皆保険の公的医療保障制度を有する日本においても、同じ健康状態であっても所得の多寡により医療サービスの利用状況に差があることを指摘し、高齢化における医療費負担問題を考える上での問題点を提示している。

　本章では van Doorslear *et al.*（2004）の方法を踏襲し、所得階層間における医療サービス利用の公平性について分析した。同じ健康状態であっても、低所得者ほど受診率が低いこと、一方、医療機関の窓口で支払った自己負担額については、全体としては所得の多寡の影響はないことが明らかとなった。受診するかしないかについては個人の意思決定によるところであるが、ひとたび受診すると、その後どの程度の医療サービスを受けるかどうかは、医師の判断によるところが大きい。

　所得が低い人ほど健康状態が悪いという「健康格差」は、さまざまな要因により存在していることが説明される。その上で、低所得により必要な医療サービスを十分享受できない場合、さらなる「健康格差」を招くことが示される。本章では、人口の高齢化により膨らみ続ける公的医療費の負担問題を考える際、この点に対しての配慮が必要であることを指摘している。

　第7章では、「時間」における貧困の問題に着目して、子育て世代の長時間労働による時間的に余裕のない生活（時間貧困）が、子どもとの時間を減らし、健康状態までをも阻害することを指摘している。Vickery（1977）で提唱された、所得と時間の二次元的貧困のフレームワークを拡張し、日本において、どのような世帯で十分な生活時間を確保できず時間貧困に陥っている割合が高いか、また、時間貧困は健康にどのような影響をもたらすのかについて検討している。

　時間貧困の発生要因として、就業と子育ての二つが主要な要因であること、そのため就労と子育てを一手に担うひとり親世帯と、未就学児を抱える夫婦共働き世帯、なかでも夫婦ともに常勤職の世帯において、時間貧困率が高いことがわかった。とくに、ひとり親世帯においては、十分な所得も十分

な時間もないという状況に陥っている世帯が多く存在することがわかった。さらに、本章の分析では、こういった時間的に余裕のない生活は、睡眠時間を短くし、定期的な運動習慣も阻害し、精神的な健康状態に負の影響を与え、子どもと夕食をともにする機会も減らしてしまうことがわかった。時間貧困を解消するために、市場財・サービスの購入により時間代替に要する所得についても試算する。このような結果を踏まえ、本章では、長時間労働の是正、子育てに対するより広範囲な社会的支援の必要性を主張している。

　最後の第8章では、教育における格差について論じている。この章では、幼児教育、小中学生の学力、高校・大学進学という三つのステージにおける、親の所得や家庭環境との関係について、先行研究における見解を踏まえて、教育における格差を議論している。

　幼児教育については、この時期に意欲、忍耐力、自己意識、自制心といった非認知能力を育てることがその後の学業や仕事において重要であること、そして、家庭における経済格差が子どもの非認知能力や学力の差を引き起こし、大人になってからも経済格差に影響することを指摘したジェームス・ヘックマン（2015）の研究を紹介する。これに加えて、日本やアメリカにおける類似の研究も紹介する。

　小中学校における学力については、主に日本における先行研究を中心に、低所得世帯の子どもにおける学力形成の不利を指摘している。さらに、縦断調査を利用した分析により、親の所得は子どもの学力の差のみならず、学力の伸びにもプラスの影響を与えることを指摘した先行研究も紹介している。

　大学進学率は、現在、男子においては6割、女子においては5割近くまで上昇するようになったが、日本においては高等教育機関に対する公的助成は少なく、家庭がその多くを負担している状況にある。大学の難易度別に進学率を見ると、所得の高い親の子どものほうが難易度の高い大学に通っている傾向が見られる。学部単位で見ても同じである。これは高校までの学力の差が親の所得や学習環境に左右されて生じていることに起因していると考えられる。

　また、親の学歴と子どもの学歴には相関関係が強く存在し、教育を通じ

て、世代間で格差が継承されていることも指摘する。こういった格差を解消するためには、大学進学への奨学金のみならず、幼児期からの経済的支援や学習環境の整備が重要であることを主張している。

　さらに、このように生じた教育格差は、将来、就業した際における賃金格差にも影響を与えることを指摘している。学歴間の賃金格差は以前に増して拡大している。また、留学などの海外での経験もその後の所得にプラスの影響を与えること、さらに親の所得が高い世帯ほど、そのような海外経験を持つことができ、そこでも格差が生じていることを指摘する。

　本章では、このような家庭の経済状況による教育格差を解消するための一つの手段として、大学進学への奨学金制度のあり方やその効果についても議論している。なかでも、日本学生支援機構による「予約採用型奨学金」という、進学先が未定の状態で高校生のうちに申し込むことができる新しい制度に着目して、その効果について分析をする。その結果、「予約採用型奨学金」は、低所得層の大学進学率を向上させる効果があることが確認される。さらに、奨学金を得て大学進学をしたことで、大学進学を断念した場合よりも高い所得を得ていることも指摘しており、低所得家庭における不利な状況を緩和するためには、今後、勉学に励んでいることを条件に給付型の奨学金制度の拡充を図ることが重要であることを指摘する。

＊　　　　　＊　　　　　＊

　本書で「日本家計パネル調査」を利用するにあたって、データの提供を受けた「慶應義塾大学経済研究所　パネルデータ設計・解析センター」に感謝したい。とくに研究メンバーであり、本書の分析にあたり、さまざまな助言を下さった山本勲氏、赤林英夫氏、大垣昌夫氏、C. R. MacKenzie 氏、駒村康平氏、土居丈朗氏、直井道生氏、瀬古美喜氏はじめ、センターの研究員の皆様に感謝する。本書の第7章、第8章の一部で共同研究を行った浦川邦夫氏、萩原里紗氏にも感謝したい。また、本書を出版するにあたり、慶應義塾大学出版会の増山修氏にお礼を申し上げたい。増山氏の編集・校正のご尽力なくしては、本書は陽の目を見なかったであろう。

　なお、本書の研究は、日本学術振興会・科学研究費助成事業（特別推進研究）17H06086「長寿社会における世代間移転と経済格差：パネルデータによる政策評価分析」から助成を受けたことを申し添える。

　2018 年 2 月

著　　者

目　　次

序 ……………………………………………………………………………… i

第 1 章　日本の所得格差は拡大したのか
——固定化が進んでいるのか …………………………………… 1

　1　なぜ所得格差について分析することが重要なのか —— 1
　2　日本では経済的に豊かな家計が増えたのか、
　　　貧しい家計が増えたのか —— 3
　3　日本の所得格差は拡大しているのか —— 6
　　(1)　所得格差の計測手法・使用する所得変数・分析対象　6
　　(2)　ジニ係数の国際比較・時系列比較　8
　4　年齢階層別の所得格差は
　　　どのように変化してきたのか —— 10
　5　上位 1 ％の所得占有率は拡大したのか —— 12
　6　政府による所得再分配機能は
　　　有効に機能しているのか —— 13
　7　資産格差は拡大してきたのか —— 15
　8　相対的貧困率は上昇してきたのか —— 17
　9　貧困は固定化しているのか —— 19
　10　所得格差や貧困に対する意識は変化したのか —— 21
　11　結論：日本の所得格差と貧困は拡大してきた —— 24

第2章　労働市場はどう変わったか
——各国における雇用・就業率・失業率・生産性・賃金格差の変化とわが国の特徴 ………………… **27**

1　所得格差を考察する上で、なぜ労働市場の変化を把握することが重要なのか —— 27
2　先進国の労働力人口、雇用者数、雇用調整速度はどのように変化したのか —— 28
 (1)　労働力人口の変化　28
 (2)　雇用者数の変化　31
 (3)　雇用調整速度の変化　34
3　先進国の労働時間はどのように変化したのか —— 35
4　先進国の賃金はどのように変化したのか —— 36
 (1)　先進国の賃金の推移　36
 (2)　賃金低下の背景①：労働生産性の低下　38
 (3)　賃金低下の背景②：労働分配率の低下　40
 (4)　賃金低下の背景③：非正規労働の増加　41
 (5)　日本の賃金格差の現状　46
5　結論：日本の賃金低下と中間賃金層の減少 —— 49

第3章　非正規労働者の増加は所得格差を拡大させたのか ……………………………… **53**

1　なぜ非正規労働と所得格差の関係を分析する必要があるのか —— 53
2　誰が非正規労働者として働いているのか —— 54
3　個人で見た場合に非正規労働者の増加は所得格差を拡大させたのか —— 58
 (1)　就業形態のちがいによる所得格差　58
 (2)　所得格差の要因分解：時間あたり賃金率のちがいか、労働時間のちがいか　60

4　世帯で見た場合に非正規労働は所得格差を拡大させるのか
　　―― 61

　(1)　個人と世帯で見た場合のジニ係数のちがい　61
　(2)　個人と世帯で見た場合の非正規労働と所得階層の関係　63
　(3)　非正規労働と世帯の所得格差　68
　(4)　非正規労働と貧困　69

5　若年単身の非正規労働者はどのような不利益を被って
　　いるか ―― 70

　(1)　非正規労働という働き方は家族形成において不利か　70
　(2)　非正規労働という働き方は心の健康を損なうか　73

6　結論：世帯単位で見た場合、女性就業者の増加は所得
　　格差を縮小させる ―― 74

第4章　非正規労働者の賃金引き上げに何が有効か
――最低賃金、同一労働・同一賃金、無期転換、能力開発支援 ……………………………………… **77**

1　わが国の相対的貧困世帯の特徴 ―― 77
2　最低賃金の引き上げ ―― 78
3　最低賃金の引き上げが賃金格差に与える影響 ―― 84
4　最低賃金の引き上げが雇用削減に与える影響 ―― 87
5　同一労働・同一賃金 ―― 91
6　法律改正や能力開発支援が正規雇用への転換に与える影響
　　―― 94
7　結論：非正規労働者の賃金引き上げへの有効策 ―― 100

第5章　リーマン・ショックは所得格差にどのような影響を与えたか
――景気変動と有配偶世帯の所得格差 ……………… **103**

1　景気変動は所得格差にどのような影響を与えるか ―― 103

2　リーマン・ショックは日本の労働市場にどのような影響を
　　与えたか —— 105
　(1)　リーマン・ショックが日本の労働市場に与えた影響　106
　(2)　社会保障制度はリーマン・ショックにどう反応したか　107
　(3)　有配偶世帯に分析対象を限定する影響　109
3　リーマン・ショックで誰の所得が低下したのか
　　　　——有配偶男性における検証 —— 111
4　夫の所得の低下に対して妻はどう対応するか
　　　　——所得階層別の対応のちがい —— 115
　(1)　推計方法　116
　(2)　推計結果　118
5　妻の所得が世帯の所得格差に及ぼす影響 —— 121
6　結論：リーマン・ショック後の家計の所得変化と格差
　　　　　　　　　　　　　　　　　　　　　　　　　—— 122

第6章　所得格差は医療サービスのアクセスビリティに影響しているか ……………………………………… **125**

1　公的医療保障下における「受診抑制」—— 125
2　経済的地位と健康格差 —— 128
　(1)　低所得や所得格差が健康に悪影響を与える説　128
　(2)　所得と健康の経済モデル　129
　(3)　所得と健康を結びつける他の要因　130
3　必要度に応じて医療サービスを受けることができているか
　　　　——「水平的公平性」の検討 —— 131
　(1)　医療サービス利用の「水平的公平性」に関する実証研究　131
　(2)　医療サービス利用の「水平的公平性」に関するフレーム
　　　　ワーク　132
4　分析に利用したデータと分析仮説 —— 134
5　所得と健康状態の関係 —— 137
6　医療サービスの利用——多変量回帰分析 —— 139

　7　結論：公的医療保障制度と健康格差 —— 144

第7章　時間貧困・経済貧困は生活の質と健康にどう影響しているか …………………………………… **147**

　1　人々の生活水準をどう測るか —— 147
　2　貧困を所得と時間から捉える
　　　——二次元的貧困線のフレームワーク —— 148
　（1）　時間の貧困というフレームワーク　148
　（2）　図で見る二次元的貧困線　150
　（3）　どうやって貧困線を設定するか　152
　（4）　「お金で時間を買う」場合、最低限必要な所得はいくらになる
　　　　か　154
　3　時間貧困に陥っているのは誰か
　　　——データによる検証 —— 154
　（1）　最低限必要な家事時間を確保できないのは誰か　155
　（2）　「貧乏暇なし」の真偽を確かめる　157
　4　多忙がもたらす健康被害 —— 159
　（1）　時間貧困の弊害　159
　（2）　多忙がもたらす家庭へのダメージ　162
　5　結論：時間による貧困分析から浮かび上がった課題
　　　　　　　　　　　　　　　　　　　　　　　　　—— 163

第8章　教育は所得階層の固定化をもたらしているか ——求められる教育の機会均等諸施策 ……………… **167**

　1　教育の機会均等とは —— 167
　2　幼児教育と家庭環境 —— 169
　3　小中学生の学力と親の所得 —— 173
　4　大学進学と親の所得 —— 176
　（1）　子どもの教育費支出は誰が負担しているのか　176

(2) 国際比較に見る「親の学歴と子どもの教育」の関係　180

(3) わが国の「親の所得と子どもの大学進学率の関係」の変化　182

5 学歴間所得格差の拡大 —— 187

6 海外経験がその後の所得に与える影響 —— 191

7 奨学金は親の所得による子どもの教育格差を和らげるか
—— 193

(1) 奨学金が低所得世帯の大学進学促進に与える効果　193

(2) 奨学金受給者のその後の就業状態と所得　197

8 結論：所得格差の固定化を阻止する教育制度の確立
に向けて —— 199

初出一覧　203
参考文献　205
索　　引　217

装丁　渡辺弘之

第1章

日本の所得格差は拡大したのか
―固定化が進んでいるのか―

1　なぜ所得格差について分析することが重要なのか

　日本の所得格差は拡大してきたのか、そして、今でも拡大し続けているのか。これらの疑問に対する答えに、経済学者や政策担当者だけでなく、多くの人々の関心が寄せられている。

　市場経済の中では競争があり、勝者となったものが多くの経済的利益を得るのは当たり前と考えられている。このため、市場経済の中において格差が生まれるのは、ある種必然だといえる。それでもなぜ、人々はこうも所得格差に関心を寄せるのだろうか。その理由の一つは、所得格差について知ることが社会における自分の位置づけやその変化を把握することにつながるためだ。自分の今の所得水準は社会の中において高いのか、それとも低いのか。そして社会にどのような所得の人がどれだけいるのか。また、今後、所得が向上する可能性はあるのか。逆に貧困に陥ってしまう危険性はどれだけあるのか。そもそも所得は公正に分配されているのか。こうしたことを考えながら、人は時には誇りを感じ、時には妬みを生み、社会の良し悪しを実感する。こうして人々は所得格差の実態と動向に対して強い関心を持つ。

　そもそも所得には、いろいろな側面がある。ひとつの側面は、財力の側面である。所得はさまざまな財やサービスを獲得・購入する能力を示すものであり、これによる富力が大きければ購買力や貯蓄力が大きく、自由に多くの

ものを手にすることができる。逆に所得が低ければ貧しく、ときには生きていく上で必要となる財やサービスも手に入れることができなくなる。自分の生きている社会において、その所得の差、貧富の差が大きいということは、それだけ自由にたくさんのものを自分の欲望や考えに基づき手に入れることができる一方で、生きていく上でも困っている人が多く存在することを意味し、ときにはこれが社会の分断、治安の悪化をもたらす可能性もある。

他方、所得には、その源泉である労働や資産を使って稼ぐことのできた報酬の大きさを示す指標であるという側面がある。与えられた社会環境において、その人の努力に対する市場の評価の結果であるという面である。所得が高いということは、その人の努力に対する市場の評価が高い証しであり、逆にそれが低い人は、その人の努力に対して高い評価が与えられていないことになる。こうした評価の差があまりに小さく、所得の差が小さければ、市場が評価している高い価値の仕事に向かって努力する人がいなくなり、悪平等の社会になってしまう可能性がある。その一方、その差があまりにも大きく、高所得の状態、低所得の状態がそれぞれ長期にわたって固定化してしまうと、努力すること自体を諦め、社会の階層化が進展する危険性が高い。賃金があまりに低いと、生活費を稼ごうと、一生懸命長時間働き、健康を害し、貧困のわなにはまってしまう人も多い。そこではどのような家庭に生まれようとも、そしていつからでも挑戦できるように、機会の均等が達成維持されることが重要になる。

はたして日本においては、経済が高い成長率を示していた時代から低成長の時代に移る中にあって、この購買力の差、市場の評価の差、そしてこれらに影響を与える機会の均等の差、税や社会保障といった国の再分配機能・保障機能との結びつき、それらを複雑に反映した所得格差にどのような変化が起こってきたのであろうか。

わが国は戦後の経済発展の中で、実態は別として、少なくとも人々の意識上、「一億総中流」といわれる社会を実現してきたが、バブル崩壊をきっかけに、その後、所得格差が拡大してきたと指摘される（橘木［1998］）。しかし、ミクロデータを使って分析してみると、当初は、これには人口の高齢化が強く影響しているのであって、同じ年齢層についてみると、必ずしも所得

格差の拡大は明らかではないことが指摘された（大竹［2005］）。その後の研究において、年齢階層別に見てみると、若年層においてはやはり所得格差が拡大していること、そしてさらに近年、所得格差の拡大は頭打ちしたものの、全体的に所得が低下し、貧困化が進展してきていることが指摘されている（小塩［2010］）。

　以上のようにわが国の格差は拡大と横ばいの傾向をたどってきたといわれるが、はたして足元においてはどのような変化が起こっているのだろうか。再び、所得格差は拡大する傾向にあるのか。それとも、格差は他の先進国とは異なって、いろいろな経済環境の変化や政策の効果もあり、むしろ横ばい、あるいは逆に縮小する傾向にあるのか。また、日本の所得格差は国際社会の中でどのように位置づけられるのだろうか。これらの疑問に答えることは、日本の社会が直面する課題を明らかにすることにつながるため、重要だと考える。

　本章では直近の公的統計や慶應義塾大学パネルデータ設計解析センターが実施している『日本家計パネル調査（JHPS／KHPS）』のデータを使い、わが国の所得格差にどのような変化が起きているのか、そして、国際的に見てどのような特徴があるのかを動学的視点から展望する。分析ではわが国の所得階層の固定化や資産格差、一時的貧困・恒常的貧困の特徴も併せて検証する。

2　日本では経済的に豊かな家計が増えたのか、貧しい家計が増えたのか

　過去40年間にわたって、日本では経済的に豊かな世帯が多くなっているのか、それとも貧しい家計が多くなっているのか。2000年までの20年間と、それ以降の15年間に分けて、まず所得分布の動きについて見てみよう。

　所得分布のデータを利用すると、どの所得階層が増加・減少しているのかといった点だけでなく、分布の散らばりの程度を視覚的に把握することが可能となる。これらは所得格差の変化を把握する上で有益な情報となる。もし、高い所得階層の占める割合が全体的に増加（減少）した場合、平均所得

図 1-1　年間収入（名目値）分布（全国・2 人以上の全世帯、2000 年以前）

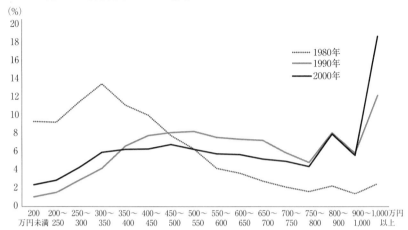

注：1980、1990 年の値は、調査区分が異なっている為、200 万円未満は、100 万未満、100 万〜149 万、150 万〜199 万の値を合算したもの。2000 年の 1000 万円以上の値は、1000 万〜1250 万円、1250 万から 1500 万円、1500 万以上を合算したもの。
出所：総務省統計局『家計調査年報』詳細集計。

は上昇（低下）する。所得の散らばりの度合いが拡大（縮小）した場合、所得格差も拡大（縮小）する。本節では絶対額における所得分布の変化そのものを見ることにより、どのような所得の人が増えているのか、それと同時に所得格差の大まかな動きについて見ておく[1]。

　分析では時系列的に絶対所得額の比較可能な総務省『家計調査年報』を使って、まずはデータ上の制約から、2 人以上世帯について年間名目収入絶対額の分布状況の変化を見ていく。

　図 1-1 は 2000 年以前の 20 年間における年間収入分布を 10 年ごとに見たものである。1980 年から 1990 年の変化を見ると、500 万円未満の所得階層が大きく減少し、600 万円以上の高所得層が増加していた。この変化は平均所得の上昇とともに、低所得者が減った分、一見すると所得格差は縮小したと考えられる。だが、その一方、分布の形状を見ると、300 万円から 350 万円の山の部分がなくなり、よりフラットになっていた。これは所得の散らば

---

1)　小塩（2010）もカーネル密度推定量を使用して所得分布を推定し、その形状の変化から所得格差の動向を分析している。

図 1-2　年間収入（名目値）分布（全国・2 人以上の全世帯、2000 年以降）

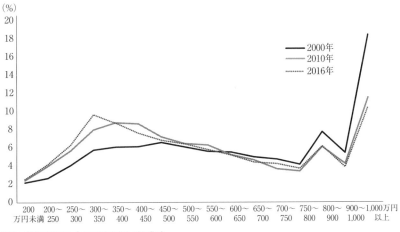

出所：総務省統計局『家計調査年報』詳細集計。

り度合いが増加したことを意味するため、所得格差の拡大に寄与すると考えられる。

　1980 年から 1990 年にかけて、格差縮小と拡大の両方の効果が存在していたが、その相対的な効果の大きさによって格差の変化は決定される。大竹（2005）はこの間に所得格差が拡大したことを指摘しているため、所得の散らばりの影響が大きかったと考えられる。1990 年から 2000 年までの変化を見ると、400 万円から 800 万円の所得層の割合が低下し、300 万円以下の割合が増加した。また、分布の形状は全体的によりフラットになっていた。これらの変化は所得格差の拡大に寄与したと考えられる。実際、大竹（2005）の検証結果でも所得格差は拡大していた[2]。

　次に図 1-2 の 2000 年以降の 2000 年、2010 年、2016 年の年間収入分布の変化をみると、800 万円以上の高所得層の割合が低下し、その分 300 万円未満の低所得層が緩やかに増加したことがわかる。このことは、わが国の家計を取り巻く経済状況が悪化し、全体的な所得水準が低下したことを表してい

---

2)　大竹（2005）の『家計調査』を用いた計測の結果、1980 年のジニ係数は 0.26、1990 年のジニ係数は 0.276、そして 2000 年のジニ係数は 0.284 であった。なお、『国民生活基礎調査』を用いた場合でも同じくジニ係数は増加傾向を示していた。

る。さらに、300万円前後で、以前よりも尖り度合いの強い山が形成され、それにより所得の散らばり度合いが低下したことは、格差を縮小させる方向に寄与することを示している。

　全体的に所得水準が下がり、所得の低い層に集まるかたちで格差が縮小してきていることは、2000年前後の所得分布の変化をカーネル密度推定量で分析した小塩・浦川（2008）でも指摘されている。単純な所得分布のみでは格差が縮小したのか即断することができないため、格差指標による具体的検討は次節以降で行う。

3　日本の所得格差は拡大しているのか

（1）　所得格差の計測手法・使用する所得変数・分析対象

　所得格差を計測する場合、どのような方法が望ましいのだろうか。前節の分析では絶対額の所得分布の変化を用いたが、この方法では格差が拡大したのか、それとも縮小したのかといった点が判断しづらい。また、日本だけではなく、国際比較を行う場合、国により使用している通貨の単位が異なるため、その影響を回避できる指標を使う必要がある。同様に、時系列分析を行うときにも、物価の変動を反映しないような指標を使う必要がある。

　こうした点を考慮し、所得分布の広がりを捉える指標として開発されたのがジニ係数である。このほかにも所得格差を捉える指標としていくつかの指標が使われているが[3]、本章では最もよく使われているジニ係数を用いて、国際比較、時系列比較にあたる。

　ジニ係数は図1-3のように、まず所得の低い順に所得の累積シェアをプロットしたローレンツ曲線を描き、ローレンツ曲線と、所得が均等に分配された時に描かれる45度線である均等分布線との乖離が面積（図1-3における斜線部の面積）によって示され、(1)式のように定義される。

---

[3]　ジニ係数のほか、所得格差を表す指標として、所得が完全に平等に分配された場合、社会が諦めなければならない総所得の割合を示すアトキンソン係数（指数）や、所得の総計に占める個人の所得の割合と平均所得に対する個人の所得の比率に基づくタイル係数（指数）があるが、ここでは最も広く使われているジニ係数を用いて、国際比較、時系列比較を行う。

図1-3　ローレンツ曲線とジニ係数

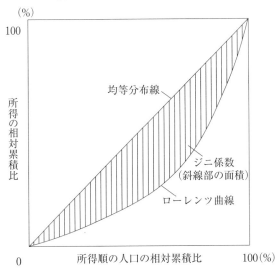

出所：筆者作成。

$$ジニ係数 = \frac{均等分布線からローレンツ曲線までの面積}{均等分布線以下の三角形の面積} \qquad (1)$$

　ジニ係数は0から1の間の値をとり、その国の所得が国民全員に均等に配分されていれば0となり、特定の人が独占していれば1となる。すなわち、ジニ係数が0に近いほど所得格差は小さい。

　続いて検討しなければならないのが、どのような所得に着目するかである。個々人の経済的豊かさを示す指標を捉えようとすれば、資産データや余暇時間をも含めた所得データを使用することも考えられるが[4]、ここでは個々人の金銭的購買力を示す「可処分所得」のデータを使うことにする。可処分所得データは、当初所得（市場所得）から税金や社会保険料負担を引き、社会保障給付を加えた純所得として定義される。

　たとえ本人の可処分所得はゼロであっても、生計をともにする家族の所得

4)　石井・浦川（2014）は拘束時間の長さも個々人の豊かさに影響を及ぼすとして、これを含めた場合の貧困分析を行っている。

図 1-4 OECD 諸国におけるジニ係数 (2013 年以降の最新値)

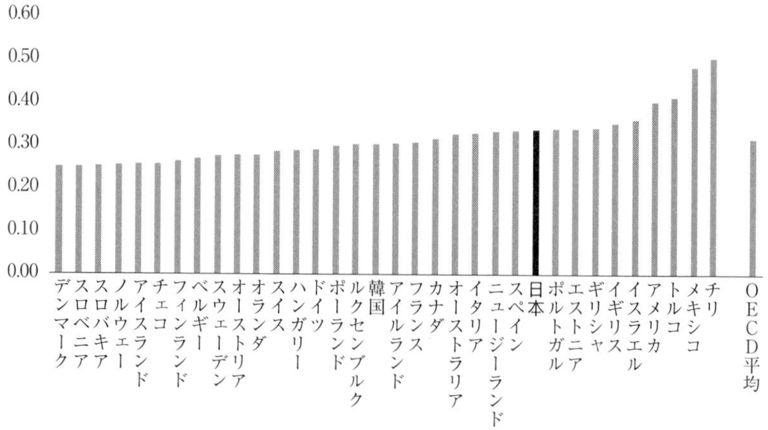

出所：OECD（2015）p.20, Figure 1.1.

が高ければ、必ずしも貧しいとはいえない。所得格差は個人の単位で見るよりも、世帯単位で考えたほうが適切である。しかし同じ世帯所得であっても、世帯員の人数が異なっていれば、必要となる生計費も異なるから、世帯所得を世帯人数で割り引かなければならない。

　だが世帯人数が 1 人から 2 人に増えたからといって、必要となる生計費は 2 倍になるわけではなく、規模の経済性が働く。経済学ではこの規模の経済性を考慮に入れ、世帯の可処分所得を世帯人員の平方根で割った「等価可処分所得」を所得データとしてよく用いるが、ここでもこのデータに基づき、国際比較・時系列比較を行う。

（2）　ジニ係数の国際比較・時系列比較

　OECD（経済協力開発機構）の各国の最新（2013 年前後）のジニ係数を見ていこう（図 1-4）。ここで用いている日本のデータは厚生労働省『国民生活基礎調査』である。これを見る限り、日本のジニ係数はアメリカほど大きくはないが、ドイツやフランスに比べて大きく、各国の平均値を上回っている。これに従う限り、日本の所得格差は総じて大きいということになる。

　次に、各国の 1980 年代中頃と 2013 年前後のジニ係数の変化（図 1-5）を

図 1-5　1980 年代半ばから 2013 年前後のジニ係数の変化

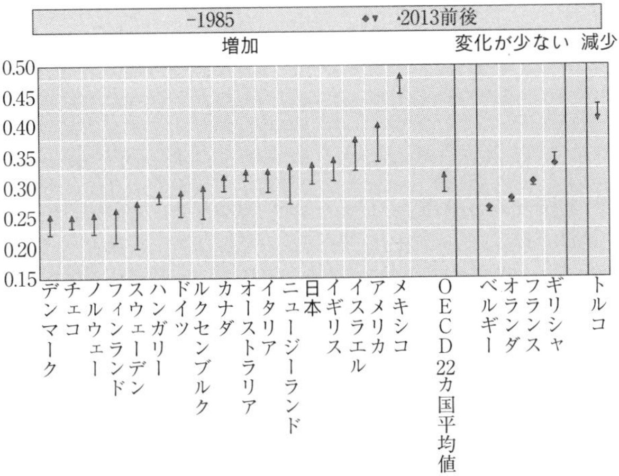

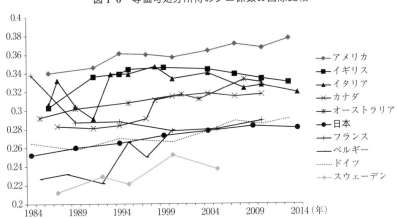

出所：OECD（2015）p.24, Figure 1.3.

図 1-6　等価可処分所得のジニ係数の国際比較

出所：総務省「全国消費実態調査」（日本（1999 年以降の値））
　　　経済企画庁経済研究所　経済分析政策研究の視点シリーズ 11（日本（1994 年以前の値））
　　　ルクセンブルク所得研究（日本以外の値）
参考：総務省「平成 21 年全国消費実態調査」各種係数および所得分布に関する結果。

比較すると、この間、ほとんどの国において、ジニ係数は上向きの矢印になっており、拡大傾向にあり、所得格差が拡大したことがわかる。日本もその例外ではなく、この間、ジニ係数は他の国と同様に拡大した。その拡大幅はアメリカやスウェーデン、イスラエルに比べると小さく、ほぼ平均的であるといえる。

　図1-6は、先に用いた厚生労働省『国民生活基礎調査』の代わりに、総務省『全国消費実態調査』を用いて、各国の等価可処分所得のジニ係数について時系列変化を示したものである。この統計に基づいても、わが国のジニ係数は2011年まで拡大傾向にあり、所得格差が大きくなる傾向にあることは先の図1-5と同じである。だが、『国民生活基礎調査』を用いた図1-5に比べジニ係数は総じて小さく、ドイツ、フランスと類似した値となっており、必ずしも日本の所得格差は、国際的に見て大きいとは言えない[5][6]。

4　年齢階層別の所得格差はどのように変化してきたのか

　わが国の所得格差は拡大していたが、年齢別にみた場合、何かちがいは見られるのだろうか。ここでは世帯主の年齢階層別に可処分所得に基づくジニ係数の推移を見ていく。図1-7を見ると、若いときに比べ高齢者の所得格差は、給与格差の拡大、無業者比率の上昇等により、拡大する傾向がある。人口の高齢化も社会全体のジニ係数を引き上げる傾向にある[7]。ただ、図1-7を見ると、若年層において2009年ごろまで所得格差は拡大し、65歳以上の高齢層において、所得格差は縮小する傾向にあることがわかる。

　図1-7では2人以上世帯に限ってジニ係数の推移を見たものだが、単独世帯（1人世帯）も含めてジニ係数の推移を見たらどうなるだろうか。図1-8では単独世帯も含めて当初所得のジニ係数を示している。未婚者に低所得の

5)　『全国消費実態調査』と『国民生活基礎調査』によるジニ係数のちがいがなぜ生じるかについて、内閣府・総務省・厚生労働省（2015）で調査方法や調査対象等の詳しい検討がなされている。

6)　われわれが実施したJHPSに基づきジニ係数を推計してみると、『国民生活基礎調査』（2009）の0.336、『全国消費実態調査』（2009）の0.283に対し、JHPSではその中間に位置する0.315となっている。

7)　大竹（2005）、清家・山田（2004）。

図1-7　2人以上世帯における世帯主の年齢階層別所得再分配後家計所得のジニ係数
　　　の推移

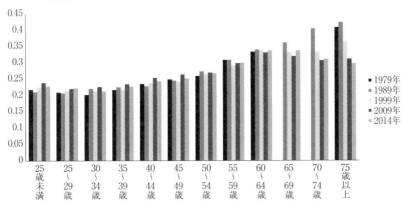

出所：総務省「全国消費実態調査」より作成。

図 1-8　単独世帯を含む世帯員の年齢階層別当初所得のジニ係数の推移

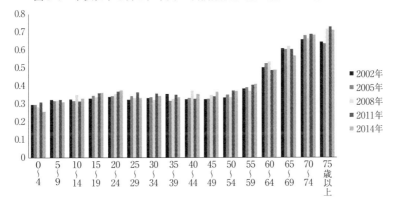

出所：厚生労働省「所得再分配調査」より作成。

人が数多く含まれるため、図1-8の2人以上世帯に比べ、ジニ係数は拡大す
ることが確認される。時系列的にみると、単独世帯を含めても若年層におい
て所得格差は拡大する傾向にあることがわかる。また高齢層においても、低
所得の単独世帯が増えた結果、当初所得で判断する限り図1-7のような縮小
傾向は見られなくなる。

図1-9　トップ1%の人の所得が総所得に占める割合（1981年と2012年とその変化）

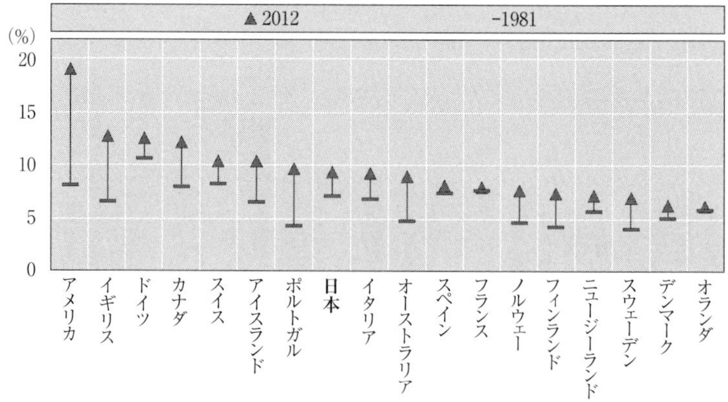

出所：OECD（2014）p.1, Figure 1.

5　上位1%の所得占有率は拡大したのか

　次に高所得層の所得変動について見てみよう。戦前の日本の高所得1%の所得占有率は国際的に見ても高かった[8]。しかしほかの先進国でも戦争を機に大きく低下したが、とくにわが国では戦後の財閥解体、農地解放等により、上位1%の所得占有率は大きく低下し、他の国を下回るようになった。80年代以降、アメリカやイギリスではこの比率が大きな上昇を示しているが、わが国においてはこの上昇は小さく、これらの国を下回っている。

　図1-9は1981年から2012年のトップ1%の人の総所得に占める割合の推移を示している。ここに掲載した18カ国すべての国で占有率は上昇しており、日本もその例外ではない。わが国では先の図1-2で確認したとおり、近年、年間収入800万円以上の高所得者の割合は低下したが、トップ1%の人に限定すると、所得が増えていることがわかる。これはT.Piketty（2014）が指摘するように企業経営者の給与や資産所得が大きく上昇したことによる。ただし、その上昇率はアメリカやイギリスに比べれば小さく、ほかの

---

8)　*OECD The World Top Income Database*、Moriguchi（2015）を参照。

図 1-10　再分配政策によるジニ係数の変化

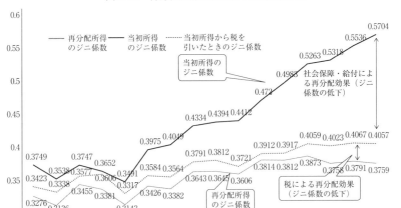

注1：当初所得とは、雇用者所得、事業所得、農耕・畜産所得、財産所得、家内労働所得および雑収入ならびに私的給付（仕送り、企業年金、生命保険金等の合計額）の合計額を指す。
注2：社会保障による再分配効果とは、2002年までの数値は当初所得に現物給付、社会保障給付金を加え、社会保険料を引いたもの（2005年以降の数値は当初所得に社会保障給付金を加え、社会保険料を引いたもの）。
注3：再分配所得とは、当初所得から税金、社会保険料を控除し、社会保障給付（現金、現物）を加えたもの。
出所：厚生労働省『所得再分配調査』

OECD 諸国と同程度の上昇幅となっている。

6　政府による所得再分配機能は有効に機能しているのか

　これまでの分析結果から明らかなとおり、ジニ係数や上位1%の所得占有率で見ても、わが国の所得格差は拡大している。ただし、この所得格差はそのまま放置されてよいわけではない。政府の重要な役割の一つとして、高所得の人々から税や社会保障費を徴収し、低所得の人々に社会保障給付を行い、当初所得の格差を縮小させる再分配機能がある。そこで、各国の当初所得に基づくジニ係数と、可処分所得に基づくジニ係数を比較することで、政府の再分配機能の有効性について確認していく。

　まず、わが国における政府による所得再分配機能の時系列変化について見てみよう。図1-10は厚生労働省『所得再分配調査』に基づくわが国の両所得のジニ係数の時系列変化を示している。

図1-11　OECD諸国における税による再分配効果と現金給付による再分配効果
（税および現金給付によるジニ係数の低下幅）

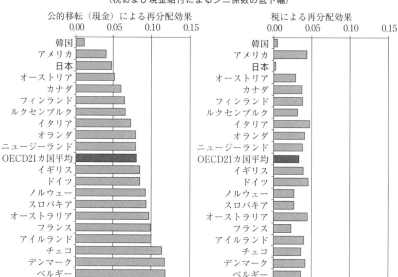

出所：OECD（2008）p.112, Figure 4.6.
参考）内閣府『平成21年経済財政白書』p.243。

　当初所得によるジニ係数を見ると、1980年代以降、所得格差の急激な拡大傾向が確認されるが、可処分所得（実物給付を含めた再分配所得）ベースのジニ係数はやはり拡大傾向にあるものの、その拡大幅ははるかに小さい。それだけ所得の再分配機能が強化されていることがわかる。その機能を社会保障による再分配と税制の累進性による再分配機能に分けてみると、税によるジニ係数の縮小効果は小さく、この間、ほとんど変わっていないのに対し、社会保障制度によるジニ係数の縮小効果は大きく、しかも近年その効果が拡大する傾向にある。それだけ社会保障制度による所得の再分配機能は強まっていることになるが、日本の社会保障制度による再分配は保険料負担と現金給付が大半を占めており、主にその原因は当初所得の低い高齢層に対する年金給付にある。近年、年金制度の充実によって、再分配機能が強化されていることがわかる。

　OECD加盟諸国の社会保障制度と税制による政府の再分配機能の大きさ

を比較したのが図 1-11 である。

　ほとんどの国において、税による再分配機能よりも社会保障（現金部分）による再分配機能のほうが大きい。なかでも日本と韓国における税による再分配機能は極めて小さく、累進的性格が弱いといえる。これに対し社会保障による再分配機能は、わが国では税よりも大きいが、それでも OECD21 カ国の平均値を下回る。総じて日本の政府による再分配機能は小さい。わが国では失業率も低く、失業給付・失業扶助も少なく、これも政府の再分配機能が小さい一因になっている。

7　資産格差は拡大してきたのか

　これまでは所得といったフローの面における格差の有無を検証してきたが、経済的な格差は資産といったストックの面からも大きな影響を受ける。資産格差については徐々に研究が蓄積されつつあり、1980 年代後半から資産格差が拡大したものの（高山・有田［1994］）、バブル崩壊以降では土地資産価格の下落を受け、格差が縮小したことがわかっている（稲葉ほか［2008］）。ただし、これまでの研究は 2000 年代前半までの資産格差を検証しており、より近年の動向は分析できていない。そこで、本節では 1989 年から 2014 年までの『全国消費実態調査』を用い、2000 年代後半以降の資産格差の動向について分析する。

　表 1-1 は 2 人以上世帯の家計資産を示しており、金融資産（貯蓄−負債）、住宅・宅地資産、耐久消費財資産の三つの項目から構成されている。この表から、家計資産は 1989 年から徐々に減少していることがわかる。この主な原因は宅地資産の減少にある。2014 年の宅地資産額は 1939 万円と、1989 年の約半分となっていた。バブル崩壊による土地資産価格の下落が日本の家計資産の縮小に大きな影響を及ぼしたと考えられる。

　次に家計資産のうち、大きな割合を占める住宅・宅地資産と貯蓄現在高のジニ係数の推移を見ていく（図 1-12）。住宅・宅地資産のジニ係数を見ると、徐々に低下しており、バブル崩壊以降に格差が縮小する傾向にあった。これに対して貯蓄現在高のジニ係数は 1994 年以降から緩やかに増加してい

表 1-1　1 世帯あたり家計資産・年間収入の推移（2 人以上の世帯）

資産の種類		実数（万円）					
		1989 年	1994 年	1999 年	2004 年	2009 年	2014 年
家計資産		5,372	5,375	4,387	3,900	3,588	3,491
	金融資産（貯蓄－負債）	681	847	895	950	947	1,039
	貯蓄現在高	1,049	1,318	1,452	1,520	1,473	1,565
	負債現在高	369	471	557	569	526	526
	住宅・宅地資産	4,502	4,294	3,297	2,786	2,514	2,324
	宅地資産	3,994	3,636	2,677	2,180	1,992	1,939
	住宅資産	509	659	620	606	523	385
	耐久消費財資産	135	186	168	150	117	117
年間収入（参考）		667	785	761	696	651	638

注 1：家計資産には「ゴルフ会員権等」の資産を含むことから，合計と内訳は一致しない。
注 2：2009 年の増減率は，2004 年の遡及集計と比較したものである。
出所：総務省『全国消費実態調査』

図 1-12　資産の種類別ジニ係数の推移（2 人以上の世帯）

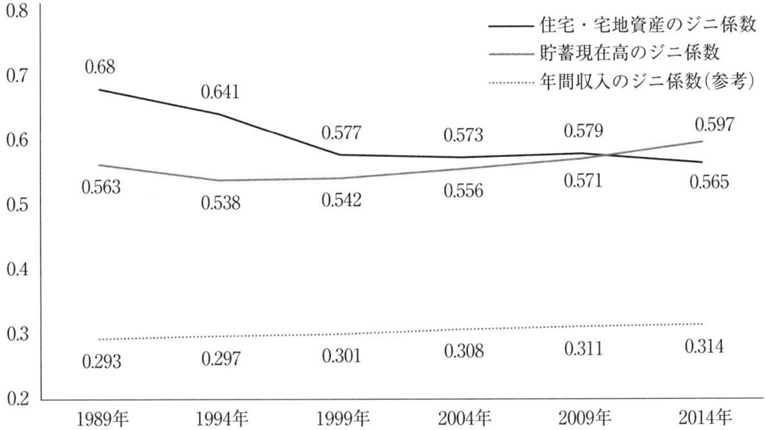

注 1：所得は公的年金・恩給の給付を含んだ税込みの所得となっている。
注 2：貯蓄は負債残高を控除していない粗貯蓄となっている。
出所：総務省『平成 21 年全国消費実態調査　各種係数及び所得分布に関する結果』を一部追加修正。

る。2014 年の値はバブル期の 1989 年を上回っており、貯蓄における格差が
拡大しているといえる。なお、図 1-12 では 2 人以上世帯の年間収入のジニ
係数の推移も掲載してあるが、年間収入のジニ係数は住宅・宅地資産や貯蓄
現在高のジニ係数よりも低かった。これは収入よりも資産の格差が大きいこ

表 1-2　日本の相対的貧困率と貧困線の推移

		1985 年	1988 年	1991 年	1994 年	1997 年	2000 年	2003 年	2006 年	2009 年	2012 年
相対的貧困率（%）		12	13.2	13.5	13.7	14.6	15.3	14.9	15.7	16	16.1
子どもの貧困率（%）		10.9	12.9	12.8	12.1	13.4	14.5	13.7	14.2	15.7	16.3
子どもがいる現役世帯		10.3	11.9	11.7	11.2	12.2	13.1	12.5	12.2	14.6	15.1
	大人が 1 人	54.5	51.4	50.1	53.2	63.1	58.2	58.7	54.3	50.8	54.6
	大人が 2 人以上	9.6	11.1	10.8	10.2	10.8	11.5	10.5	10.2	12.7	12.4
											万円
名目値	中央値 (a)	216	227	270	289	297	274	260	254	250	244
	貧困線 (a/2)	108	114	135	144	149	137	130	127	125	122
実質値 （昭和 60 年基準）	中央値 (b)	216	226	246	255	259	240	233	228	224	221
	貧困線 (b/2)	108	113	123	128	130	120	117	114	112	111

出所：厚生労働省『平成 22 年国民生活基礎調査』

とを意味する。

8　相対的貧困率は上昇してきたのか

　これまでは所得格差に注目してきたが、所得格差の拡大がとくに貧困層の増加によってもたらされていた場合、一層社会的に無視できない問題を提起する。このような貧困層の拡大の有無を確認するためにも、以下では日本における貧困の状況について見ていく。近年の多くの所得研究で使われているように、ここでも、等価可処分所得の分布の中央値の 50% を貧困線とし、それ以下の所得の人の割合を相対的貧困率と呼ぶことにする。

　表 1-2 は 1985 年以降の相対的貧困率の推移を示している。これを見ると、全体の年齢層の相対的貧困率は、17 歳以下の子どもの相対的貧困率とももども上昇傾向にある。

　言うまでもなく、相対的貧困率は絶対的貧困率とちがって、その社会において平均的な生活を営む上で必要となる所得を基準に、等価可処分所得の中央値の半分の所得を貧困線として推計したものであり、社会の生活水準とは関係なしに、生きていく上で必要となる所得の絶対額以下の人の割合を示したものではない。全体の所得が増えていれば、貧困線も引き上げられ、絶対的貧困率は下がっているにもかかわらず、相対的貧困率は上昇するということもあり得る。しかしわが国では、表 1-2 の下の表からもわかるように、

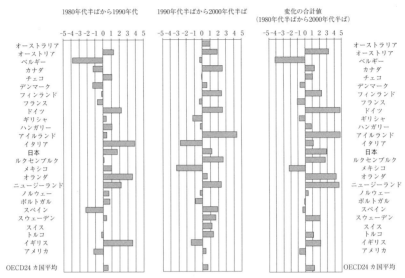

図 1-13　各国の相対的貧困率の動き

1980年代半ばから1990年代　　1990年代半ばから2000年代ば　　変化の合計値
（1980年代半ばから2000年代ば）

出所：OECD（2008）p.129, Figure 5.3.

1997 年をピークに、それ以降、名目所得ベースであっても、実質所得ベースであっても、中央値は下がり、貧困線も下がった。それにもかかわらず、それ以下の所得の人の割合を示す相対的貧困率は上昇していることになる。

　ここで仮に、貧困線を 1990 年代時点のものに固定して、貧困率を計測すると、表で示された相対的貧困率以上に貧困率が上昇しているといえよう。わが国では、近年、家計全体の所得が低下傾向にある中で、貧困線が下がっているにもかかわらず、さらに相対的貧困率が上昇していることに留意しなければならない。

　それでは相対的貧困率の動きは国際的にはどうか。図 1-13 は 1980 年代中頃から 90 年代中頃、そして 90 年代中頃から 2000 年代中頃にかけても、各国における相対的貧困率の変化を示したものである。3 分の 2 の国で相対的貧困率はこの間上昇している。日本の上昇率は OECD24 カ国の平均値を上回り、貧困率は上昇した。

　この OECD のデータに基づき相対的貧困率について国際比較をすると、日本の相対的貧困率は平均値を大きく上回る。しかしこれに関する日本の元

表 1-3　世帯主の就業形態別貧困突入割合

t-1 期から t 期の状態 ＼ t 期初めの就業状態	正規職	非正規職	自営業ほか	無業	合計
継続非貧困	5,854	337	1,101	200	7,492
	99%	93%	94%	85%	97%
貧困突入	78	24	66	36	204
	1%	7%	6%	15%	3%
合計	5,932	361	1,167	236	7,696

注 1：KHPS2005 から KHPS2014 をプールしたデータ。
注 2：世帯主が調査対象者もしくはその配偶者のサンプル。
出所：KHPS2005 から KHPS2014 より筆者作成。

データは厚労省『国民生活基礎調査』である。これに対し、総務省『全国消費実態調査』（2009）による相対的貧困率を推計してみると、10.1％となり、同年の『国民生活基礎調査』の 16.0％から大きく低下する。『全国消費実態調査』に基づき国際比較を行うと、OECD 加盟国の平均値とほぼ同程度の貧困率になる。

9　貧困は固定化しているのか

　貧困の状況は、それぞれ世帯員の就業行動や給与の変化を通じて、年々、変化をする。前の年に貧困層にあったものでも、それまで無業であった世帯員が新たに働くようになったり、あるいは世帯主や世帯員の給与が上がったりすることによって、次の年には貧困層から脱出することもあり得る。あるいは逆に前の年、貧困層でなかった世帯であっても、世帯主や世帯員が、突然、失業したり、無業になったりすることによって、さらには給与が下がることによって、翌年、貧困層に陥ることさえある。はたしてこうした貧困突入率や貧困脱出率は国によってどのように異なるのだろうか。そして日本の特徴は何なのだろうか。

　表 1-3 は日本について前年、家計所得が貧困線を上回り、貧困層にいなかった世帯が、翌年、貧困層に陥った貧困突入率を世帯主の雇用形態別に示している。世帯主が 25-64 歳の全体では、新たに貧困に突入した割合は 3％であるが、世帯主が無業であった世帯では 15％、非正規雇用であった世帯

表 1-4　世帯主の就業形態別貧困脱出割合

t-1 期から t 期の状態 ＼ t 期初めの就業状態	正規職	非正規職	自営業ほか	無業	合計
継続貧困	104	60	162	39	365
	49%	73%	65%	76%	61%
貧困脱出	110	22	87	12	231
	51%	27%	35%	24%	39%
合計	214	82	249	51	596

注 1：KHPS2005 から KHPS2014 をプールしたデータ。
注 2：世帯主が調査対象者もしくはその配偶者のサンプル。
出所：KHPS2005 から KHPS2014 より筆者作成。

では 7％と高い。それだけこうした世帯では、世帯所得が年々変化し、不安定となっている結果、貧困突入率が高くなっている。

　表 1-4 は逆に貧困層から脱出した割合を示している。前年、貧困層にあった世帯の 39％が翌年、貧困層から脱出している。前年、世帯主が正規雇用でありながら貧困層であった世帯のうち 51％が翌年には貧困層から脱出している。一方、前年、世帯主が非正規雇用であり、貧困層にいた世帯のうち 73％は、翌年もそのまま貧困層にあり、脱出率はわずか 27％にすぎない。前年、世帯主が無業状態にあり、貧困層に陥っていた世帯においても、翌年も引き続き貧困層に陥っている割合は 76％と高く、翌年は貧困から脱出している割合は 24％と低い。

　表 1-5 は OECD 諸国の中で、家計のパネル調査（追跡調査）の利用できる国について、3 年間の観察期間中、何年間、貧困層に陥っている人が多いかを示している。3 年間中、3 年間とも貧困層にいた人が多ければ、脱出率は低く、貧困層が固定化していることになる。逆に 1 回も貧困になったことがない人が多ければ、そうした国ではこれらの世帯の所得は安定しており、貧困突入率は低いことになる。

　OECD17カ国における平均値を見ると、一度も貧困層に陥ったことのない世帯割合（100 －「3 年間のうち少なくとも 1 度は貧困」）は 83.2％であるのに対して、わが国のその比率は 81.7％とほぼ同水準か、若干低い傾向にある。逆に 3 年間の観察期間中、3 年とも貧困層にあった、いわゆる恒常的貧困率は OECD の平均値が 4.7％であるのに対し、日本は 4.4％とほぼ同水準

表1-5　各国の貧困の期間別貧困率の比較

	3年間のうち少なくとも1度は貧困	1年間貧困	2年間貧困	3年間貧困（恒常的貧困）	平均貧困率
ルクセンブルク	10.09	4.41	3.04	2.65	5.93
オランダ	10.11	5.65	3.11	1.35	5.14
ドイツ	10.63	5.46	2.86	2.31	6.06
デンマーク	11.05	7.27	2.09	1.69	5.58
フィンランド	11.23	5.88	2.54	2.80	6.73
ベルギー	12.26	7.27	2.36	2.63	6.69
オーストリア	12.31	6.64	2.78	2.89	7.02
フランス	14.06	7.60	3.64	2.81	7.80
OECD 17カ国	16.82	7.79	4.34	4.69	10.20
カナダ	18.16	7.38	4.57	6.21	12.57
イタリア	19.12	7.81	5.60	5.71	12.17
イギリス	19.52	9.19	5.17	5.16	11.45
ポルトガル	20.37	8.22	4.96	7.19	13.44
アイルランド	22.18	7.83	6.26	8.09	15.01
ギリシャ	22.89	9.46	6.26	7.17	14.47
アメリカ	23.33	9.23	5.74	8.36	15.27
スペイン	23.65	11.16	6.86	5.64	14.02
オーストラリア	24.90	11.99	5.92	6.98	14.09
日本 2004-2013（3年平均）	18.30	8.79	5.14	4.37	11.02

注1：ヨーロッパのデータについては1999-2001年のもの。
注2：KHPS2005-2007、JHPS2009-2011、JHPS2012-2014の計算結果の平均値を掲載している。所得の値は調査年の1年前のものとなっている。なお、KHPS2005-2007の値は *Growing Unequal?* で掲載されている値で、JHPS2009-2011、JHPS2012-2014の値は今回新たに集計した。
出所：OECD（2008）p.158, figure 6.1.

か、若干低い。アメリカの8.4％、イギリスの5.2％に比べれば、日本の恒常的貧困率は低いが、オランダの1.4％、ドイツの2.3％、フランスの2.8％に比べると高い。アメリカは一度貧困層に陥っても、本人の努力により上位の所得階層に移る脱出率の高い国だと言われるが、このデータを見る限り、必ずしもそうした傾向は見られず、恒常的貧困率は高い。日本もオランダ・デンマーク・ドイツ・フランスに比べるとそうした傾向が見られる。

10　所得格差や貧困に対する意識は変化したのか

これまでは客観的統計に基づき日本の所得格差の特徴やその変化を見てき

図1-14 貧困の要因に対する態度別の割合

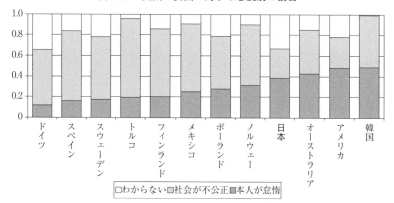

出所：OECD（2008）p.158 figure Box 5.1.

たが、人々の意識において、貧困に対してどのような変化が起こっているのだろうか。そして貧困の原因はどこにあると考えているのだろうか。そうした意識の変化を追うことによって、わが国の所得格差拡大の背景に隠された問題点について探ってみたい[9]。

図1-14は、「貧困はなぜ起こっていると思うか」との質問に対し、その理由を「本人が怠惰であるため」「社会が不公正なため」「わからない」の三者択一で回答した結果を示している。ドイツやスペイン、スウェーデンでは「社会が不公正なため」を選択した人が多いのに対し、アメリカや韓国では「本人が怠惰のため」を選んだ人が多い。わが国では「わからない」と答えた人と並んで、総じて「本人が怠惰のため」と答えた人が多かった。

続いて、各国で長期にわたり実施されている“World Values Survey”（IPSA）に基づき、長期的により良い生活を送るのに、「勤勉さが重要である」「コネや運が重要である」の二者択一を回答者に求めた結果では、どの国でも「勤勉さが重要である」と答える人が多いが、これを比較してみると、わが国でも1990年代にあっては「勤勉さ」を選んだ人が65〜70％と高かった。逆に「コネや運」が重要だとした人は20％程度と少なかった。と

---

9) 国民の格差感の現状やその背景については、篠崎（2013）でも議論されている。

図 1-15　「政府は豊かな人に税金をかけ、貧しい人を支援することは、
　　　　　民主主義として重要でない」とする人の割合

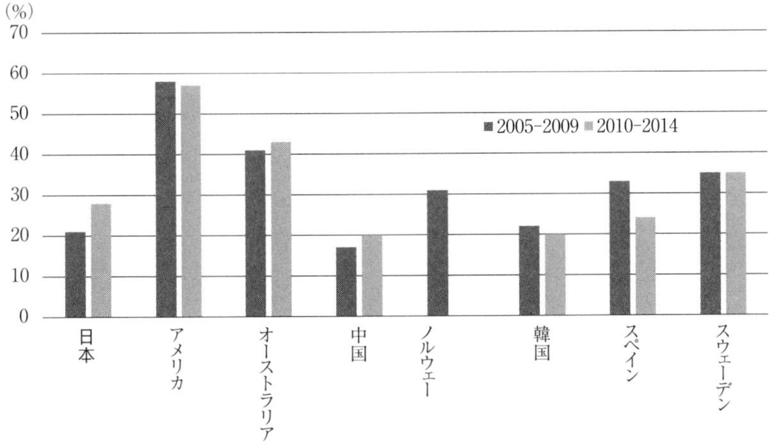

出所：“World Values Survey”

ころが 2000 年以降になると、「勤勉さ」を選ぶ人が減り、「コネや運が重要
である」とする人が 30〜40％に増えている。

　さらにこの直近の調査（2010-14 年）に基づき、「所得がより平等である
ことは重要である」と考えている人がどの程度多いかを国際比較すると、韓
国、アメリカではこの割合は低く、続いて低いのが日本であった。一方、
オーストラリア、中国、スウェーデンで高くなっている。逆に「所得格差は
インセンティブを生む」と考えている人は、韓国、アメリカで 50％を超え
て高いのに対し、日本、オーストラリア、中国、スウェーデンでは 30％強
と低くなっている。時系列的に比較すると、わが国では近年、「所得はより
平等であることが重要だ」と考える人が増え、「所得格差はインセンティブ
を生む」と考えている人が大きく減少した。

　最後に、「政府は豊かな人に税金をかけ、貧しい人を支援することは、民
主主義として重要であるか、ないか」との質問に対し、「重要でない」とし
た人の割合を示したのが図 1-15 である。これを見ると、アメリカやオース
トラリアは「重要でない」とする人が多く、「重要だ」とする人は少ない。
これに対し、中国、韓国、スペイン、日本、スウェーデンでは「重要でな

い」と考える人は少なく、「重要である」とする人が多い。ただし日本では、近年、政府の役割として、所得の再分配機能は重要でないとする人が増えていることは気になる。

　所得格差の拡大は、近年、本人の責任というよりも、社会が不公平であることによって起こっていると考える人が増え、所得格差は必ずしも人々のインセンティブを高めることにはつながらない。しかし、現在の税・社会保障制度を拡充し、政府の再分配政策により縮小されるべきだと考える人は増えているとはいえない。

11　結論：日本の所得格差と貧困は拡大してきた

　本章では、直近の公的統計や『日本家計パネル調査』を用い、国際比較・時系列比較を行い、わが国の所得格差の現状とその変化について展望してきた。また、各国のパネル調査を使って個々の世帯の所得変動を追い、動学的な視点から所得格差の問題にアプローチしてきた。その結果、以下の点が明らかになった。

　まず所得格差について検証した結果、他のOECD諸国と同じく、日本の所得格差は拡大する傾向にあった。年齢階層別にみると、20歳代、30歳代といった若年層において格差が拡大していた。60代後半以降の所得格差は大きいものの、夫婦世帯では年金給付の拡充により縮小しているが、単独世帯も含めると変わっていない。所得格差を上位1％の所得占有率といった指標で見ても、格差は拡大する傾向にあった。また、資産格差については、貯蓄の格差が徐々に拡大していた。

　次に貧困について検証した結果、他のOECD諸国と同じく、日本の相対的貧困率は上昇していた。わが国では1997年以降、全体の家計所得が低下傾向にあり、名目にしろ、実質にしろ、貧困線が低下するようになったが、それにもかかわらず、貧困線以下の相対的貧困率は上昇している。3年間の所得変動から貧困の固定化についても検証したが、一度も貧困層に入らなかった比率は、OECD17カ国の平均値に比べてわが国では低く、3年とも貧困層に入っていた恒常的貧困率はほぼ同水準であった。しかしながら、全体

の所得が低下しているのに加え、近年の高齢世帯や単身世帯、ひとり親世帯の増加、さらには、長期にわたって非正規雇用にとどまる人の増加により、わが国で貧困層の固定化が深刻化する可能性がある。

わが国の政府による再分配機能は国際的に見て小さい。とくに税の累進性は小さく、これによる再分配機能は近年、見直しが多少進んできたが、少なくともこれまでのところ、十分働いていない。

最後に、所得格差や貧困に対する意識の変化についても検証した。国民の意識や価値観の調査によると、わが国では、もともとドイツやスウェーデンに比べ、アメリカや韓国同様、貧困は本人の怠惰によって生じていると考えている人が多かった。むしろ社会が不公平だからという人は総じて少なかった。近年、所得格差は人々のインセンティブを高めると考える人は減少し、逆に「所得がより平等であることが重要だ」と考える人が増加した。しかし政府による所得再分配機能を拡充することにより貧困対策を強化すべきだとした人は、これまでも他の国に比べ多かったが、現行の制度のままこれを強化すべきだとする人は減っている。

以上の結果から明らかなとおり、日本では所得格差や貧困が拡大している。格差の存在は市場経済の中では必然であるものの、貧困のわなに陥る人が増加するのは見過ごすことはできない。この課題に対処するためにも、格差や貧困の拡大の原因を次章以降、検証し、それに適した対応策を検討する必要がある。そこで、次章以降では、格差や貧困の拡大の原因について、より詳しく分析していく。

第2章

労働市場はどう変わったか
―各国における雇用・就業率・失業率・生産性・賃金格差の変化とわが国の特徴―

1 所得格差を考察する上で、なぜ労働市場の変化を把握することが重要なのか

　日本を含めた多くの先進国において、所得格差は確実に拡大している。この背景には労働市場での働き方の変化が大きな影響を及ぼしている。人々の所得の主な源泉として労働や資産の運用、事業所得などが考えられるが、中でも重要なのが、労働から得られる賃金であり、その働き方に変化があれば、おのずと所得格差にも影響が現れる。たとえば労働市場において就業者数が減少し、その原因が失業者数の増加であった場合、所得を得られない人が増加する。無業者の増加についても同じである。また、労働時間の変化は年収の増減を通じて所得格差に影響を及ぼす可能性がある。

　さらに、賃金の上昇、低下は直接的に所得格差と関連を持つ。ある特定の技術を持つ人たちへの労働需要の増加は、その人の賃金を引き上げ、所得を拡大させる。逆にこうした技術を持たない、能力の低い人たちへの需要の減少は、その人たちの賃金を引き下げ、所得を低下させる。賃金格差の大きい正規・非正規の増減も、少なからず所得格差には大きな影響を及ぼす。また、世帯所得の変化は、妻をはじめとする女性就業からも大きな影響を受ける。このような雇用、あるいは就業、労働時間、賃金といった要因の変化を把握することは、多くの先進国で進む所得格差拡大の背景を理解すること

つながる。

　本章では労働力人口、雇用者数、労働時間、賃金に加えて企業の雇用調整速度や労働分配率等の変化を検証し、労働市場でどのような変化が起きているのかを分析する。この際、国際比較可能な雇用統計・賃金統計を用い、日本とアメリカ、イギリス、ドイツ、フランスを比較することで、各国共通の流れとわが国固有の変化について明らかにしていく。これらの先進国は1990年代半ば以降、経済成長率の低下を経験したが、この背景には金融危機による市場の混乱、さらにはそれらに続く需要の減退といった景気ショックが強く影響を及ぼした。そしてその後の景気の回復も影響を及ぼしている。同時に、経済のグローバル化や生産性の停滞、そして技術革新といった構造的要因も少なからず影響している。これらの影響によって各国の労働市場にどのような変化が起こったのかを把握していきたい。

2　先進国の労働力人口、雇用者数、雇用調整速度はどのように変化したのか

（1）　労働力人口の変化

　最初に労働市場の基盤となる人口の推移から見ていく。図2-1は、1991年の値を100として15-64歳の生産年齢人口の推移を見たものである。日本ではこの間、人数にして977万人、率にして12％近く生産年齢人口が減少した。ドイツでもこの間、日本ほどではないものの、3％近く生産年齢人口は減少した。これに比べ、アメリカ、イギリス、フランスにおける人口の伸びは大きく、アメリカでは27％ほど生産年齢人口が増加したことになる。国によって生産年齢人口の増減にちがいが見られる。

　わが国では生産年齢人口は減ったわけだが、労働力人口は同数減少しなかった。これまで働いていなかった女性や高齢者が労働市場に参入するようになったからである。図2-2は、30-34歳の女性の労働力率の推移を示している。わが国ではもともと女性の労働力率が低かったこともあり、1991年以降、20％も上昇した。世帯所得の格差にも、女性就業は大きな影響を及ぼ

図 2-1　日米英独仏の 15-64 歳人口の推移

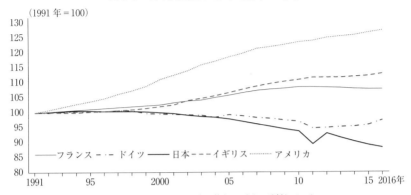

注：東西ドイツの統合の影響を考慮するために、1991 年の値を 100 として分析している。
出所：OECD Stat.

図 2-2　日米英独仏の 30-34 歳の女性の労働力率の推移

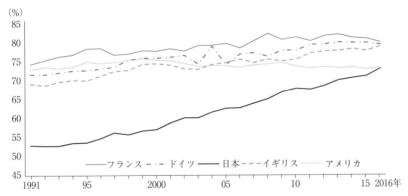

注：東西ドイツ統合の影響を考慮するために、1991 年以降を分析している。
出所：OECD Stat.

すようになった。

　日本ほどではないが、イギリスやドイツ、フランスにおいても、女性の労働力率は上昇した。ところがこれに対し、アメリカでは雇用機会の減少を見て、就業意欲を失う女性が増えたため、労働力率はとくにリーマン・ショック以降、大きく低下した[1]。別の見方をすると、アメリカでは女性の労働市場からの離脱が、雇用機会が急激に減ったにもかかわらず、失業率の上昇を

---

1)　このような景気後退時に労働市場から退出する傾向を就業意欲喪失効果と呼んでいる。

図 2-3　日米英独仏の 60-64 歳の男性就業率の推移

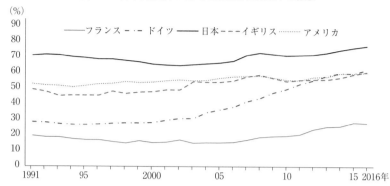

注：東西ドイツ統合の影響を考慮するために、1991 年以降を分析している。
出所：OECD Stat.

現在の水準に押しとどめているということができる。

　他方、男性についてはどうか。失業者を含め、労働力率を見ると、景気が悪化した場合、雇用機会の減少を見て、就職の難しさから職探しをあきらめたり、社会保障の充実により自発的に失業する人が現れたりする可能性がある。ここではそうした影響を除外するため、労働力率ではなく、実際に就業している人の人口に占める割合を示した就業率を見てみよう。

　60 代前半の男性の就業率を見たのが、図 2-3 である。日本では高齢層の就業意欲は強く、もともと就業率は高かったが、1991 年に 71％だった就業率はさらにその後上昇し、2016 年には 77％になっている。また、かつては就業率の低かったフランスにおいても、この間、60 代前半の男性就業率は10％台から、25 年間で 27％にまで上昇した。同じような上昇傾向はドイツでも見られ、この間、20％台後半から 60％台にまで急激に上昇している。さらにイギリスやアメリカにおいても高齢者の就業率の上昇が観察される。

　こうした各国共通した高齢層における就業率上昇の背景には、人口の高齢化を反映した年金制度や所得保障制度の見直しが進む一方、政府が高齢者の就業率を引き上げようとして、企業や高齢者に働きかける積極的雇用対策の効果があるといえよう。いうならば、「殻（シェルター）の保護より（飛びたつための）翼の補強へ」という政策の動きが見られた。

　各国で程度の差はあれ、同じように女性や高齢者の就業率が上昇している

図 2-4　日米英独仏の 20-24 歳の男性就業率の推移

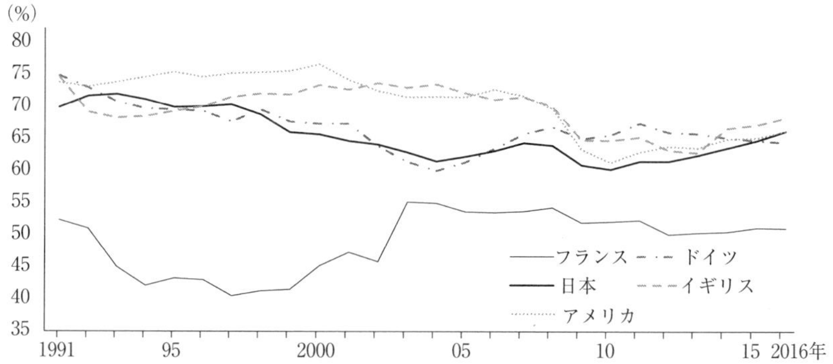

注 1：東西ドイツ統合の影響を考慮するために、1991 年以降を分析している。
注 2：フランスでは 2003 年から調査データを年次データから四半期データへと変更したため、就業率の傾向がや
　　や変化している。
出所：OECD Stat.

のに対し、若年層の就業率はどのように推移してきたのか。図 2-4 は 20-24
歳の男性就業率の推移を示している。これを見ると、フランスを除くいずれ
の国においても、かつてはこの年齢層の就業率は低下する傾向にあった。日
本やイギリスにおける就業率の低下は 4〜6％ と小さかったが、ドイツとア
メリカにおける低下幅は大きく、ドイツではこの間 10％、アメリカでは
8％、低下した。アメリカでは、景気後退にともなう若年層、さらには先ほ
ど見たような女性の就業率の低下は大きく、それ以上に失業率を加えた労働
力率は大きく低下した。こうした就業意欲喪失効果がなかったら、アメリカ
の失業率はもっと上昇していたはずである。

　景気の悪化は、アメリカ、イギリス、日本において、失業率の上昇以上
に、失業期間が 1 年以上の長期失業者の割合を高めている点においても類似
している。フランスでは調査データの収集方法が 2002 年前後で異なること
を受け、その前後で傾向が異なっているが、2000 年代半ば以降になると就
業率が緩やかに低下している。これに対し、日本を含む他の国では若年就業
率は上昇傾向にある。

（2）　雇用者数の変化

　次に雇用者数の変化を見ていく。2000 年の値を 100 としたときの各国の

図2-5 日米英独仏の雇用者指数の推移（男女計）

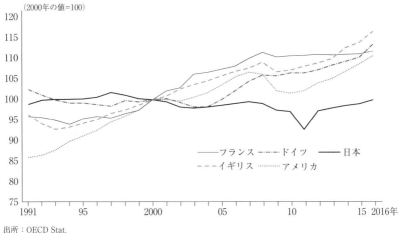

出所：OECD Stat.

図2-6 日米英独仏の産業別雇用者指数の推移（製造業）

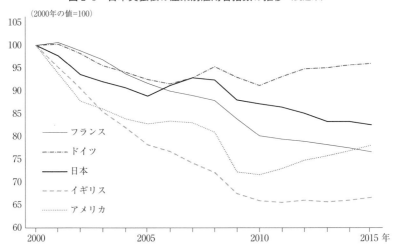

出所：OECD Stat., STAN Database for Structural Analysis

　雇用者指数の推移を見ると、いずれの国においても、雇用の伸びは経済成長率の低下を反映して、2000年以降、わずかな伸びしか示していない（図2-5）。なかでも日本における伸びの低下は著しく、10年間を通じて、ほと

図 2-7　日米英独仏の産業別雇用者指数の推移 (建設業)

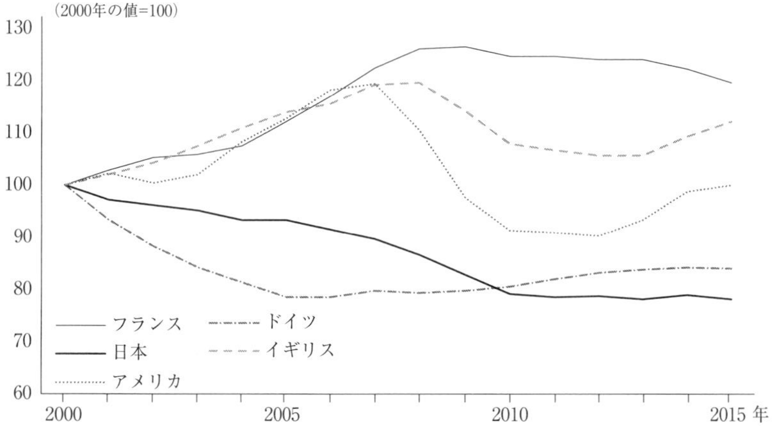

出所：OECD Stat., STAN Database for Structural Analysis

んど伸びていない状況にある。男女別に雇用者指数の変化を見たが、いずれ
の国でも男性と比較して女性の雇用者数の伸びが大きかった。日本の場合、
とくにこの傾向が顕著であり、男性の雇用者数は減少したものの、女性の雇
用者数は増加した。

　産業別に雇用者指数の推移を見たらどうか。製造業の雇用者数は 5 カ国い
ずれの国においても、2000 年当時に比べ大きく減少し、2015 年時点でドイ
ツは 4％、日本は 17％、フランスは 23％、アメリカは 22％と雇用者は大き
く減少した。さらにイギリスに至っては 33％の減少を記録している (図
2-6)。

　建設業の雇用者数 (図 2-7) は日本とドイツで大きく落ち込んだものの、
他の国で増加、あるいは横ばいを続けた。他方、卸・小売業では、ほとんど
の国でこの間、雇用は減少した。

　製造業、建設業に比べ、雇用の拡大が記録されたのがサービス業である。
とくに医療・福祉分野における雇用の増大は大きく、いずれの国においても
1 割以上拡大した (図 2-8)。

　なかでも突出して大きかったのが日本である。日本の医療・福祉分野にお
ける雇用の伸びは、ほかのどの国、ほかのどの産業に比べても大きく、2015

図 2-8　日米英独仏の産業別雇用者指数の推移（医療福祉業）

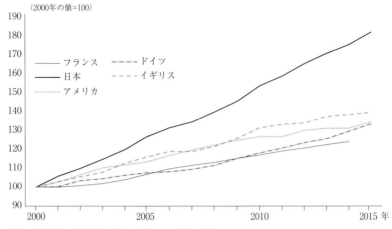

出所：OECD Stat., STAN Database for Structural Analysis

年までに 8 割近くの増加を示している。製造業や建設業における大きな雇用の減少を、医療・福祉分野で支えたかたちとなっている。この背景には、日本で急速に進んだ高齢化による介護市場での労働需要の拡大が影響を及ぼしていると考えられる。

（3）　雇用調整速度の変化

　全体で見た日本の雇用者数は減少したが、これは従来に比べ雇用調整の速度が上昇することによって起こっているのか、それとも生産量が大きく削減されることによって起こっているのか。生産量の変化に応じた最適雇用量に到達するまでに要する期間を計測するため、日本の雇用調整速度を 1980〜96 年と 1997 年〜2011 年までで推計した。1980〜96 年では 0.21 で、最適雇用量に到達するまで 4.76 年を要した。これに対し、1997〜2011 年になると調整速度は 0.30 に早まり、3.33 年で最適雇用量に到達するようになった。

　同じように、アメリカについて測ってみると、もともとアメリカの調整速度は速く、1980〜96 年では 0.67 で、最適雇用量に到達するまで 1.49 年しか必要としなかったが、1997〜2011 年になると、わずかではあるが 0.68 へと速度が速まり、1.47 年で最適雇用量に達するようになった。同じように、イ

図 2-9　日米英独仏の年間平均労働時間の推移

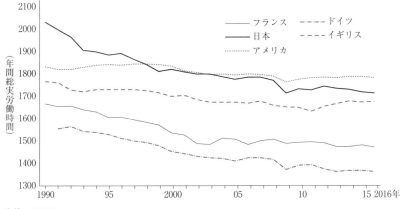

出所：OECD Stat.

ギリスでは 0.45 から 0.70 にスピードアップし、フランスでも 0.44 から 0.52
に上昇している。唯一、ドイツだけは逆に雇用調整の速度が低下した。

3　先進国の労働時間はどのように変化したのか

　前節までの分析の結果、雇用者数が減少しているが、その背景には産業構
造や雇用調整速度の変化があることがわかった。それでは、労働時間にはど
のような変化があったのだろうか。需要の減退にともなって、労働者数の削
減だけではなく、労働時間も短縮されたのか。

　図 2-9 は、各国における年間平均労働時間の推移を示している。長期的に
見て、労働時間は多くの国で短縮される傾向にあるが、なかでも日本やドイ
ツ、フランス、イギリスにおける短縮傾向は強い。アメリカでは 2000 年以
前、平均年間労働時間は横ばい傾向にあったが、2000 年以降、短縮される
ようになった。アメリカを含めたいずれの国においても、労働時間の短縮は
加速する傾向を強めたように見受けられる。雇用量に加え、労働時間の減少
も、労働インプットの削減に寄与しているといえよう。

　ただ雇用形態別にみると、その動きはまちまちである。たとえば日本の総
実労働時間の推移を、厚生労働省『毎月勤労統計調査』を用い、一般労働者

とパート労働者に分けて見よう。

　両者を合計した平均総実労働時間は、大きく低下しているように見えた。しかし、一般労働者の総実労働時間は、2008年のリーマン・ショック直後に一時的に短縮されたように見えるが、長期的にはほぼ横ばいの状態が続いており、決して一般労働者の労働時間は短縮されたわけではない。他方、パート労働者の労働時間を見ても、リーマン・ショックの時には労働時間が短縮されたが、長期的には短縮されているわけではない。

　両者を合わせた平均労働時間が短縮されているのは、パート労働者の比率がこの間、11.5％から23.3％に倍以上増加したためである。後で詳しく見るように、パート労働者の増加は、ほとんどの先進国で見られ、これが平均労働時間を短縮させたが、とくに日本において、その傾向は突出している。

4　先進国の賃金はどのように変化したのか

（1）　先進国の賃金の推移

　雇用者数や労働時間の動きには各国共通な傾向が見られたが、賃金の動きにはどのような傾向が見られたのか。実はここには、国により大きなちがいがある。

　図2-10は、日本、アメリカ、イギリス、ドイツ、フランスの名目年間給与指数（2000年＝100）の推移を示している。日本を除く四カ国ではこの間、賃金水準は上昇しているのに対し、日本ではむしろ逆に1割以上低下した。ほかの国では、かつてほどではないにしても物価が上昇しているのに対し、わが国ではデフレで物価が下がったために、名目賃金が抑えられてきた可能性がある。

　そこで物価変動の影響を取り除いた実質年間給与指数を見てみる（図2-11）。イギリスは、2000年代後半以降も大きく物価が上昇したために、名目賃金は拡大しているが、実質賃金は減少を記録した。だが、フランス、ドイツ、アメリカでは、名目賃金だけでなく、実質値にしても賃金はこの10年間、上昇を続けている。これに対し、わが国では物価の下落を割り引いて

図 2-10　日米英独仏の名目年間給与指数の推移

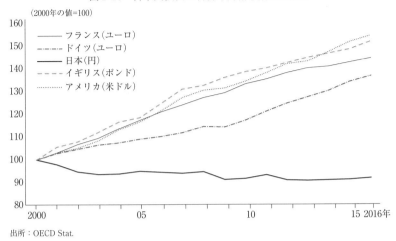

出所：OECD Stat.

図 2-11　日米英独仏の実質年間給与指数の推移

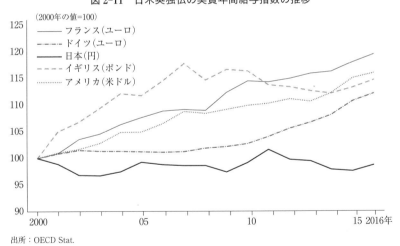

出所：OECD Stat.

も、賃金は低下を示しており、明らかにほかの国に比べて賃金水準が下がっ
たといわざるを得ない。

　この間の労働時間の短縮が年間給与に与えた影響を取り除くため、時間あ
たりに換算して、賃金以外の厚生費等も含めた労働費用の長期的な動きを見

図 2-12　日米英独仏の時間あたり労働費用（福利厚生費込み）の推移

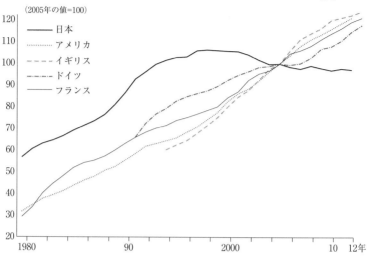

出所：OECD Database, Productivity and ULS by Main Economic Activity

てみよう（図 2-12）。この図を見ると、わが国では 1990 年代半ばまでは時間あたり労働費用は上昇を続けていたが、それ以降は横ばいが続き、そして 2000 年以降、むしろ低下するようになった。これに比べ、ほかの国では、以前に比べれば時間あたり労働費用の伸びは小さくなったが、それでも 2000 年以降も上昇を続けている。

　以上の分析結果から明らかなとおり、わが国の賃金は低下している。これはなぜなのだろうか。以下で、考えられる三つの背景について検証していく。

（2）　賃金低下の背景①：労働生産性の低下

　日本で賃金が低下するようになったのは、労働生産性が低下するようになったためなのか。この点を確認するために、図 2-13 は日本、ヨーロッパ、アメリカについて、それぞれ 1 人あたりの雇用者報酬（賃金）、労働生産性、民間消費デフレータの推移を比較している。これを見ると、ヨーロッパやアメリカでは、三つのうち、1 人あたり雇用者報酬が一番大きく伸びて

図 2-13　日欧米の 1 人あたりの雇用者報酬、労働生産性、民間消費デフレータの推移

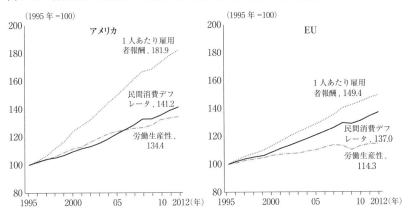

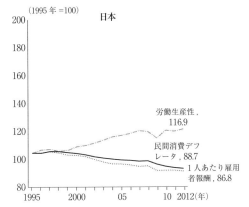

出所：内閣府（2013）経済の好循環実現検討専門チーム会議，中間報告参考資料，図表 13, pp.15,（http://www5.cao.go.jp/keizai2/keizai-syakai/k-s-kouzou/shiryou/houkoku/sankoushiryo4.pdf）.

いる。それに続いて、民間消費デフレータの伸びが大きく、労働生産性の伸びが続く。それだけ、生産性の伸び以上に賃金の引き上げがもたらされたことが確認される。これに比べ、日本ではどうか。最も大きく伸びたのは労働生産性であり、民間消費デフレータや 1 人あたり雇用者報酬はむしろ減少している。賃金の伸びは、労働生産性の伸びを下回っている。

　日米欧の労働生産性を比較すると、たしかにアメリカの伸びは大きい。だがこれは、生産量が大きく伸びたというよりも、生産量は近年停滞しているものの、それ以上に分母である雇用量が大きく削減されるようになった結果、労働生産性は伸びたのである。このことは、雇用機会は増えていないが、なんとか仕事に就くことができていれば、人が減らされ、労働生産性は伸び、それ以上に賃金は伸びていることになる。アメリカに比べれば、日本の労働生産性の伸びは小さい。だが、それでも欧州諸国に比べればほとんどその差はない。それにもかかわらず、欧州諸国では生産性を上回る賃金の伸びが観察されるのに対して、日本では逆に生産性の伸びよりも低く賃金は抑制されていることがわかる。

　なお、近年では多くの先進国において労働生産性の伸びが鈍化する傾向が指摘されており、この背景には資本の非効率的な配分による資本蓄積の停滞、労働市場のミスマッチ拡大による全要素生産性の伸び率の鈍化、そして計測の問題といった三つの問題があると指摘されている（中島ほか [2016]）。

（3）　賃金低下の背景②：労働分配率の低下

　日本で賃金が低下するようになったのは、労働分配率が低下したためなのか。この点を明らかにするために、まず企業利益と雇用者報酬の関係を見ていく。

　内閣府『国民経済計算』と財務省『法人企業統計』から、わが国の法人企業における経常利益と雇用者報酬の関係を確認しよう。1995 年を 100 として、両者の指数の動きを追ってみると、最初の頃は似たような動きを示しており、経常利益が上がると、雇用者報酬も上昇していた。だが、2000 年以降、両者の間には乖離が生じ、企業の経常利益は拡大しているのに、雇用者報酬はむしろ減少を示すようになった。その乖離は 2002 年の景気後退以降、ますます大きくなり、経常利益は増大しているのに雇用者報酬は削減されるようになった。リーマン・ショック直後の 2009 年には経常利益は大きく低下したが、このときも雇用者報酬は減り、その後、景気が回復しても雇用者報酬は下がったままの状態が続いてきた。そして 2016 年以降、若干の上昇を示すようになった。

図 2-14　日米英独仏の労働分配率の推移

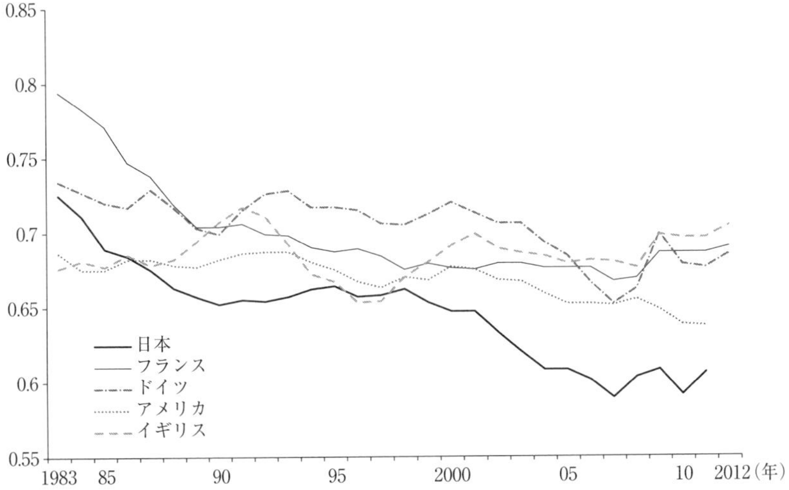

出所：OECD Stat (http://stats.oecd.org/).

　近年、企業では内部留保が拡大し、それが必ずしも設備投資に回されない
まま、自己資本の拡大に用いられている。これにより、自己資本比率は上昇
して、いまや日本企業の自己資本比率は欧米企業並みになった。

　このような雇用者報酬の減少は、労働分配率の低下をもたらしたのか。図
2-14 は、各国の労働分配率の推移を示している。長期的に見て、イギリス
を除くいずれの国においても、労働分配率は低下傾向にある。だがその中で
も、わが国における労働分配率の低下は抜きん出ている。かつては景気の後
退期には、雇用は維持され、賃金も下方硬直的であったために、雇用者報酬
の削減幅は小さく、労働分配率は上昇する傾向にあった。しかし近年、労働
費用は変動費化し、景気後退期にも労働分配率は上昇しなくなった。

（4）　賃金低下の背景③：非正規労働の増加

　日本で賃金が低下するようになったのは、非正規労働が増加したためなの
か。この点を確認するため、まず非正規労働を含めた賃金の推移を見ていく。
　図 2-15 には非正規労働者の中核を成すパート労働者の時間あたり賃金の
推移を示しているが、賃金の低下は見られず、むしろ、近年はわずかながら

図 2-15　労働者全体・一般労働者・パート労働者の定期給与の推移

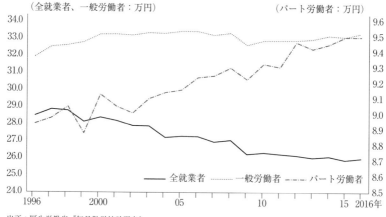

出所：厚生労働省『毎月勤労統計調査』

上昇傾向にある。図 2-15 には一般労働者の賃金も掲載してあるが、横ばい
となっている。このように、パートも一般労働者も賃金は低下していない
が、全労働者の平均賃金は低下している。これはなぜだろうか。

　その答えは労働者の構成比の変化にある。非正規労働者の比率が増加した
ことによって平均賃金が下がったのだ。賃金の低い非正規労働者の数が増
え、逆に正規労働者が減らされたことにより、全体の平均賃金は下がってい
るのである。内閣府の『平成 26 年度　年次経済財政報告』では労働者全体
の平均賃金の低下を、正社員の賃金変化、パート労働者の賃金変化、そして
パート労働者比率の変化に要因分解しており、パート比率の上昇が平均賃金
の引き下げに大きく貢献していることを指摘している。

　総務省統計局『労働力調査』を用い、わが国における正規労働者、非正規
労働者の人数の動きを見ると、非正規労働者は一貫して増加しているのに対
して、正規労働者は 1990 年代後半以降、むしろ減少傾向にある。はたし
て、ほかの国でも非正規労働者の比率は上昇しているのであろうか。

　日本では正規労働者、非正規労働者という用語を、日常会話においてよく
聞くが、国際的に比較可能なかたちで、統計においてどう定義するかはそう
簡単ではない。マスコミ等では、パート・アルバイト、嘱託・契約社員、派
遣労働者など、正社員以外の労働者を一括して非正規労働者と呼んでいる場

図 2-16　パートタイム労働者比率（男女計）の推移

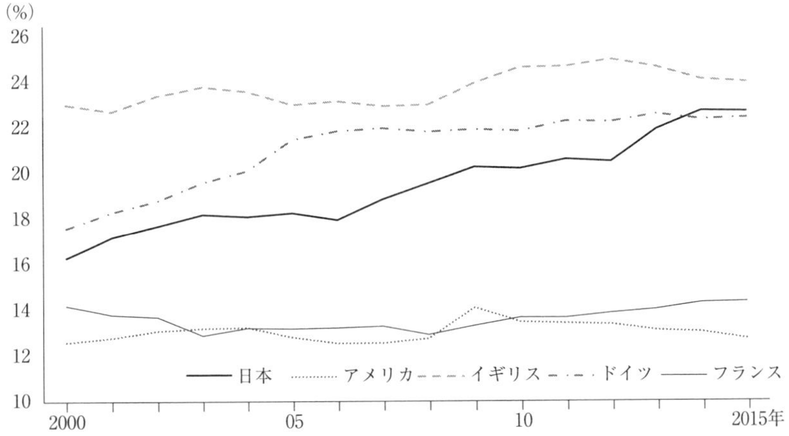

(%)

```
26
24
22
20
18
16
14
12
10
   2000        05        10        2015年
```

（凡例）── 日本　……… アメリカ　‐‐‐‐ イギリス　‐・‐・ ドイツ　── フランス

注 1：短時間労働者の定義は、主たる仕事について通常の労働時間が週 30 時間未満の者となっている。
注 2：日本の 2011 年の値は東日本大震災の影響から岩手、宮城、福島のデータを含んでいない。
出所：OECD database（http://stats.oecd.org/）"Labour Force Statistics"

合がある。すなわち、企業における呼称に基づく定義であり、しばしば企業における身分格付のニュアンスを込めて使われることがある。しかし国際的比較可能なかたちで、これを定義として用いることはできない。

　むしろ国際的には、客観的な定義として用いられるのは、労働時間の長さや契約期間の有無、あるいはその長さである。一般労働者より労働時間が短かったり、あるいは週あたり労働時間が 30 時間未満（アメリカ基準だと 35 時間未満）の労働者のことをパートタイム労働者と定義し、それ以外の一般労働者をフルタイム労働者と定義することがある。さらには雇用契約が有期契約なのか、それとも無期契約なのかによって区分し、それぞれを臨時雇用、常用雇用と定義する方法が用いられる。

　まず週あたりの労働時間により、就業者全体に占めるパート労働者比率の推移について見てみよう（図 2-16）。ここでは国際基準に基づき、週 30 時間未満の労働者をパートタイム労働者としている。

　アメリカとフランスでは、この間、パート労働者比率はほとんど変わっていないのに対し、日本、イギリス、ドイツでは上昇傾向を示している。とく

図 2-17　臨時（有期）雇用割合の推移（男女年齢計）

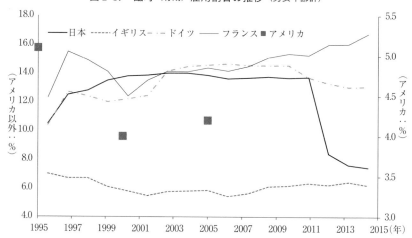

注：日本では 2013 年に調査票の選択肢の変更によって、臨時労働者の数が減少した。また、2011 年の値は東日本
　　大震災の影響により岩手、宮城、福島のデータを含んでいない。
出所：日本＝総務省統計局「労働力調査（基本集計）」、その他＝OECD database"Employment by permanency of
　　the job"。

に日本とドイツにおける上昇は大きい。また、女性就業者に限定したときの
パート労働者比率を見ると、いずれも男女合計に比べ、女性のパート労働者
比率は高く、ドイツ、イギリス、日本では 3 割をはるかに超え、4 割近くの
人が週 30 時間未満労働者になっている。それだけ、長い時間は働けない
が、短時間でよければ働きたいという人が多く、企業もこうした人たちを活
用し、生産活動に充てようとしていることがわかる。

　他方、契約期間の定めがあるかないかによって分けた臨時（有期契約）労
働者比率にはどのような動きがあるか。図 2-17 は、各国の有期労働者比率
を示している。日本では 2013 年に『労働力調査』の調査項目が変更された
ために、有期雇用割合が大きく低下しており、それ以前との比較は難しい。
またアメリカは企業による雇用保障が弱く、有期契約・無期契約のちがいそ
のものが希薄であるため、この種の統計はとられていない。このため、ここ
では OECD の統計に載せられていた数字を記載したが、アメリカは比較の
対象から外したほうがよいと考えられる。

　その他の国について見ると、イギリスを除く日本・ドイツ・フランスで

は、1990 年代後半から 2000 年代前半にかけ、有期労働者比率は上昇傾向を示している[2]。無期契約労働者に対し、強い雇用保障が求められる国において、企業は人件費の固定費化を避けようとして、有期契約労働者を増やしているといってよいだろう。

ただし、これを年齢階層別に見ると、日本とドイツ・フランスの間には相違が見られる。たとえば日本では 15-24 歳の有期労働者比率は、ほかの年齢層に比べれば高いものの、2012 年には 27％であるのに対し、ドイツ・フランスではそれぞれ 54％、56％と高くなっている。両国では若年層の過半数が有期雇用である。

ところが全体の年齢層について有期労働者比率を見ると（図 2-17）、日本、ドイツ、フランスではほとんど差がなくなる。若年層に限ると 2 倍近く、ドイツ、フランスでは日本を上回っていたのが、ドイツやフランスでは、年齢層が高まるにつれ、無期契約に転換する人が多く、25―54 歳層になると、有期労働者比率はほぼ 5 分の 1 に低下する。日本でも年齢層が高まるにつれ、有期契約労働者比率は下がるが、それでも相対的に高い比率が続く。日本の有期労働者はむしろ女性に集中する。女性では全年齢層で有期労働者が 20％を超えている。イギリスの 7％、ドイツの 14％、フランスの 16％を大きく上回る。

OECD の *Employment Outlook*（2014）によると、1995 年から 2010 年にかけ、多くの国で標準労働者（standard worker）が減り、非標準労働者（non-standard worker）が増えた。リーマン・ショック直後には、一時、非標準労働者は減らされたが、生計費の減少を補填しようと労働市場に残る傾向は強まっている。OECD の 22 カ国の平均によると、6 カ月以内に仕事を失う確率は非標準労働者は標準労働者の 2.3 倍高く、有期労働者は標準労働者に比べ 1 年後に失業している確率は 6-8％高い。パート労働者は標準労働者に移行する確率も高いが、非労働力化する確率も高いと指摘している。

賃金に関しては、標準労働者の時間あたり賃金率を 100 とした場合、フルタイムの有期労働者は OECD 全体で 71 であり、29％の差が確認される。こ

---

2)　日本では2013年に調査票の選択肢の変更によって、臨時労働者の数が減少した。なお、2013年の調査では臨時労働者の定義は変更されていない。

れに対し、日本では両者の差は 31％程度で、OECD 平均とほぼ同様な差が生じていることになる。これをパートタイムの常用労働者に限定して比較すると、OECD 平均では標準労働者に比べ、時間あたり賃金率は 80 となっており、その差は 20％と縮小するのに対し、日本では両者の差は 48％に拡大する。それだけ、わが国ではパート労働者の賃金が大きく抑えられており、とくに女性や若年労働者においてその差は大きい。それだけ企業にとっては、パート労働者を増やすことにより、時間あたりに換算しても人件費総額を抑制することができることになる。

（5）　日本の賃金格差の現状

　前項までの分析から明らかなように、日本の賃金は名実ともに低下した。それでは賃金の格差はどのように変化したのだろうか。もしすべての労働者の賃金が低下していれば、格差は拡大しない。しかし、賃金の低下が一部の低賃金労働者に偏っていた場合、賃金格差に影響を及ぼす可能性がある。この点を検証するため、わが国におけるさまざまな賃金格差について見ていく。

　まず、長期間における賃金の動向から確認する。図 2-18 は 1989 年から2013 年までの『賃金構造基本統計調査』を用いて、賃金がどのように変化したのかをその分位ごとに示した結果である。

　この結果を見ると、男女とも中間層にあたる 50％分位の賃金が低下していた。男性について見ると、下位 10％分位や上位 10％分位の賃金も低下しており、男性全体として賃金が低下する傾向にあった。ただし、2005 年前後で下位 10％分位の賃金の低下幅が相対的に大きかったため、この間に男性の賃金格差が拡大した可能性がある。これに対して女性では、下位 10％分位で賃金が上昇する傾向にあったものの、上位 10％分位では 1990 年代後半以降横ばいとなっていた。この結果から、女性では男性とは逆に賃金格差が縮小している可能性がある。

　次に学歴間の賃金格差について見ていく。男女それぞれの高校卒の「決まって支給する現金給与額」を 100 としたときの高専・短大卒、大学・大学院卒の「決まって支給する現金給与額」を指数化したものを見ると、近年、

図 2-18　日本の賃金格差の長期的推移

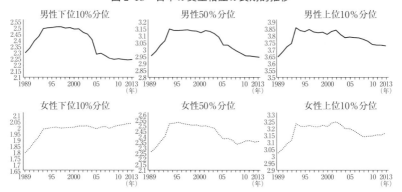

注：図中の縦軸の値は実質時間あたり賃金率の対数値の推移を示している。
出所：Yokoyama, Kodama and Higuchi（2016）の Figure3a,3b,3c,4a,4b,4c。

学歴間の賃金格差は拡大傾向にある。こうした学歴間の賃金格差の拡大は、ほかの先進国においても報告されている（第 8 章を参照）。

　次は企業規模間の賃金格差について見てみよう。『賃金構造基本統計調査』から作成した従業員規模 10-99 人の小企業を 100 としたときの中企業、大企業の賃金指数を見ると、バブル崩壊後の 1990 年代前半には、一時、規模間格差は縮小したが、その後再び拡大を始めた。この傾向はいまも続いている。

　同じく『賃金構造基本統計調査』から作成した高卒者の年齢間賃金格差の推移と大卒者の年齢間賃金格差の推移を見ると、いずれにおいても年功賃金カーブは徐々に寝てきており、年齢間の賃金格差は縮小傾向にあった。すなわち年齢間賃金格差は依然としてほかの国に比べると大きいものの、近年、縮小する傾向にあるといえよう。また、『賃金構造基本統計調査』から作成した勤続年数間の賃金格差を見ると、同様に賃金カーブは寝てきており、勤続年数間の賃金格差も縮小する傾向にある。

　ただし、同じ学歴、同じ年齢の者について、個人の賃金格差を見ると、こちらは拡大する傾向を示している。図 2-19 は、2001 年と 2014 年の大卒男子の年齢階層別所定内賃金における中位数および第 I 十分位・第 IX 十分位を示している。このグラフを見ると、明らかに中位数を示す線の傾きは 2001

図 2-19　賃金格差の拡大（男子大卒・産業計・企業規模計・所定内給与）

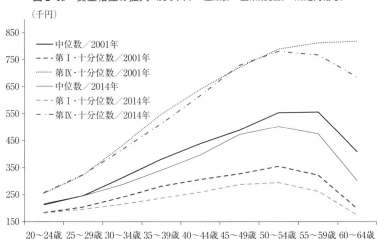

（千円）

凡例：
- 中位数／2001年
- 第Ⅰ・十分位数／2001年
- 第Ⅸ・十分位数／2001年
- 中位数／2014年
- 第Ⅰ・十分位数／2014年
- 第Ⅸ・十分位数／2014年

20～24歳 25～29歳 30～34歳 35～39歳 40～44歳 45～49歳 50～54歳 55～59歳 60～64歳

出所：厚生労働省『賃金構造基本統計調査』

年よりも 2014 年のほうが寝てきており、先ほどの平均値で見たのと同様、年功賃金が崩れてきていることがわかる。しかし、この中央値の賃金の推移に加えて、第Ⅰ十分位と第Ⅸ十分位の線を示すと、両者の差は 2001 年に比べ 2014 年のほうが大きくなっている。それだけ、年齢や学歴といった属性が同じであっても、個人間の給与のばらつきが近年拡大しており、個人差が大きくなってきていることが確認できる。この図では、所定内給与について示されているが、これに年間賞与を加え、年間給与についてグラフを書いてみると、その個人差はさらに拡大する。

　次に『賃金構造基本統計調査』から作成した正規労働者と非正規労働者の賃金格差について見ていく。ここでは企業による呼称ではなく、労働時間の長さから正規労働者と非正規労働者を分ける。非正規労働者とは、1 日の所定労働時間が一般の労働者よりも短いか、または、1 日の所定労働時間が一般の労働者と同じでも 1 週間の所定労働日数が一般の労働者よりも少ない短時間労働者のことを指す。これに対して正規労働者とは、短時間労働者以外の労働者を指す。年齢別の時間あたり賃金水準を見ると、正規労働者は年齢とともに賃金が上昇していくが、非正規労働者はほぼ横ばいの値となってい

た。このため、正規労働者と非正規労働者の賃金格差は徐々に拡大していき、50代でその差は最大となる。実際、50代で正規労働者の賃金は非正規労働者の賃金の2.1倍となり、その格差が大きいことを示している。

　最後に男女間の賃金格差の推移について見てみよう。『賃金構造基本統計調査』から作成した男性の平均賃金を100としたときの女性の平均賃金の推移を見ると、調査方法が2000年代中頃に変更されたこともあり、この前後で、一時的に男女間賃金格差は拡大したように見えるが、それ以前においても、またその後においても男女間賃金格差は縮小傾向にある。こうした動きはほかの国においても確認されている。ただし、ほかの国に比べ、わが国の男女間賃金格差は最も大きい部類に入る状況はいまも続いているが、時系列的にはわずかながら縮小する傾向にある。

5　結論：日本の賃金低下と中間賃金層の減少

　本章では先進国で拡大する所得格差の背景を理解するためにも、労働市場での働き方にどのような変化が見られるのかを検証した。労働力人口、雇用者数、労働時間、賃金のみならず、雇用調整速度、労働分配率等の変化を分析した結果、以下の点が明らかになった。

　まず、人口の変化について見た結果、5カ国の中で、日本やドイツのみで生産年齢人口は減少していた。わが国では女性や高齢者の労働参加の向上によって、この生産年齢人口の減少による労働力人口の減少を補った。他の4カ国においても、高齢者の就業率は上昇しており、アメリカを除く4カ国で、女性の労働力率は上昇した。しかし、いずれの国でも若年層の労働力率は低下した後、近年上昇傾向にある。

　次に雇用者数について見た結果、いずれの国においても雇用者数の伸びが低下した。どの国においても、製造業では雇用は減少しており、とくにイギリスにおいて減少幅は大きかった。他方、医療・福祉分野ではいずれの国でも雇用は増えているが、日本においてその増加幅はとくに大きい。建設業は日本とドイツを除いて、雇用は横ばい傾向を続けていた。

　雇用調整速度については、ドイツを除く、いずれの国においても調整速度

は速まっており、最適雇用量に到達するまでに要する時間は短縮していた。

平均労働時間について見た結果、日本・イギリス・ドイツ・フランスでは過去 20 年間で労働時間は大きく短縮したし、アメリカにおいても若干の短縮する動きが見られる。ただし、日本とドイツではパートタイム労働者の増加がこれに強く寄与しているのに対し、フランス、イギリス、アメリカでは必ずしもパート労働者比率の上昇は明らかではない。

賃金の動きを見た結果、アメリカ、イギリス、ドイツ、フランスでは名目賃金、実質賃金ともに以前に比べれば、上昇の幅は小さいものの、上昇を続けていた。これに対し、日本では名目賃金において大きな低下を示しており、実質賃金でも若干の低下が長期間にわたり続いていた。

日本の賃金低下については三つの原因が考えられる。一つ目は労働生産性の低下である。実際に値を見ると、アメリカと欧州諸国では労働生産性の伸びを賃金の伸びが上回っているのに対し、日本では生産性の伸びを賃金の伸びが下回っていた。生産性の伸びが賃金に反映されていない現状にある。

賃金低下の二つ目の原因は、労働分配率の低下である。データを見ると、日本の労働分配率は 2000 年以降、持続的に低下していた。これは企業収益が向上しても、労働所得が増加しなくなったことを意味する。

賃金低下の三つ目の原因は、非正規労働の増加である。わが国ではパートを中心にして賃金の低い非正規労働の増加が著しく、労働者全体の賃金を押し下げている。

最後にわが国の賃金格差について見た結果、男女とも中間層にあたる 50％分位の賃金が低下する傾向にあった。また、学歴間賃金格差や企業規模間賃金格差について見ると、わが国では拡大する傾向が見られた。男女間賃金格差については縮小していた。さらに、賃金カーブの傾きが小さくなってきたことにより、年齢間の賃金格差は縮小している。また、同じ年齢、同じ学歴について個人間の賃金格差を見ると、近年、拡大傾向が観察された。生産性のちがいや評価のちがいといった、これら属性以外の個人要因が賃金に強く反映するようになってきていると考えられる。

以上が本章の分析によって得られた結果である。これらの分析結果から、各国で共通する構造的な変化として、女性や高齢者就業の増加、若年男性の

就業率低下、そして、非正規労働者の増加が挙げられる。これらはいずれも所得格差の変化と関連すると考えられるが、なかでも非正規労働の増加は、わが国では低賃金で働く人の増加を意味するため、所得格差を助長したおそれがある。これによる実際の影響については、次章で詳しく検証していきたい。

第3章

非正規労働者の増加は
所得格差を拡大させたのか

1　なぜ非正規労働と所得格差の関係を分析する必要が
あるのか

　日本を含めた多くの先進国において、所得格差は拡大している。背景には、所得の源泉となる労働市場での働き方の変化が大きな影響を及ぼしている。

　日本の所得格差を考えていく上で、労働市場の変化の中でも、非正規労働者の増加は無視できない。なぜならば、非正規労働者の増加は著しく、2016年時点で雇用者の約4割を占め、その大半は低賃金労働者であるからだ。このような非正規労働者の増加は所得格差を拡大させるおそれがある。

　しかし、その一方で、非正規労働者の増加が、これまで無業であった人が就業するようになったことで生じたのであれば、逆に所得格差を縮小させる可能性もある。労働者を個人単位で見た場合、たしかにこれまで正規労働者であった人が非正規労働者になったのであれば、非正規労働者の増加は低所得者層の拡大につながる。正規労働者と比較すると賃金の差は大きく、所得分布の二極化が生じている可能性が高い。しかし、多くの場合、所得は世帯単位で捉えられる。世帯主所得の低い家計で、いままで専業主婦であった妻が、たとえ非正規労働者であろうと就業するようになったのであれば、少なからず世帯所得は増加する。その結果、世帯単位の所得格差は縮小することになる。

　このように、非正規労働が所得格差に与える影響は個人単位と世帯単位によって、さらには無業者が非正規労働者になったのか、正規労働者が非正規労働者になったのかによって、異なる可能性がある。この点について海外ではOECD（2011）によって検証が進んでいるものの、日本では、いまだその研究は少ない。関連する研究として小原（2001）や橘木・迫田（2013）があるものの、非正規労働と所得格差の関係まで踏み込んだ研究はまだなく、その実態は明らかにされているとはいえない[1]。しかし、OECD諸国の中でも日本では非正規労働者の増加が顕著であり、その就業者数の大きさを鑑みても所得格差に及ぼす影響を明らかにすることは重要だといえる。

　そこで、本章では非正規労働の増加が日本の所得格差に与える影響を、労働者個人単位と世帯単位に分けて検証する。分析ではOECD諸国の状況と比較することを通じて、日本の所得格差の特異性を明らかにしていく。

2　誰が非正規労働者として働いているのか

　非正規労働者の多くは低収入で不安定な雇用条件にある。しかし、彼らが世帯の主たる稼ぎ手であるのか、もしくは家計補助的な役割を担っているのかによって、所得格差に与える影響は異なる。本節では公的統計やマイクロデータを用い、非正規労働者がどのような世帯に多くいるのかを把握する。

　まず、非正規労働者の男女・配偶状況割合について見ると、無配偶男性が15％、有配偶男性が14％、無配偶女性が16％、有配偶女性が55％であり、非正規労働者の半数以上が有配偶女性で占められている（表3-1）。

　次に非正規労働者の男女別・年齢別・配偶状況別構成比を見ると、有配偶男性では50-64歳の高齢層の比率が高く、無配偶男性では20-34歳の若年層の比率が高かった（表3-2）。有配偶高齢者の男性は退職後に非正規労働者

---

1)　関連する海外の研究のShorrocks（1983）、Lerman and Yitzhaki（1985）、Karoly and Burtless（1995）は妻の就業が逆に世帯の所得格差を拡大させることを示した。これに対して、Cancian *et al.*（1993）やCancian and Reed（1998）は、妻の就業が世帯所得格差の縮小に寄与することを指摘している。これらの研究結果が示すように、必ずしも分析結果が一致しているわけではなく、非正規労働の増大という視点を交えて世帯所得の格差拡大を捉えた分析は依然として少ない。

表 3-1　非正規労働者の男女別・配偶状況別構成比（20-64 歳までの非正規労働者）

男性	無配偶	15%
	有配偶	14%
女性	無配偶	16%
	有配偶	55%
計		100%

注：非正規労働者の定義＝パート、アルバイト、派遣社員、契約社員、嘱託、その他の総計。
出所：総務省「平成 24 年就業構造基本調査」の集計表（b223 および b227）より筆者らが算出。

表 3-2　非正規労働者の男女別・年齢別・配偶状況別構成比
（20-64 歳までの非正規労働者）

	男性		女性	
	有配偶	無配偶	有配偶	無配偶
20-34 歳	4%	36%	9%	16%
35-49 歳	8%	15%	36%	6%
50-64 歳	30%	7%	31%	2%
合計	100%		100%	

出所：総務省「平成 28 年　労働力調査」の集計表より筆者らが算出。

として再就職し、無配偶の若年男性は学生のアルバイトと、それとは別に厳しい雇用情勢のために、やむをえず非正規労働者として就業しているケースもあることが考えられる。女性の場合、35 歳以上の中高齢の有配偶者で非正規労働者割合が高かった。これは育児終了後に家計補助的なかたちで非正規労働者として就業しているためだと考えられる。

　以上の分析結果から、非正規労働者として働く割合が大きいのは、中高齢の有配偶女性だと考えられる。この女性たちはどのような経路を経て非正規労働者として就業するようになったのだろうか。正規から非正規へ移動した場合と無業から非正規へ移動した場合では所得格差に及ぼす影響が異なるため、この点を確認することは重要である。そこで、現在非正規労働で働く有配偶女性の前年の就業状態を、年齢別に見ていく（表 3-3）。なお、非正規労働者増加の背景を検討するために、分析対象を新規就業または転職によって現在非正規労働者として就業しているサンプルに限定してある。

　分析結果を見ると、いずれの年齢階層でも前年に非正規または無業である割合が高かった。この結果から、非正規労働者間の移動以外だと、無業から

56

表 3-3 現職非正規労働者の前年の就業形態（有配偶女性）

有配偶女性		現職非正規労働			
		20-64 歳	20-34 歳	35-49 歳	50-64 歳
前年の就業形態	正規	4%	3%	3%	9%
	非正規	41%	28%	43%	44%
	自営	9%	7%	9%	9%
	無業	46%	62%	45%	38%
	合計	100%	100%	100%	100%

注：分析対象は新規就業または転職によって現在非正規労働者として就業する 20-64 歳の
　　有配偶女性である。
出所：KHPS2014 より筆者らが算出。

表 3-4 有配偶世帯における夫と妻の就業形態の組み合わせ（夫の年齢が 20-64 歳の世帯）

2004 年

(N=2,369)		妻の就業形態				
		正規	非正規	自営	無業	合計
夫の就業形態	正規	11%	20%	6%	29%	66%
	非正規	1%	2%	0%	2%	5%
	自営	2%	3%	10%	6%	21%
	無業	1%	1%	1%	4%	7%
	合計	15%	26%	17%	41%	100%

2014 年

(N=1,782)		妻の就業形態				
		正規	非正規	自営	無業	合計
夫の就業形態	正規	13%	31%	4%	23%	71%
	非正規	1%	3%	1%	2%	7%
	自営	2%	5%	7%	4%	18%
	無業	1%	1%	0%	2%	4%
	合計	17%	40%	12%	31%	100%

注：非正規労働者の定義＝パート、アルバイト、派遣社員、契約社員、嘱託の総計。
　　正規労働者の定義＝常勤の職員（役員・経営者を含む）。
　　自営業者の定義＝自営業主、自由業者、家族従業者、委託労働・請負の総計。
出所：KHPS2014 より筆者らが算出。

の再就職が非正規労働の増加に寄与していると考えられる[2]。

　それでは、有配偶女性が非正規労働で働く割合はどの程度増えたのだろう
か。この点を確認するため、2004 年と 2014 年の夫婦の就業形態の組み合わ

2) 現在非正規労働で働く男性についても年齢別、配偶状態別に前年の就業状態を確認したが、

表3-5　有配偶世帯における夫の所得階層別に見た妻の就業状態
（夫の年齢が59歳以下の世帯）

2002年

| (N=18,848,500) | 妻有業 | | | 妻無業 | 計 |
	自営業者	正規雇用者	非正規雇用者		
夫有業　低（400万円未満）	12.8%	21.1%	30.8%	35.3%	100%
中（400-700万円未満）	6.4%	19.9%	31.4%	42.3%	100%
高（700万円以上）	6.0%	15.2%	31.6%	47.2%	100%
夫無業	56.6%			43.4%	100%

2012年

| (N=15,576,800) | 妻無業 | | | 妻無業 | 計 |
	自営業者	正規雇用者	非正規雇用者		
夫有業　低（400万円未満）	5.4%	24.1%	40.2%	30.2%	100%
中（400-700万円未満）	3.1%	23.0%	36.5%	37.4%	100%
高（700万円以上）	3.2%	17.5%	35.0%	44.4%	100%
夫無業	63.8%			36.2%	100%

注1：非正規労働者の定義＝パート、アルバイト、派遣社員、契約社員、嘱託、その他の総計。
　　　自営業者には家族従業員を含む。
注2：所得水準のグルーピングについては、すでに用意された所得カテゴリーをもとに、サンプルを三等分するの
　　　に最も近いかたちで設定した。
出所：総務省「平成14年就業構造基本調査」の集計表（z188およびz194）および「平成24年就業構造基本調
　　　査」の集計表（b222およびb228）より筆者らが算出。

せを見ていく。表3-4の結果を見ると、夫が正規労働者で妻が非正規労働者という組み合わせは、2004年には全体の20%であったが、2014年には31%にまで増加している。一方で、夫が正規労働者で妻が無業者という組み合わせは減少した。

　それでは妻の就業はどの所得層で増加したのだろうか。もし高所得層で無業の妻が非正規労働者として就業するようになったのであれば、所得格差は拡大する可能性がある。これに対して低所得層で増加した場合、妻の就業は

　有配偶の場合、前年に正規または非正規で就業している割合が多かった。ただし、高齢層の場合、前職が無業である割合も高く、退職後の再就職先として非正規労働を選択していると考えられる。無配偶男性の場合、前職が非正規労働や無業である割合が高い傾向にあった。以上の結果から、非正規労働者間の移動以外だと、有配偶男性では正規からの移動が非正規労働の増加に寄与し、無配偶男性では無業からの移動が非正規労働の増加に寄与していると考えられる。

所得格差を縮小させる。この点を確認するため、夫の所得階層別に妻の就業
状況を見ていく。

　表3-5の結果を見ると、夫の所得階層がいずれの水準であっても、2002
年から2012年にかけて妻の正規雇用率も非正規雇用率も増加しているが、
とくに夫の所得階層が低水準の場合において、妻の非正規雇用率が大幅に増
加した。それだけ夫の所得の不足分を補おうとして妻が非正規労働者として
働くようになった世帯が多いことがわかる。この結果から、非正規労働者の
増加は総じて世帯間所得格差を縮小させる傾向にあったと考えられる。

3　個人で見た場合に非正規労働者の増加は所得格差を拡大させたのか

（1）就業形態のちがいによる所得格差

　個人で見た場合、非正規労働者の増加は所得格差を拡大させたのだろう
か。また、その影響は他の就業形態と比較して大きいのだろうか。この点を
検証するために、就業形態と所得格差の関係を検証する。分析に使用する
データは『日本家計パネル調査（Japan Household Panel Survey［JHPS］）』
の2009年度調査データである。なお、分析では日本の特徴を明確にするた
めに、同様の分析を行ったOECD（2011）と国際比較を行う。

　図3-1は就業形態のちがいと所得格差の関係をジニ係数を用いて検証した
結果である。この分析では、フルタイム労働者のみで個人の給与所得のジニ
係数を算出した場合に比べて、パートタイム労働者を加えた場合、さらに、
自営業者を加えた場合でどのように給与所得の不平等度が変化するかを検証
している[3]。就業形態の定義が異なるものの、非正規労働者の増加の影響を
知るにはよい資料である。

　図3-1の分析結果のうち、日本について見ると、パートタイム労働者や自
営業者を加えたとき、ジニ係数が拡大する傾向にあった。この結果は、パー

3）　OECD（2011）では雇用労働者の就業形態については週の労働時間で判別していた。ここで
　はその定義にならい、週の労働時間が30時間未満の雇用者をパートタイム労働者、30時間以
　上の者をフルタイム労働者とする。

図 3-1　就業形態のちがいによる給与所得のジニ係数の変化

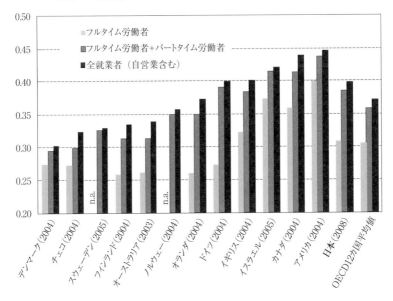

注 1：平均値は OECD（2011）に掲載されている値であり、日本の値は除いて算出されている。
注 2：表中の値は給与所得の税引き前のグロス値から計算している。
引用：OECD（2011）p.170, Figure 4.1
出所：日本のデータについては JHPS2009 を用いて筆者らが推計。

トタイム労働者が個人の給与所得における所得格差を拡大させることを意味
する。この傾向は他の OECD 諸国でも共通に見られるが、日本の場合、パー
トタイム労働者を加えた際のジニ係数の上昇幅が他国と比較して大きい。

　日本同様、パートタイム労働者を加えた際にジニ係数の上昇幅が大きい国
として、ドイツやオランダが挙げられる。これらの国では、近年パートタイ
ム労働者の増大が著しく、そのことがフルタイム労働者にパートタイム労働
者を加えた際のジニ係数の大幅な上昇を説明していると考えられる。

　一方、アメリカやカナダではフルタイム労働者にパートタイム労働者を加
えた際のジニ係数の上昇幅は極めて小さく、もともとパートタイム労働者が
少なかったり、いてもフルタイム労働者とパートタイム労働者の所得格差が
小さいことを示唆している（樋口・佐藤［2015］）。

（2）　所得格差の要因分解：時間あたり賃金率のちがいか、労働
　　　　時間のちがいか

　従来の正規労働を前提とした働き方においては、給与所得の格差の大部分
を労働の価格である「時間あたり賃金率」の差のみに求めることができた。
しかし、就業構造が多様化してきた現在、賃金率の差のみならず、労働の量
である「労働時間」の差も所得格差拡大の要因として検討することが必要で
ある。事実、前項の分析では労働時間の短いパートタイム労働者を加えたこ
とで大幅にジニ係数が上昇しており、就業者における労働時間の差も年間給
与所得の格差を左右する要因と考えられる。

　そこで、本節では所得格差の要因を「時間あたり賃金率」と「労働時間」
に分け、そのどちらがより大きな影響を及ぼしているのかを検証する。使用
データは前節と同じく JHPS の 2009 年データである。

　要因分解では、年間給与所得の対数値の分散を年間労働時間の対数値の分
散と時間あたり賃金率の対数値の分散、そして、二つの共分散の２倍に分解
する手法をとる。この手法によって、年間労働時間、時間あたり賃金率、そ
して、労働時間と賃金率の交叉効果の三つの要因が、それぞれどの程度年間
給与所得の格差に寄与しているのかを把握することができる。

　分析結果は表 3-6 に掲載されている。表 3-6 の(1)列目は給与所得の分散
を時間あたり賃金率の分散によって何％説明できるのかを示しており、(2)
列目は年間労働時間、そして、(3)列目は交叉効果によって何％説明できる
のかを示している。

　この結果を見ると、日本では給与所得の分散を時間あたり賃金率が
54％、労働時間が30％、交叉効果が15％を説明していた。他の OECD9 カ
国の平均値を見ると、給与所得の分散を時間あたり賃金率が55％、労働時
間が28％、そして交叉効果が18％を説明していた。

　これらの結果から、日本を含めほとんどの国で、時間あたり賃金率が給与
所得の格差の多くを説明しているが、労働時間のちがいによる給与所得の格
差も無視できないほどに寄与しているといえる。なお、ほとんどの国におい
て、交叉効果である労働時間と時間あたり賃金率の共分散は正の値となって

表 3-6　年間給与所得（対数値）の分散の要因分解（雇用者のみ）　　（%）

	時間あたり賃金率で説明できる割合 (1)	労働時間で説明できる割合 (2)	交叉効果で説明できる割合 (3)	合計 (4)
オーストラリア 2003	46	55	-1	100
カナダ 2004	61	14	25	100
チェコ 2004	72	13	15	100
フィンランド 2004	51	21	27	100
ドイツ 2004	40	31	29	100
イスラエル 2005	66	26	9	100
オランダ 2004	45	33	22	100
イギリス 2004	50	33	18	100
アメリカ 2004	62	22	16	100
OECD9 カ国平均	55	28	18	100
日本 2008	54	30	15	100

注1：平均値は OECD（2011）に掲載されている値であり、日本の値は除いて算出されている。
注2：本分析の詳細については、石井・樋口（2015）を参照されたい。
引用：OECD（2011）p.177, Table 4.1.
出所：日本のデータについては JHPS2009 を用いて筆者らが推計。

いる。この結果は、賃金率の高い人ほど労働時間が長いことを意味する。

　これまでのことをまとめると、非正規労働者の一つであるパートタイム労働者が増えてきたことで、個人間の給与所得格差は確実に拡大していることがわかった。さらに、個人間の給与所得の格差は、パートタイムとフルタイムという労働時間の差によるところもあるが、むしろ、両者における時間あたり賃金率の差によるところが大きいことがわかった。

4　世帯で見た場合に非正規労働は所得格差を拡大させるのか

（1）　個人と世帯で見た場合のジニ係数のちがい

　これまでの分析の結果、非正規労働者の増加は労働者個人の給与所得格差を拡大させることがわかったが、世帯単位で見た場合はどうであろうか。個々人が享受する生活水準はその人ひとりの所得のみならず、その人が所属する世帯の所得によって決定される部分が大きい。事実、日本において、既

図 3-2　個人の給与所得および世帯の合算給与所得におけるジニ係数

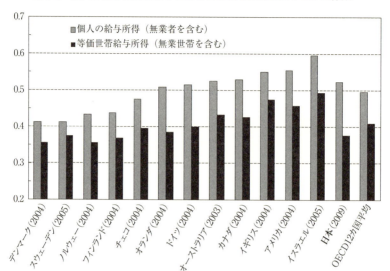

注：平均値は OECD（2011）に掲載されている値であり、日本の値は除いて算出されている。
引用：OECD（2011）p.196, Figure 5.1.
出所：日本のデータについては JHPS2009 を用いて筆者らが推計。

婚女性の就業率が非正規労働というかたちで増えてきており、このことは労働者個人として見れば賃金格差拡大の要因になり得るが、世帯として見たら夫の所得を補填する働きを通じて所得格差縮小の要因にもなり得る。とりわけ、夫の所得が低水準の層で妻の非正規就業率が大きく上昇していること、さらに、有配偶女性では無業からの非正規労働者の増大が多いことを考慮すると、非正規労働者の増加は世帯間の所得格差を縮小させる可能性がある。

　この点を明らかにするためにも、個人と世帯で見た場合で所得格差がどの程度変化するのかを確認する。使用データは JHPS の 2009 年調査であり、分析対象は世帯主が 25-64 歳の世帯およびその世帯の 25-64 歳の個人（調査対象者）である。なお、分析で使用する世帯所得は世帯員の所得をすべて合算した値である。また、同一世帯で生活することによって働く規模の経済を考慮し、世帯所得を世帯員数の平方根で割った等価世帯所得を使用する。

　分析結果を図 3-2 に示した。この図は個人の給与所得におけるジニ係数と世帯の所得におけるジニ係数を示している。この結果を見ると、日本を含め

たいずれの国でも、個人単位よりも世帯単位のジニ係数のほうが小さくなっている。これは、世帯単位の所得格差のほうが小さいことを意味する。

　日本と他国を比較すると、日本の個人単位でのジニ係数は0.53とOECD平均値よりも高いが、世帯間で見ると、大幅にジニ係数は下がり、他国に比べてもその削減幅は大きい。すなわち、ほかの国々に比べて日本では夫婦間分業が際立っており、所得においても夫婦間の差は平均して大きく、夫婦合算した所得格差は個人に比べ、大きく縮小することがわかる。

（2）　個人と世帯で見た場合の非正規労働と所得階層の関係

　前項の分析の結果、個人単位よりも世帯単位の所得格差のほうが小さくなっていたが、非正規労働といった就業状態まで考慮できていなかった。本項では非正規労働者に焦点を当てて分析を行う。ここではまず、非正規労働者個人で見た場合の所得階層とその人が所属する世帯の所得階層の関係を明らかにする。

　分析に使用するのはJHPSの2012年度調査である[4]。本項が参照したOECD（2015）の結果と国際比較を行うために、新たに就業形態と世帯を以下のように定義する。まず、就業形態については常用雇用契約のもと週30時間以上働いている者を正規労働者、それ以外の雇用者と自営業者を非正規労働者、そして、無業者の3カテゴリーに区分する。

　さらに、これに基づき、世帯を四つに分類する。一つ目は正規労働世帯であり、少なくとも1人以上の正規労働者がいる世帯でその他の世帯員も正規労働者か無業者である世帯と定義する。二つ目は、非正規労働世帯であり、少なくとも1人以上の非正規労働者がいる世帯でその他の世帯員も非正規労働者か無業者である世帯である。三つ目は、混合世帯であり、少なくとも1人の正規労働者と1人の非正規労働者から成る世帯である。四つ目は、無業世帯であり、就業者がいない世帯となっている。

　このような定義のもとデータを集計すると、日本の非正規労働者の35％が家計の主たる稼ぎ手として就業しており、残りの65％は家計における補

---

4)　JHPSの2012年度調査を使用したのは、OECD（2015）の分析結果と比較を行うためである。

助的な労働者として就業していた（図3-3）。OECD（2015）で示されている OECD平均値では、非正規労働者のうち約半数が家計の主たる稼ぎ手として就業しており、それに比べると日本では家計の主たる稼ぎ手となっている非正規労働者はいまだ少ない。

　それでは、以上の定義に基づき、非正規労働者の分布状況を個人と世帯の所得階層から見ていく（表3-7）。表3-7では、非正規労働者の構成比を示しており、縦方向に個人所得の五分位を示している。(2)列目には、個人所得の各階層における非正規労働者の分布割合を示している。続く(3)列目から(7)列目には分析対象となる非正規労働者各個人が所属する世帯の所得五分位を横方向に示している。(2)列目の値から、日本では非正規労働者の40.6％が個人所得では最下層に属していることがわかる。

　これに対して、(3)列目から(7)列目の等価世帯所得で見ると、そのうちの22.6％の人が最下層にとどまるのみで、それ以外の人は、より高い所得階層に属していた。個人所得階層の第Ⅱ五分位においても、等価世帯所得で見た場合、より上層の所得階層に移動している。その一方、個人所得で最上層にいる非正規労働者においては、その8割弱（21.1％＋56.1％）が世帯所得においても第Ⅳ、第Ⅴ五分位に位置しており、移動が少ないことがわかる。

　日本におけるこの状況は、他国と比較して、どうであろうか。図3-4は、個人所得で最下層にいる非正規労働者のみに着目して（日本の値は表3-7の1行目に対応）、彼らの等価世帯所得における所得階層の分布を国別に示している。日本はベルギー、オーストラリア、アイルランドと並んで、個人所得で最下層にいる非正規労働者のうち、等価世帯所得でも最下層にいる割合が最も低いグループに属する。個人単位で見ると、たとえ所得の低い非正規労働者であっても、世帯単位で見ると、必ずしも所得が低いわけではない。

　それでは、どのような世帯に属する非正規労働者が、個人所得では低所得であっても、等価世帯所得で見た場合、より高い所得階層に移動することができるのであろうか。図3-5は個人所得で最低所得階層にいる非正規労働者について、その人が他の非正規労働者と生計を成している場合（非正規労働世帯）もしくは、その人が他の正規労働者と生計を成している場合（混合世帯）に限定して、等価世帯所得における所得階層を示している。非正規労働

図 3-3　非正規労働者が世帯の主たる稼ぎ手および補助的な稼ぎ手となっている割合

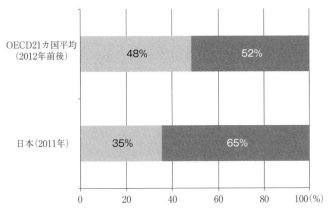

注 1：日本のデータについては JHPS2012 を用いて筆者らが推計。
注 2：非正規労働者の定義 = OECD（2015）における Non-standard worker に準ずる。
出所：OECD 平均値については、OECD（2015）p.171, Figure4.13 より引用。

表 3-7　個人所得階層における非正規労働者の分布および個人所得階層別の世帯所得
階層における非正規労働者の分布（日本、2011 年）

| 個人の給与所得の五分位 (1) | 非正規労働者の分布 (2) | 等価世帯所得の五分位 | | | | | 合計 (8) |
		Ⅰ（最下層） (3)	Ⅱ (4)	Ⅲ (5)	Ⅳ (6)	Ⅴ (7)	
Ⅰ　（最下層）	40.6	22.6	20.1	24.0	17.2	16.1	100
Ⅱ	29.8	28.8	25.9	14.1	15.1	16.1	100
Ⅲ	13.5	21.5	35.5	23.7	9.7	9.7	100
Ⅳ	7.8	3.7	29.6	27.8	22.2	16.7	100
Ⅴ	8.3	10.5	0.0	12.3	21.1	56.1	100
合計	100	21.8	23.0	20.3	16.3	18.6	100

注 1：OECD（2015）p.172 Table4.5（EU 加盟 15 カ国に関する同様の集計）を参考に作成。
注 2：個人の給与所得の五分位は、分析対象である 20-64 歳の全就業者を対象にして作成しており、等価世帯所得の五分位は、20-64 歳の人が属する全世帯を対象にして作成している。
出所：JHPS2012 を用いて筆者らが推計。（N=688）

　者が他の非正規労働者と生計を成している場合は、個人所得で最下層にいる者のうち 4 割が等価世帯所得においても最下層にとどまっている。一方で、非正規労働者が他の正規労働者と生計を成している場合は、個人所得で最下

図 3-4　個人所得で最下層にいる非正規労働者の世帯所得階層の分布（2012 年前後）

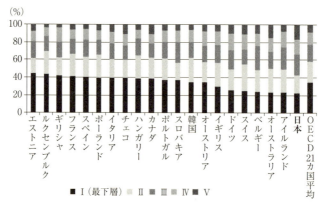

注：日本のデータについては JHPS2012 を用いて筆者らが推計。（N=279）
出所：OECD（2015）p.173, Figure4.14 Panel B より引用。

図 3-5　個人所得で最下層にいる非正規労働者の世帯所得階層（日本、2011 年）
　　　　——非正規労働者が他の非正規労働者と生計を成している世帯と
　　　　非正規労働者が他の正規労働者と生計を成している世帯に限定——

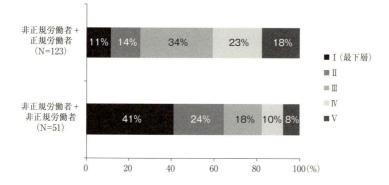

注：OECD（2015）p.173 Figure4.14 Panel A（EU 加盟 15 カ国に関する同様の集計）を参考に作成。
出所：JHPS2012 を用いて筆者らが集計。

層にいる者のうち等価世帯所得でも最下層にとどまっている者は 1 割強にすぎず、7 割以上が第Ⅲ五分位以上の階層に移動している。

　この結果は、低所得の非正規労働者でも、正規労働者と生計を成している場合は高い確率で低所得から脱出することができるが、非正規労働のみで生

図 3-6　世帯類型別の最低所得階層にいる割合（2012 年前後）

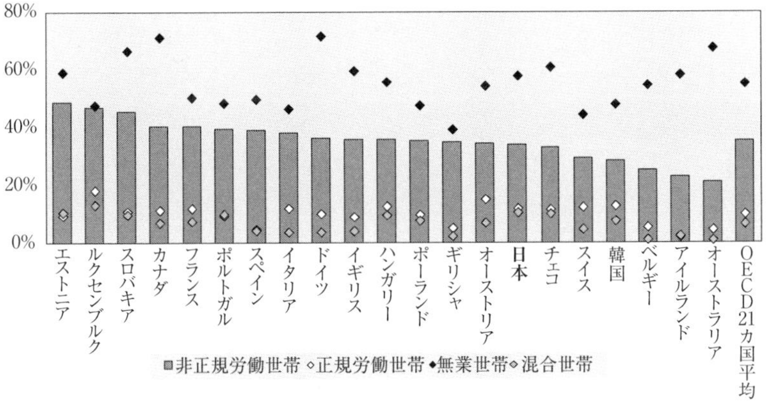

注1：日本のデータについては JHPS2012 を用いて筆者らが推計。（N=321）
注2：非正規労働世帯とは1人以上の非正規労働者がおり、その他の世帯員も非正規労働者か無業者である世帯、正規労働世帯とは1人以上の正規労働者がおり、その他の世帯員も正規労働者か無業者である世帯、混合世帯とは少なくとも1人以上の非正規労働者と1人以上の正規労働者がいる世帯である。
出所：OECD（2015）p.174, Figure4.15 より引用。

計を成している場合には低所得から逃れにくいことを意味する。

　これを別の視点から見るために、図 3-6 では等価世帯所得で最下層に陥る割合が世帯類型ごとに示されている。当然のことながら、いずれの国においても無業世帯においては最下層に陥る割合が最も高く、日本においてもその割合は6割程度となっている。非正規労働者のみから成る非正規労働世帯の最下層割合がこれに続いて高く、日本では34％となっている。さらに、正規労働者のみから成る正規労働世帯では、その多くが世帯に就業者が1人しかいないためか、正規労働者と非正規労働者から成る混合世帯よりも最下層にいる割合が高いことも各国共通の現象である。

　総じて、日本は OECD の平均的な値を示している。非正規労働者が正規労働者と生計を成し家計補助的な役割を果たす場合には、低所得から回避できる確率が高まるが、それ以外の場合には低所得、すなわちワーキングプアという状況から脱出することは難しい状況にあることが読み取れる。

図 3-7　各世帯類型における等価世帯所得におけるジニ係数（日本、2011 年）

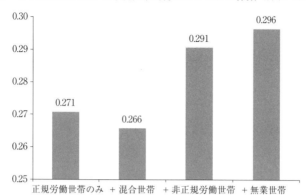

注 1：OECD（2015）p.175 Figure 4.16（OECD 加盟 20 カ国に関する同様の集計）を参考に作成。
注 2：非正規労働世帯とは 1 人以上の非正規労働者がおり、その他の世帯員も非正規労働者か無業者である世帯、
　　　正規労働世帯とは 1 人以上の正規労働者がおり、その他の世帯員も正規労働者か無業者である世帯、混合世
　　　帯とは少なくとも 1 人以上の非正規労働者と 1 人以上の正規労働者がいる世帯である。
出所：JHPS2012 を用いて筆者らが集計。（N=1,600）

（3）　非正規労働と世帯の所得格差

　非正規労働は世帯単位における所得格差にどのような影響を及ぼすのだろ
うか。この点を確認するために、正規労働世帯のみで世帯所得のジニ係数を
算出した場合に比べて、混合世帯を加えた場合、さらに非正規労働世帯を加
えた場合、最後に無業世帯を加えた場合でどのように世帯所得のジニ係数が
変化するかを検証する。世帯を加えた結果、ジニ係数が増加すれば所得格差
が拡大したことを意味し、逆にジニ係数が低下すれば所得格差が縮小したこ
とを意味する。

　図 3-7 の分析結果を見ると、正規労働世帯のみでの等価世帯所得のジニ係
数は 0.271 なのに対し、混合世帯を加えると 0.266 と、わずかながら格差が
縮小していた。一方で、非正規労働世帯を加えると 0.291 と格差が拡大し、
無業世帯を加えると、さらに格差は拡大する。

　これらの結果をまとめると、非正規労働者は、正規労働者に比べて給与所
得が低いため、非正規労働者のみで形成される世帯の存在は世帯間の所得格
差を拡大させる。その一方で、たとえ非正規労働者の給与所得が低くとも、

表3-8　世帯類型ごとの貧困率および貧困層の内訳

	日本の値（2011年）			OECD平均（2012年前後）	
	貧困率 （%）	貧困層の内訳 （%）	サンプル全体に おける世帯分布 （%）	貧困率 （%）	貧困層の内訳 （%）
非正規労働世帯	21.2	54.3	26.2	21.9	27.0
正規労働世帯	5.2	16.5	32.8	4.3	14.8
混合世帯	3.8	14.0	37.7	2.6	2.8
無業世帯	46.3	15.2	3.4	40.1	55.4
全体	10.3	100	100	—	100

注1：JHPS2012を用いて筆者らが集計。相対的貧困線は158万円。（N=1,600）
注2：OECD平均値については、OECD（2015）p.178, Figure4.18およびFigure4.19より引用。貧困率はOECD
　　加盟21カ国（日本含む）の平均値。貧困層の内訳についてはOECD加盟20カ国（日本は含まない）の平
　　均値。
注3：非正規労働世帯とは1人以上の非正規労働者がおり、その他の世帯員も非正規労働者か無業者である世帯、
　　正規労働世帯とは1人以上の正規労働者がおり、その他の世帯員も正規労働者か無業者である世帯、混合世
　　帯とは少なくとも1人以上の非正規労働者と1人以上の正規労働者がいる世帯である。

非正規労働者が正規労働者と生計をなし、家計補助的な役割を担っている場合においては世帯の所得格差を縮小させることを示している。

（4）　非正規労働と貧困

これまでの分析の結果、非正規労働と所得格差の関係については明らかになったが、貧困とはどのような関係にあるのだろうか。世帯における非正規労働は、所得格差と同じく貧困の縮小に寄与しているのだろうか。この点を確認するために、世帯類型ごとの貧困率を見ていく。

分析結果の表3-8を見ると、非正規労働者が家計補助的な役割を担っている混合世帯においては貧困率が最も低く3.8%、次に正規労働世帯で5.2%となっていた。非正規労働世帯においては貧困率が21.2%と高く、働いていても貧困から抜け出すことができないというワーキングプアの問題が浮かび上がっている。

表3-8では同時に貧困層の内訳についても示されている。貧困層の8割強が就業世帯であり、中でも非正規労働世帯が大半を示していることがわかる。OECD平均と比較してみても、わが国におけるワーキングプアが顕著であることが際立っている。日本では労働年齢人口における無業世帯・失業

世帯が少ないため、貧困層においても無業世帯の割合は低く、逆に、ここで
もワーキングプアという問題が浮き彫りになっている。

5 若年単身の非正規労働者はどのような不利益を被って いるか

（1） 非正規労働という働き方は家族形成において不利か

　第2節で確認したとおり、現状、日本の非正規労働者の多くは、それまで
無業であった有配偶女性か、引退後に再就職した高齢男性であった。非正規
労働者の賃金が正規労働者に比べて低いものの、有配偶女性においては家計
補助的な役割というかたちで、また、高齢男性においても年金所得に対する
追加的な収入というかたちで世帯の所得を増やし、世帯間の所得格差を縮小
する可能性があることは、ここまでの分析で確認してきたところである。

　しかしながら、非正規労働者のうちのマジョリティにはなっていないもの
の、近年、未婚の若年層で非正規労働者が増加しているのも事実である。学
生アルバイトも増えているが、それ以外のケースにおいて、不景気による就
職難で学卒時に正規職に就けず、非正規労働者として働き出した場合、日本
では、その後、正規職に移行することは難しいことが指摘されている（四方
［2011］など）。すなわち、非正規労働者として働き出すことは、将来、正規
職に就くためのステッピング・ストーン（踏み石）にはなっておらず、むし
ろデッド・エンド（行き止まり）である可能性が高いというわけである。

　さらに、学卒後に非正規労働者として働き出した場合、学卒後、正規労働
者として働き出したものに比べて、結婚が遅いという傾向がある（酒井・樋
口［2005］）。図3-8は酒井・樋口（2005）より、フリーター経験者・正規労
働経験者別に見た年齢ごとの婚姻率を示している。この図から、「男性・女
性いずれにおいても、フリーターであった者のその後の有配偶率は一貫して
正規雇用についていた者に比べて低い（酒井・樋口［2005］p.34）」ことが
読み取れる。

　非正規労働者と正規労働者の婚姻状況の違いを示す別の図として、図3-9

図3-8　学卒1年後の就業状態別その後の有配偶率

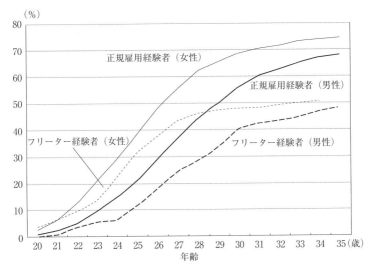

出所：酒井・樋口（2005）図1。

は、総務省『労働力調査（詳細集計)』より、男女別に就業形態別の有配偶
率を示している。図3-8では、過去の就業形態（フリーター経験の有無）に
着目しているが、図3-9では、現在の就業形態に着目している点が異なる。

　男性について見ると、いずれの年齢階層においても、非正規労働者で有配
偶率が顕著に低いことが見てとれる。学卒後、非正規労働者として働き出し
たものの多くが、その後も非正規労働者にとどまっている現状を踏まえる
と、現状の就業形態が非正規労働者の場合、有配偶率が低いことは整合的で
ある。

　女性について見ると、男性とは異なり、いずれの年齢階層においても、非
正規労働者のほうが有配偶率が高いことがわかる。学卒時に正規労働者とし
て働いていた人のほうが結婚する確率が高いことについては、男女共通の結
果であった（図3-8）。しかし、結婚や妊娠により多くの女性が離職し、そ
の後、非正規労働者として働き出すケースが多いため、現状、非正規で働い
ている場合の方が有配偶率は高くなっている。

　若年層の非正規労働者の増加は、結婚の機会を減らし、少子化を加速させ

図 3-9　男女別就業形態別有配偶率（平成 25 年平均）

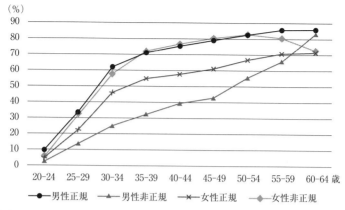

出所：総務省「労働力調査（詳細集計）」第 I－4。

　るばかりでなく、家族形成の機会を逃すことにより、夫婦で共働きをし、家計における規模の経済性を働かせ、単身でいる場合よりも生活費の負担を軽減することを不可能にする。多くの非正規労働者が単身であり続ける場合は、低所得層を増やし、当然ながら世帯間の所得格差を拡大させる存在となるだろう。また、親との同居を続ける場合は、隠れた貧困層として問題を先送りにするかもしれない。

　学歴や所得水準が近いもの同士が結婚するという「同類婚（assortative mating）」の増加も、世帯間の所得格差を拡大させる要因の一つとして考えられ、所得の低い非正規労働者にとっては、低所得から脱出することを難しくする要因である。OECD（2011）では、夫と妻でそれぞれの給与所得階層（五分位）が同じである割合について、1980 年代と 2000 年代で比較している。いずれの国においても、夫婦で給与所得階層が同じである割合は 1980 年代から 2000 年代で増加しており、OECD 平均では 1980 年代で全世帯の 34% で夫婦の給与所得階層が同じであったのが、2000 年代半ばになると 40% 程度まで上昇している。

　非正規労働者の場合、結婚する確率が低いのは、非正規労働といった所得の低い不安定な雇用形態が、潜在的な結婚相手としての魅力を低下させてい

るためだと考えらえる。このような家族形成における非正規労働者の不利な立場を解決するためには、非正規労働者と正規労働者の間での賃金格差を解消すること、さらには、特に若年層の非正規労働者に対しては、非正規という就業形態が正規へのステッピング・ストーンとなるべく、職業訓練や能力開発による支援が必要となろう。

（2）　非正規労働という働き方は心の健康を損なうか

　非正規労働という働き方は、家族形成において不利益を生じさせるのみならず、個人の心の健康にもよからぬ影響を与えるかもしれない。正規労働者と非正規労働者の賃金格差を考えると、同じ仕事をしていても非正規という雇用形態ゆえに自分の給与が低いことに対する不満や、不安定な雇用であるがため、将来に対する漠然とした不安がストレスとなって健康を害するかもしれない。逆に、子どもを持つ有配偶女性にとっては、労働時間や就業場所の決定における裁量が大きいため、仕事からの重圧から解放され、ストレスが少ないかもしれない。

　山本（2011）では、非正規労働者の心身症状（ストレス）について、各非正規労働者が自ら希望して非正規として就労している場合（本意型非正規労働者）と、正規の職がなく仕方がなく非正規労働者として就労している場合（不本意型非正規労働者）とに分けて分析している。分析の結果、正規労働者と比較して、不本意型の非正規労働者の場合、統計的に有意にストレスが大きいこと、一方で、本意型の非正規労働者の場合は、ストレスの程度において正規労働者と有意な差異がないことが明らかにされている 。この結果について、山本（2011）では「（労働）需要側の制約のために効用が低下し、健康被害という形でその影響が顕現化していると解釈できる」と述べている。

　また、山本（2011）では、不本意型非正規労働者は、年齢としては20歳代、40〜50歳代の独身者、雇用形態としては契約社員や派遣社員に多いことを指摘している。不景気等の影響で、学卒時に正規職に就けなかったもののなかには、仕方なく非正規として就業しているものが少なからずおり、低収入で不安定な非正規労働により、家族形成のチャンスを捕まえることがで

きないというのは、先に確認した内容と整合する。

6 結論：世帯単位で見た場合、女性就業者の増加は
　　所得格差を縮小させる

　本章では、非正規労働者の増加が個人間における所得格差と世帯間における所得格差にもたらす影響について分析を行った。個人の給与所得における格差に関する分析では、非正規労働の増加は個人の給与所得における格差を拡大させることを確認した。その上で、その格差の要因について、労働の価格である「時間あたり賃金率」と労働の量である「労働時間」に分解して検討した。その結果、正規労働者と非正規労働者、具体的にはパートタイム労働者とフルタイム労働者における労働時間の差が個人の給与所得に格差を生じさせていることも事実である一方で、両者の時間あたり賃金率の差が給与所得の格差の主要な要因であり、さらに、時間あたり賃金率の高い者ほど労働時間が長いことが格差を助長していることがわかった。

　非正規労働者の増加が世帯所得における格差に与える影響については、以下の点が明らかになった。非正規労働者の4割が個人所得で見ると最低所得五分位に位置している一方で、世帯の合算所得で見ると、そのうち最低所得階層にとどまる人は2割程度にとどまり、残りの人はより上位の階層に移動している。そして、正規労働者と生計を成している非正規労働者においてはこのようなケースが多く、逆に、非正規労働者のみで生計を成している非正規労働者においては、世帯所得で見ても低所得層にとどまる確率が高いことがわかった。すなわち、非正規労働者の増加は必ずしも低所得世帯を増やし、世帯所得の格差を拡大させる要因となっているわけではなく、非正規労働者が正規労働者と生計を成し家計の補助的な役割を担う場合、特にそれが低収入の正規労働者のいる世帯で多く見られる場合は、むしろ低所得世帯を減らし、世帯間の所得格差を縮小させる方向に働く。

　事実、この10年間、とりわけ夫の所得が低い層で妻の非正規での就業率が大幅に上昇しており、それまで無業であった妻が非正規労働者として働く

ようになった結果、世帯所得を引き上げ、世帯間格差を縮小させる方向に寄与した。もっとも同一賃金・同一労働のもと、非正規労働者の賃金が上昇すれば、個人はもとより世帯間の所得格差をさらに縮小させるだろう。また森川（2017）によれば、パートタイム労働者の賃金はおおむね生産性と釣り合っているため、賃金上昇には生産性を高める方策が必要だという意見もある。これには企業による訓練や自己啓発といった能力開発が効果的であり、これらを支援する政策が求められていくだろう。

　他方、単独世帯や非正規労働者が家計の主たる稼得者である世帯では低所得に陥る確率が高く、ワーキングプアと非正規労働の関係の強さが改めて確認された。さらに、非正規労働者が正規労働者と生計をなし家計補助的な役割を担う場合には、世帯間の所得格差を縮小させる効果とは逆に、非正規労働者が家計の主たる稼得者である世帯の増加は、世帯の所得格差を拡大させることも明らかとなった。

　現状、日本において、非正規労働者が家計の主たる稼得者となっている就労年齢世帯の割合は低いものの、非正規労働者の増加は所得格差に多様な影響をもたらしている。非正規労働者におけるワーキングプアの問題はいち早く解決されるべき問題であり、正規非正規間の賃金格差の是正や、非正規労働者に対する職業訓練や能力開発の機会を充実させることにより、非正規という働き方が正規職へのステッピング・ストーンとなるよう労働市場の変化が期待される。

第4章

非正規労働者の 賃金引き上げに何が有効か
—最低賃金、同一労働・同一賃金、 無期転換、能力開発支援—

1 わが国の相対的貧困世帯の特徴

日本の相対的貧困率は、長期的にみて上昇傾向にある。各種の統計を見ると、ここ数年は落ち着きを見せているが、その水準は高く、現状は高止まりの状況にあるといってよいだろう。

この背景には、単独世帯の高齢者の増加、さらには単身、あるいは世帯主における非正規労働者の増加が影響している。年金給付は充実し、高齢者全体で見た場合、以前に比べ所得格差は縮小傾向にあるが、それでも高齢者数の増加、なかでも1人暮らしの高齢者の増加は、全体の貧困率を押し上げている。

さらには、非正規労働者の増加である。わが国では、元来、国際的に見て失業率は低く、また無業の貧困者は少ない。他方、就業していても、それがパートや有期雇用などの非正規雇用であると、賃金が低いために、低所得になっている労働者が総じて多い。非正規労働者がひとり親世帯や単身世帯に属していたり、あるいは夫婦世帯でも世帯主であったりする場合、相対的貧困層に陥っている割合は高いことが前章で示された。それだけ、いわゆるワーキングプアの問題が注目を集める。

社会保障制度による支援の充実とともに、この問題を解決するための一つ

の政策手段として人々の関心を集めているのが、法定最低賃金の引き上げである。最低賃金は、本来、労働市場における低賃金労働者のさらなる賃金低下に歯止めをかけることを目的に設定されてきた。従来、わが国では、この最低賃金が市場賃金の平均値や中央値に比べて低く設定されているために、低賃金労働者の賃金は海外と比べて低く、最低賃金の引き上げは低賃金労働者の賃金引き上げに貢献するはずだとの主張があった。

近年、景気の回復にともない、非正規労働者の賃金の上昇、不本意型非正規労働者の正規労働者への転換が遅いながらも進展してきている。この景気の回復に加えて、こうした流れを促進しているのが、最低賃金の引き上げであるといわれる。一方、それぞれの労働者の生産性が低いまま、最低賃金だけが引き上げられたら、企業は人件費がかさんで経営難に陥り、雇用を減らす企業も生まれてくる可能性もある。もしもそうだとすると、最低賃金の引き上げは、働いている労働者の賃金は引き上げるかもしれないが、逆にこれにより職を失う人も増えて、無業者が増えてしまいかねず、これでは貧困者の削減にはつながらないといった議論もある。はたして、こうした効果は大きいのか。本章ではまず最低賃金引き上げの影響について、実際のデータを用いて分析する。

他方、労働者の生産性を引き上げる政策として注目されるのが、企業への設備投資助成とともに、労働者への能力開発支援である。これにより労働者の生産性が上がれば、賃金は上昇する可能性がある。だが、はたしてそれは本当か。そしてどのような能力開発支援策が、とくに低賃金労働者の賃金を引き上げることにつながるのか。わが国では低賃金労働者の多くは非正規労働者として就業している場合が多く、正規雇用への転換が実現すれば、賃金を引き上げることが可能になる。どのような能力開発支援策が正規転換に寄与しているのかについて検討する。

2　最低賃金の引き上げ

経済学ではしばしば賃金は競争市場原理に則り、限界生産力に応じて決められ、所得もこれによって配分されると説明される。もしそうであれば、所

得格差が大きすぎ、低賃金労働者の賃金が低すぎるからといって、政府がこれを問題視し、最低賃金の引き上げをはじめ、各種の施策を講じ市場に介入すれば、最適資源配分に「ゆがみ」が生じ、雇用が減ったり失業者が発生することにより、成長率の低下が起こる可能性がある。

　だが、日本の労働市場は完全競争原理が当てはまるのだろうか。そして自由競争メカニズムが働いているのだろうか。その前提条件が整っているのか。企業の制度や雇用慣行、さらには偶然性による運不運等の撹乱項が大きく左右し、賃金を決めているということはないのだろうか。賃金の低下が市場競争を通じてさらなる賃金の低下を招くことはないのか。交渉上の地歩の弱い低賃金労働者が政府の支援を受け、最低賃金が上昇しても雇用機会が失われるとは限らないのではないか。

　本来、法定最低賃金は「賃金の低廉な労働者について、事業若しくは職業の種類又は地域に応じ、賃金の最低額を保障することにより、労働条件の改善を図り、もって、労働者の生活の安定、労働力の質的向上及び事業の公正な競争の確保に資するとともに、国民経済の健全な発展に寄与することを目的とする」（最低賃金法第1条）とされている。

　わが国では、現在、地域別最低賃金と産業別最低賃金の二つがある。地域別最低賃金は産業や職種にかかわらず、原則、すべての労働者と使用者に適用される法定最低賃金であり、都道府県別に定められる。これに対し、産業別最低賃金は、その県の特定の産業について、関係労使が基幹労働者を対象として、地域別最低賃金よりも高い水準の最低賃金が必要であると認められるものについて設定し、延べ約250の産業別最低賃金が定められている。ここではこのうち、広く影響力があると思われる地域別最低賃金の引き上げの影響について分析することにする。

　アメリカの連邦最低賃金は、多くの場合、大統領が議会に提案し、議会の裁決を経て決められるものであり、ある意味では、政治的色彩が色濃く反映される。これに対し、わが国の地域別最低賃金は、毎年、まず労使の代表や公益委員から構成される国の中央最低賃金審議会で議論され、厚生労働大臣からの諮問を受け、都道府県ごとの最低賃金額改定の「目安」が決められ、これを参考にして各都道府県に設置された地方最低賃金審議会で議論をし、

表 4-1　各国の一般労働者の賃金に対する最低賃金比率

		2000 年	2005 年	2010 年	2015 年
日本	対平均値	0.28	0.29	0.33	0.35
	対中央値	0.32	0.33	0.37	0.4
オーストラリア	対平均値	0.5	0.49	0.45	0.44
	対中央値	0.58	0.57	0.54	0.53
ベルギー	対平均値	0.46	0.44	0.43	0.42
	対中央値	0.53	0.51	0.51	0.49
カナダ	対平均値	0.38	0.36	0.39	0.4
	対中央値	0.41	0.4	0.44	0.44
フランス	対平均値	0.5	0.54	0.5	0.5
	対中央値	0.62	0.67	0.62	0.62
ドイツ	対平均値	—	—	—	0.43
	対中央値	—	—	—	0.48
韓国	対平均値	0.24	0.3	0.36	0.38
	対中央値	0.29	0.37	0.45	0.48
イギリス	対平均値	0.34	0.37	0.38	0.41
	対中央値	0.41	0.45	0.46	0.49
アメリカ	対平均値	0.29	0.24	0.28	0.25
	対中央値	0.36	0.32	0.38	0.36

出所：OECD Stat.

決められることになっている。中央最低賃金審議会は日本経済全体の状況を考慮に入れながら、都道府県における生活水準のちがいや使用者の支払い能力のちがい、雇用に与える影響度のちがい等を考慮しながら目安額が決められてきた。

　結果的に見ると、わが国の最低賃金額は、市場賃金の平均値や中央値と対比させると、アメリカと同様、多くの先進国よりも低く設定されてきた（表4-1）。なかでも大都市圏における最低賃金は、地域間の差が拡大することを嫌って、市場賃金に比べて、地方よりも低く抑えられてきた。その結果、各地域が独立して決定される生活保護支給額よりも、フルに最低賃金で働いたほうが給与額の低い都道府県が大都市圏を中心に現れた。この「逆転現象」

が維持されたままでは、むしろ働くよりも生活保護を受けるほうを選ぶ「モラルハザード」を誘引しかねないとして、最低賃金の引き上げを求める声が強まった。

　その一方、最低賃金審議会では使用者委員から、労働者の生産性に変化がないまま最低賃金が引き上げられたら、人件費がかさみ経営難に陥る企業も増え、雇用を減らすところが増えるとして、これに反対する意見が強かった。そこで政府は内閣官房に政府、および公労使から成る「成長力底上げ戦略会議」を2007年に立ち上げ、最低賃金の引き上げと中小企業の生産性向上を同時に支援することを約束し、労使の合意を得た。こうした政策は、政権が自民党から民主党に変わった後も、政労使公から構成される「雇用戦略対話」が設置され、また自民党に政権が戻った後も「政労使対話」が続けられ、今日に至っている。

　たしかに、地域別最低賃金は会議の開かれた2007年以降、とくに大都市圏であるAランク地域を中心に大きく上昇するようになった（各都道府県は経済力に基づきAランクからDランクに分類され、中央最低賃金審議会はそれぞれのランクごとに引き上げの目安額を提示する）。図4-1を見ると、それ以前は、引き上げが据え置かれた年もあり、引き上げられても一桁の引き上げ額にとどまっていた。ところが2007年以降、年々10円を超える引き上げ額になり、とくにAランクの都道府県では20円を超える引き上げ額を記録する年も見られるようになった。

　図4-2はカイツ指標の推移を示す。カイツ指標とは、労働者全体の平均賃金に対する法定最低賃金の比率を示すものだ。2007年以降、この指標は大きな上昇を示しており、市場の平均賃金以上に最低賃金のほうが引き上げられるようになり、とくにAランクの大都市圏で引き上げ率は大きいことがわかる。

　最低賃金の引き上げに関するこうした政策の転換は、表4-2の「未満率」「影響率」の推移からも読み取れる。「未満率」は、改正前の最低賃金を下回っている労働者割合を示し、「影響率」は最低賃金を改正した後に、改正後の最低賃金を下回ることになる労働者割合を示している。未満率は2007年以降も一定の水準以下に収まっている。他方、影響率は、最低賃金の改定

図 4-1　地域ランク別最低賃金変化率の推移

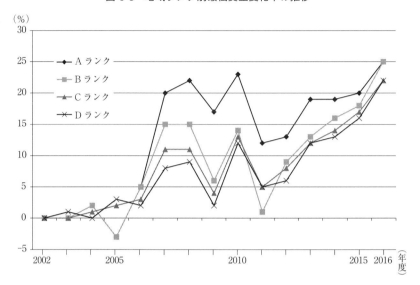

注 1 ：最低賃金額は、全国加重平均である。
注 2 ：各ランクは、各年における適用ランクである。
出所：厚生労働省「最低賃金に関する基礎調査」

図 4-2　カイツ指標（最低賃金／労働者全体の時間あたり賃金）

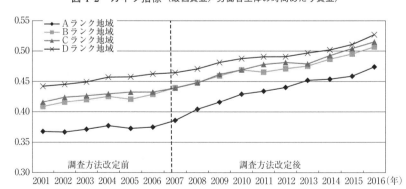

注 1 ：一般労働者については所定内給与／所定内労働時間、短時間労働者については 1 時間あたりの所定内給与
　　　を用いて、それぞれの労働者数によって加重平均を求めて「労働者全体の時間あたり賃金」としている。
注 2 ：2004 年以前は正社員以外の調査を行っていないなどのちがいがあり、調査方法の改正前データのため参
　　　考値。
出所：厚生労働省「賃金構造基本統計調査」

表 4-2　地域別最低賃金額（時間額）、未満率および影響率の推移（ランク別）

年		2000	2001	2002	2003	2004	2005	2006	2007
地域別最低賃金(円)		659	663	663	664	665	668	673	687
未満率	A ランク	1.3	0.7	1.7	1.5	1.3	0.8	1	0.7
	B ランク	3	1.3	2	1.4	1.1	1.1	1	1.2
	C ランク	2.6	1.7	1.6	1.6	1.7	1.9	1.3	1.3
	D ランク	2.3	1.2	2.6	2	2	2.1	2.1	1.4
	計		1.2	1.9	1.6	1.5	1.4	1.2	1.1
影響率	A ランク	1.5	1.2	1.7	1.5	1.4	1	1.2	1.8
	B ランク	3.3	1.5	2.1	1.4	1.1	1.3	1.3	1.9
	C ランク	3.1	2.1	1.6	1.6	1.8	2.2	1.7	2.6
	D ランク	2.6	2.8	2.7	2	2.2	2.4	2.5	3.1
	計		1.8	1.9	1.6	1.5	1.6	1.5	2.2

年		2008	2009	2010	2011	2012	2013	2014	2015	2016
地域別最低賃金(円)		703	713	730	737	749	764	780	798	823
未満率	A ランク	0.6	1.1	1.6	1.5	2.5	2.1	2.5	2.1	4.2
	B ランク	1.3	1.4	1.7	1.7	1.4	1.5	1.6	1.4	1.6
	C ランク	1.6	2.3	1.4	1.8	2.2	2.0	1.8	2.2	2.0
	D ランク	1.8	2.0	1.5	2.0	2.0	1.8	1.8	1.9	1.5
	計	1.2	1.6	1.6	1.7	2.1	1.9	2.0	1.9	2.7
影響率	A ランク	1.9	3.1	4.4	4.0	5.7	10.7	9.3	12.8	14.5
	B ランク	2.8	1.9	3.2	2.9	3.1	5.4	5.2	6.0	8.6
	C ランク	3.2	3.1	4.3	3.1	5.2	5.5	6.6	6.9	8.6
	D ランク	3.7	2.4	4.6	3.4	5.0	6.0	6.2	7.4	10.1
	計	2.7	2.7	4.1	3.4	4.9	7.4	7.3	9.0	11.0

注 1：各ランクは、各年度における適用ランクである。
注 2：地域別最低賃金額（以下、単に「最低賃金額」という）は、全国加重平均である。
注 3：「未満率」とは、最低賃金額を改正する前に、最低賃金額を下回っている労働者割合である。
注 4：「影響率」とは、最低賃金額を改正した後に、改正後の最低賃金額を下回ることとなる労働者割合である。
注 5：各ランクは、各年における適用ランクであり、各ランクの未満率、影響率については、加重平均である。
出所：厚生労働省「最低賃金に関する基礎調査」（平成 19 年度～平成 28 年度）

によって、賃金の引き上げを余儀なくされる人の割合を示すが、これが近年、急激に上昇していることがわかる。

3　最低賃金の引き上げが賃金格差に与える影響

　最低賃金の引き上げが市場賃金に与える影響を分析した先駆的実証研究として、1990年代のデータを用いた Card（1992）、安部（2001）、安部・田中（2007）を挙げることができる。まず Card（1992）では、1990年4月に実施されたアメリカの全州同額引き上げの影響が低賃金地域と高賃金地域に分けて分析されている。個票クロスセクションデータの分析の結果、もともと賃金が低く最低賃金引き上げの影響が大きかった州では、平均賃金の上がり幅も大きかったことが確認されている。

　安部（2001）は『パートタイム労働者総合実態調査』の1990年、1995年の2年分のデータを使用し、わが国の最低賃金の女性パートタイム労働者の賃金への効果を分析している。分析の結果、比較的パート賃金の低い地域では最低賃金がパート賃金を高めている様子が確認できる一方で、もともとパート賃金の高い大都市圏では最低賃金が引き上げられたとしてもその影響は小さく、パート賃金は最低賃金の上昇分ほどは上昇しないことが確認されている。

　安部・田中（2007）でも、1990〜2001年の『賃金構造基本統計調査』のデータを使用して、女性パート賃金への効果を分析している。ここでも低賃金地域では効果が見られるものの、大都市圏では効果は薄いことが確認されている。他方、イギリスのデータを用いた Dickens and Manning（2004）は、比較的低い賃金分布に対象を絞ったとしても、最低賃金の引き上げは、賃金分布を押し上げていないとされており、日本のデータを使った分析とは異なった結果を報告している。

　2000年代に入ってからのわが国のデータを用いた研究では、Kambayashi, Kawaguchi and Yamada（2008）が『賃金構造基本統計調査』の1994〜2003年のデータより、都道府県別のデータセットを作成し、不況下での賃金の下支え効果について固定効果を考慮した分析を行っている。その結果、

1990 年代半ばから 2000 年代初めにかけての不況期では、全体的に賃金は低下する傾向を示している中、低賃金労働者については最低賃金によって賃金低下が抑えられていることが確認された。

以上のように最低賃金の賃金水準への効果については、地域や労働者の賃金階層によって効果が異なり、比較的賃金が低く、最低賃金の影響を受けやすい地域、労働者に限定して賃金を高める、ないしは下支え効果が確認されている。

日本では 2006 年まで最低賃金が据え置かれる都道府県が多かったが、2007 年の「成長力底上げ戦略会議」を契機として、それ以降、大幅な引き上げが実施されるようになったが、この政策転換は市場賃金にどのような影響を及ぼしたのだろうか。そしてそれにより、賃金格差にどのような効果があったのか。慶應義塾大学パネルデータ設計解析センターが実施している『日本家計パネル調査』の 2004 年から 2010 年までのデータを用いて、実証分析してみる。

最低賃金が据え置かれていた時期から大幅に引き上げられるようになった時期の個人の賃金の変化を追跡することによって、その影響を実証分析することができる。ちょうどこの時期はリーマン・ショックが発生し、失業率が急激に上昇した時期も含むため、こうした経済状況の変化も考慮した分析が必要になる[1]。

個々人の時間あたり賃金の変化に影響を及ぼす要因を分析するために、個人属性である性や年齢、学歴や勤続年数、雇用形態、産業、職種、企業規模とともに都道府県別の失業率の変化や、ここで注目される地域別最低賃金の変化を説明変数に加え推計する。とくに、もともとの賃金水準によって最低賃金の効果がどのように異なるかを分析するため、前年の賃金階層別、性別に賃金変化を推計することにした。なお推計方法としては、各種のパネル推計方法を用いる。

推計結果を見ると、最低賃金の引き上げが全体の市場賃金に与える有意な効果は確認されない。しかし、これをより詳細に見ていくと、非正規の低賃

---

1)　詳しくは Higuchi（2013）、樋口（2014）を参照されたい。

表 4-3　最低賃金の引き上げが非正規労働者の賃金に及ぼす影響に関する分析結果

被説明変数　　　　　　　推計方法	プールド線形回帰(OLS)	ヘックマンの二段階推計女性	固定効果推定	変量効果推定	プールド線形回帰(OLS)	ヘックマンの二段階推計男性	固定効果推定	変量効果推定
時間あたり賃金率の対数値（円）　　推計式	女性				男性			
	(1)	(2)	(3)	(4)	(5)	(6)	(7)	(8)
最低賃金に関する変数　　最低賃金の対数値（円）	0.854*** [0.222]	0.835*** [0.212]	1.522* [0.855]	0.844*** [0.309]	1.175** [0.510]	1.246** [0.521]	-0.320 [2.246]	0.742 [0.699]
逆ミルズ比		-0.0469** [0.0206]				-0.375*** [0.0951]		
サンプルサイズ	2795	7208	2795	2795	757	2375	757	757
自由度修正済決定係数	0.28				0.37			
Adjusted R-square:within			0.07	0.05			0.25	0.15
Adjusted R-square:between			0.00	0.29			0.01	0.39
Adjusted R-square:overall			0.00	0.27			0.00	0.34
ハウスマン検定				0.00				0.00

注1：［　］内の値は標準誤差を表す。
注2：*** は 1％水準、** は 5％水準、* は 10％水準で有意であることを示す。
注3：分析対象は引っ越しを経験していない非正規雇用就業の男性および女性である。
注4：使用している説明変数は、すべて t 期の値を使用している。
注5：上記の変数に加えて、学歴ダミー、産業ダミー、職種ダミー、企業規模ダミー、都道府県別失業率、年次ダミー、地域ブロックダミー、年次ダミー×地域ブロックダミー、そして市郡規模ダミーを使用している。しかし、紙面の制約のため、係数の結果は掲載していない。
出所：KHPS2004-2010

金労働者には有意なプラスの効果が確認され、最低賃金の引き上げは賃金格差の縮小に効果を持つことが確認される。

　表 4-3 は非正規労働者について賃金を分析した結果であり、その中から最低賃金の影響を取り出したものである。まず左側の女性非正規労働者について分析した結果であるが、いずれの推定方法を用いても統計的に有意なプラスの係数となっており、最低賃金の引き上げは全般的に非正規労働者の賃金を引き上げることがわかる。次に右側の男性についてみると、プールドOLS やヘックマンの二段階推定法を用いると、これまた統計的に有意でプラスの効果を持っていることが確認されるが、推定方法を変え、個人の異質性を考慮した固定効果推計方法や変量効果推計方法を用いると、有意ではなくなる。

　さらに非正規労働者を分け、どのような賃金層でその効果が大きいかを検討してみる。女性の場合、前年の賃金が最も低い第 I 階層で最低賃金の引き

上げ効果は有意にプラスの値になっており、他の賃金階層よりもその影響が
強く現れることがわかる。また男性についても同様、多くの推計方法で賃金
の低い階層において有意でプラスの影響を持つことが確認できるが、固定効
果推計においては有意な結果にはなっていない。

　総じて、この時期の最低賃金の引き上げは低賃金労働者の賃金引き上げに
効果を持ち、賃金格差の縮小に貢献したということができよう。

　他方、所得税の配偶者控除や年金制度の第 3 号被保険者制度における所得
制約が、パート労働者の賃金引き上げに対する要請を弱めている可能性があ
る。所得税においては、配偶者特別控除制度が設けられることで、年間所得
が一定額を超えた途端に配偶者控除がゼロになるということはなくなった。
だが、依然として、企業の給与において配偶者手当がこの上限額と連動して
いることが多く、パートで働いている配偶者はこの上限額を超えないように
労働時間調整をしたり、賃上げを望まなかったりするという状況をつくり出
している。

　同じことは、年金における第 3 号被保険者制度により、世帯主が厚生年金
等に加入していれば、その人に扶養されている専業主婦、あるいは一定額以
下の年間給与の配偶者は自身で保険料を納付しなくても、保険料納付期間と
して将来の年金額に反映されるため、この枠内に年間所得を抑えようとし、
労働時間を抑制したり、賃上げを望まなかったりする。近年、その額は引き
上げられたが、依然として、問題が解消されたわけではない。こうした税制
や社会保険制度を改革することも、配偶者の就労の促進、労働時間の延長と
ともに低賃金労働者の賃金引き上げをもたらす。

4　最低賃金の引き上げが雇用削減に与える影響

　最低賃金の引き上げが低所得層の賃金引き上げに貢献するからといって、
これにより労働者が削減されたのでは、失業者が増えるだけで意味はない。
はたして、最低賃金の引き上げは雇用の減少をもたらしたのであろうか。そ
れとも逆に賃金の引き上げを見て、新たに働こうとする人を増やしたのか。

　最低賃金の引き上げが雇用喪失に与える影響について分析した研究は、賃

金水準への影響以上に盛んに行われてきた。その火付け役となった代表的研究が、Card and Krueger（1995）である。この論文では最低賃金が引き上げられた州と引き上げられなかった隣接する州のファストフード店のデータを収集することにより、自然実験の状態を利用するかたちで分析を行っている。具体的にはこれらの州の境界を隔てて隣接する二つのファストフード店の雇用量を、最低賃金の引き上げの前と後で比較することによって、その効果を把握しようとした。

　この二つの店舗は、同じ商圏特性や景気変動に直面している状況において、一方では最低賃金が引き上げられたにもかかわらず、他方では引き上げられなかったという点でのみ異なっている。収集した雇用者数のデータを見ると、最低賃金の引き上げが行われた店舗では雇用者数が増加した一方で、引き上げられなかった店舗では逆に減少しており、買い手独占力の存在する労働市場において、最低賃金の引き上げは少なくとも雇用の削減をもたらすとは限らないとの結論を導いている。

　しかし、この研究には批判もある。Neumark and Wascher（2000）はCard and Krueger（1995）の研究で使用したデータが電話調査によるものであり、観測誤差が大きいことを指摘し、自身でも賃金台帳からCard and Krueger（1995）の研究と同時期のデータセットを再作成し分析した。その結果、最低賃金の引き上げがあった州のほうが、雇用減少が大きかったとの結論を得ている。もともとNeumark and Wascher（1992）はCard and Krueger（1995）以前に、州ごとのパネルデータ分析により最低賃金の雇用喪失効果を確認している。また、近年もNeumark and Wascher（2007）で、最低賃金が変更された前後の年だけを比較しても、雇用喪失効果が時間的遅れを伴って生じる場合は見逃されてしまうため、長期のパネルデータを利用して分析する必要があると主張している。

　このように、アメリカの研究では依然として最低賃金の引き上げによる論争が続いているが、近年の研究を見ると、最低賃金の引き上げによっても雇用が削減されないことを示す研究が徐々に増えている。たとえばThompson（2009）は、アメリカの郡レベルのデータを用い、最低賃金の引き上げが10代の雇用に及ぼす影響を分析した結果、全体では影響が小さく、その効果が

統計的に有意ではないことを示した[2]。

　日本の研究では、橘木・浦川（2006）が 2002 年の『就業構造基本調査』を用いた横断面分析により、20 代女性の雇用への効果を分析している。結果は、最低賃金が高まりカイツ指標が上昇しても雇用喪失効果は確認できないとしている。一方で、勇上（2005）は都道府県別のデータを用いて最低賃金が高いことと失業率が正の相関を持つことを、有賀（2007）は最低賃金の高い都道府県では高卒の求人倍率が低くなることを、Kawaguchi and Mori（2009）では最低賃金の引き上げが 10 代男性と中年既婚女性の雇用を喪失させることを確認している。

　日本でのパネルデータを使用した研究は、家計経済研究所の『消費生活に関するパネル調査』1993〜1999 年の女性の個票データを使用した Kawaguchi and Yamada（2007）がある。ここでは分析対象を賃金が最低賃金に近い水準の労働者に限定し、彼らの中で最低賃金引き上げの影響を受ける者をトリートメント・グループとし、最低賃金に近い水準にあってもかろうじて引き上げの影響を受けなかった者をコントロール・グループとして分析を行っている。その結果、最低賃金引き上げの影響を受けた者は、コントロール・グループよりも次期に継続就業する確率が低く、雇用への影響があることを確認した。

　ここでは、先に用いた『日本家計パネル調査』を用い、これまで就業していた人で仕事を失った人がどの程度いるのか、あるいはこれまで無業であった人で仕事の減ったことで職探しを諦めた人がどれだけいるかを調べることによって、最低賃金の雇用に与える影響について検討する。このため、ここでは離職関数、新規就業関数を推計する。なお、ここでの検討対象は、データの制約から 20 歳以上の男女になっており、10 代の学生アルバイト等は含まれていない[3]。

　離職率は最低賃金の引き上げにより、企業が雇用を減らそうとすれば上昇する。逆に、これにより労働者が仕事を続けようとすれば離職率は下がる。

---

2)　これ以外でも Dube, Lester and Reich（2010）や Alegretto, Dube and Reich（2011）は最低賃金の引き上げによる雇用削減効果が見られないことを明らかにしている。

3)　詳しくは、Higuchi（2013）、樋口（2014）を参照。

表4-4　最低賃金引き上げが非自発的失業に及ぼす影響に関する分析（最低賃金変化額を利用）

被説明変数
1：非正規雇用就業⇒離職
0：非正規雇用就業⇒非正規雇用就業

推計方法	(1) プールド・ロジット 女性		(2) 変量効果推定		(3) プールド・ロジット 女性		(4) 変量効果推定	
推計式	係数	限界効果	係数	限界効果	係数	限界効果	係数	限界効果
最低賃金に関する変数 Δ最低賃金（t期からt-1期の最低賃金変化額）	-0.0132 [0.0186]	-0.000710 [0.000997]	-0.00936 [0.0214]	-0.000336 [0.000781]	-0.00822 [0.0183]	-0.000434 [0.000966]	-0.00487 [0.0209]	-0.000208 [0.000902]
	1958		1958		1958		1958	
サンプルサイズ	507		507		507		507	

被説明変数
1：非正規雇用就業⇒離職
0：非正規雇用就業⇒非正規雇用就業

推計方法	(5) プールド・ロジット 男性		(6) 変量効果推定		(7) プールド・ロジット 男性		(8) 変量効果推定	
推計式	係数	限界効果	係数	限界効果	係数	限界効果	係数	限界効果
最低賃金に関する変数 Δ最低賃金（t期からt-1期の最低賃金変化額）	0.0252 [0.0330]	0.00165 [0.00216]	0.0252 [0.0348]	0.00165 [0.00228]	0.0465 [0.0389]	0.00295 [0.00246]	0.0465 [0.0373]	0.00295 [0.00238]
	1958		1958		1958		1958	
サンプルサイズ	507		507		507		507	

注1：[ ]内の値は標準誤差を表す。
注2：*** は1％水準、** は5％水準、* は10％水準で有意であることを示す。
注3：分析対象は1期前に非正規雇用就業していた女性および男性である。
注4：最低賃金以外の説明変数は、すべて1期前の値を使用している。
注5：上記の変数に加えて、学歴ダミー、産業ダミー、職業ダミー、職種ダミー、都道府県別失業率、企業規模ダミー、年次ダミー、そして市郡部規模ダミーを使用している。しかし、紙面の制約のため、係数の結果は掲載していない。
出所：KLIPS2004-2010から筆者推計。

そこでまず人員削減や雇い止めなどの企業の都合により離職した非自発的離職者を 1、継続就業者を 0 とし、これを被説明変数として分析する。もちろん、離職行動には個人属性や景気の状況が影響を及ぼすから、説明変数として性や学歴、有配偶状態、勤続年数、雇用形態、産業、職種、企業規模とともに都道府県別失業率、年次を加え、ここで注目される地域最低賃金の変化を加え推計を行う。さらにそれを性別に非正規労働者に限定することにより分析を行った。

　表 4-4 は前年に非正規労働者だった男女について、推計した結果である。これを見ると、男女いずれも、またいずれの推計方法においても、最低賃金の引き上げは有意な係数にはなっておらず、最低賃金が引き上げられたからといって、企業都合により離職した人が増えたとはいえない。

　それでは最低賃金の上昇は新規採用を減らしたのだろうか。これについても、新規就業関数を推計することによって確認してみよう。いま、前年無業であった人を対象に新規就業した人を 1、無業を続けている人を 0 として推計する。その結果を見ても、最低賃金の引き上げは、企業の採用を減らし、新規就業者を減らしたとはいえない。前出図 4-1 に示された程度では、最低賃金の引き上げは雇用の削減につながったとはいえない。最低賃金の引き上げと同時に、中小企業の経営支援が同時に行われたことも、雇用削減効果を薄めたのかもしれない。

5　同一労働・同一賃金

　わが国では他の先進国に比べて、正規労働者と非正規労働者の賃金格差が大きい。たとえば一般労働者の時間あたり賃金を 100 とした場合、パートタイム労働者の賃金はフランスが 87、スウェーデンが 82、デンマークが 79 であるのに対して、日本は 58 と低い（図 4-3）。近年、その差は小さくなる傾向にあるものの、依然として格差が大きいのは事実である。

　もちろん、一般労働者とパート労働者の担う職務や職責には差違があり、平均してみると賃金に大きな差が生まれているといった面があるのも事実である。しかしパート労働者は非正規労働者であるとの理由により、低い賃金

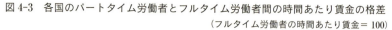

図4-3　各国のパートタイム労働者とフルタイム労働者間の時間あたり賃金の格差

（フルタイム労働者の時間あたり賃金＝100）

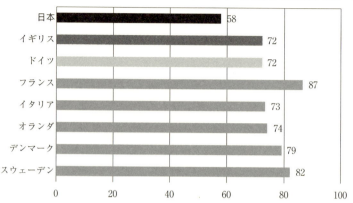

注：パートタイム（短時間）労働者の定義、調査対象、賃金水準の算出方法等は国によって異なるので、比較の際
は注意を要する。
アメリカは、通常の労働時間が週あたり35時間以上の者をフルタイム、1〜34時間の者をパートタイムと定
義するBLS（2017.2）*Labor Force Statistics from the Current Population Surbey*による「週あたり賃金」水
準比較のみが公式統計となっている。「時間あたり賃金」を割り戻すための「週あたり労働時間」が公表され
ていないため、他国と比較することはできない。参考として「週あたり賃金」は、フルタイム100に対し、
パートタイム30.3（2016年、16歳以上、中央値）。
出所：労働政策研究・研修機構『データブック国際労働比較　2017』
資料出所　日本：厚生労働省（2017.2）『平成28年賃金構造基本統計調査』
　　　　　イギリス：ONS（2016.10）*2016 Annual Survey of Hours and Earnings—Provisional Results*
　　　　　欧州：Eurostat Database"Structure of earnings survey 2014" 2016年9月現在

が設定されてきた面があるのも否めない。

　わが国では、法定最低賃金や男女同一労働・同一賃金などを別にすれば、賃金の決め方は基本的に個々の企業の決定に委ねられ、法律や国の制度によってこれに制約をかけるということは行われてこなかった。賃金水準の決定についても同じで、毎年の春闘においても、それぞれの企業の労使が交渉し、決定する方式がとられてきた。ヨーロッパの多くの国が、近年、変革の動きはあるものの、職種別・産業別に国や地域ごとに賃金が決められ、個別企業はそれを遵守するといった「中央集権的な賃金決定方式」を採用してきたのに対し、わが国では企業ごとの「分権的賃金決定方式」がとられている。

　もちろん日本でも、他社の動向や市場の動向を見ながら、賃金を決定することは多いが、欧米の企業に比べて、個別企業が自由に賃金を決定する余地

は大きい。これによる柔軟な賃金が企業の経営難を避け、失業率を低く抑えてきたという評価がある半面、企業間の価格競争圧力を通じて賃金の引き下げをもたらしてきたという問題もある。

　正規・非正規の賃金決定についても然り。わが国では賃金の決定は個別企業の意思決定に委ね、パート法や労働契約法における限定された範囲の労働者に対する均衡待遇を求める法律を除いて、企業の自由裁量に任されてきた。その結果、両者では異なった賃金体系がとられ、これによって説明のつかない大きな賃金格差が生まれている。そこで法律による「同一労働・同一賃金」の導入により、正規・非正規の大きな賃金格差を是正すべきであるとの主張があった。

　具体的には正規・非正規の賃金体系を一本化し、職務や職責、経験や転勤の有無のちがいなどによって賃金がどれだけ異なるかを説明できるように、企業に求める必要があるとの意見である。これにより、要因ごとに賃金が決められるようにし、それらを積み上げることで個々人の賃金が決定されるようにしていったらどうか。パートや有期雇用だから賃金が低いという差別をなくす同一労働・同一賃金を法律を定めることによって企業に求めるべきだとの意見もあった。

　日本の現状を考えると、行政がブラック（禁止）事項とホワイト（認可）事項についてのガイドラインを作成するとともに、労働者の要求に応じ、企業は説明責任を負うことにし、グレーな事項については司法の判断を待つことが検討されている。

　わが国の場合、同一労働・同一賃金は同一雇用主のもとにおける同一労働・同一賃金である。雇用主、企業がちがえば、賃金が異なるのは当然のように思われている。ところが派遣労働者の場合、派遣先の労働者とは雇用主が異なるため、賃金が異なるのは是認されてしまう傾向が強い。このため、派遣労働者の賃金は低く抑えられ、結果的に手数料を派遣会社に払っても費用を低く抑えられる。このため、長期にわたり派遣労働者を雇ったほうが得策だと判断する企業が多く、逆にこれを規制するために派遣期間を限定するといった措置がとられてきた。

　もし雇用主がちがっても、同一賃金が成立しているならば、派遣会社に手

数料を払うだけ派遣労働者は割高な存在になり、緊急避難の場合を除き、長期にわたって派遣労働者を活用するのは得策でなくなる。このため、多くの国では派遣期間の上限を法律により設けなくても、長期にわたって派遣労働者を雇う企業は少なく、直接雇用に切り替える面がある。

　こうした問題を避け、派遣労働者にも同一労働・同一賃金法を適用するため、派遣会社は派遣先企業との同一賃金を支払うか、その地域における該当職種の平均賃金を支払うことを求めることが検討されている。

6　法律改正や能力開発支援が正規雇用への転換に与える影響

　わが国では一度非正規労働者になると、その状態が長期にわたり続き、正規雇用に転換するのが難しい状況にある。総務省『労働力調査』によると、不本位非正規労働者（正規の職員・従業員の仕事がないため、非正規労働者になっている労働者）の数は、2013 年には 341 万人（非正規の 19.2％）にのぼったが、その後、景気の回復の影響を受け、正規労働者の求人が増加した影響もあって、2016 年には 296 万人（同 15.6％）に減少した。しかし依然として、高い水準にある。25 歳から 34 歳の男性に至っては、2013 年で非正規労働者の 47.8％が正規労働者になれないために非正規労働者になっており、2016 年においても 38.4％が正規労働者になれない状態にある。

　非正規労働者の場合、1 年未満の有期雇用契約で働いているにもかかわらず、何度も契約が更新されることにより、非正規のまま同じ企業で働いている人が多い。これを仕事の内容別に見ると、正社員と同様の職務を担いながら非正規労働者として働いている人は、全体の 25.2％にのぼるが、5 回以上契約を更新し今も有期労働者として働いている人は 47.6％にのぼり、現在の企業における勤続年数が 5 年を超えている人は 31.7％と多い（厚生労働省『平成 23 年有期労働契約に関する実態調査』）。

　他方、高度技能を必要とする仕事でありながら、非正規労働者として雇用されている人は全体の 23.2％おり、いままでに 5 回以上契約更新をした人は56.2％にのぼり、5 年以上現在の企業で働いている人は 42.5％いる。また正

社員と職務は異なっているが、同水準の技能を必要とする非正規労働者は17.7％存在し、5回以上の契約更新をしている人が52.8％、5年以上の勤続年数の人が33.4％と多い。わが国の場合、有期契約により働き出すことは、正社員へのステッピング・ストーン（踏み石）ではなく、デッド・エンド（行き止まり）ではないかと指摘される。

　2013年に労働契約法が改正され、無期労働契約への転換（有期労働契約が繰り返し更新され、通算5年を超えたときは、労働者の申し込みにより期間の定めのない契約に転換できる）と、不合理な労働条件の禁止（有期契約労働者と無期契約労働者との間で、期間の定めがあることによる不合理な労働条件の相違を設けることを禁止する）が「雇止め法理」法定化と合わせ、設定されることになった。

　生活保護や失業保険を充実させることで、人々を貧困から救うことも社会政策として必要な手段かもしれない。しかしこれをした場合、働こうと思えば働くことのできる人も、仕事をやめて、福祉に依存する人を創り出してしまうのではないかという声もある。こうしたモラルハザードを避けるために、政府が職業能力の向上を支援し、働きやすい状況をつくり、就業を促進させる「積極的雇用政策」に人々の関心が集まっている。はたして、能力開発支援は安定した雇用機会に人々が就業するのに有効な手段なのだろうか。そしてどのような方法が支援策として効果をもつのか。

　まず個人の教育訓練受講が正社員としての就業に有効なのかについて検討してみる。労働政策研究・研修機構（2010）は、独自に調査したデータを用い、非正規から正規雇用への転換に企業内訓練の受講が及ぼす影響について分析している。その結果、前職において非正規労働者であった人に限定しても、前職でのOff JTの経験が買われ、同一職種に転職した人の正規化に寄与したことが示されている。すなわち企業内訓練の受講は、職種に特殊的な人的資本の蓄積を促し、職業能力を高め、正規労働者への転換を可能にすると指摘する。他方、樋口・石井・佐藤（2011）は、『慶応義塾家計パネル調査』を使い、自己啓発を実施している人は男女とも非正規から正規への転換に成功している割合が高く、とくに女性ではその効果は有意になっていることが示された。

　しかしこれらの分析では、職業訓練を受けたり、自己啓発を行ったりする人は、受けていない人に比べて正規雇用への希望が強かったり、もともと能力が高かったために受けているのであって、その希望の強さが正規への転換を実現しただけであり、職業訓練そのものが正規転換に役立ったのかはわからないという批判がある。こうしたセルフ・セレクション・バイアスの影響を取り除くには、転換希望に影響を与えるいろいろな属性を同じにし、その上で、職業訓練を受けた人のグループと受けなかった人のグループを区分しサンプルから無作為に選び、正規転換確率にちがいがあるかを調べるマッチング法が役立つ。

　この方法を用いて、『慶応義塾家計パネル調査』の個人データを使って推定した結果が表4-5である[4]。教育訓練・研修受講時に非正規労働者であった人のうち、女性の場合、教育訓練・研修受講時に有意に正規雇用への転換確率が上昇している。これに対して男性では1年後、2年後に統計的に有意に正規雇用への転換確率が上昇していた。これらの結果は、会社からの教育訓練・研修が正規労働者への転換に有効な効果を持っていることを示している。

　同様な方法を用い、なるべく同じ属性を持つ個人について、自己啓発を実施した人と実施しなかった人の正規雇用者への転換割合の違いを検証したのが表4-6である。この結果を見ると、女性において自己啓発を実施した人の正規雇用者への転換確率が高く、その効果を確認することができる。

　表4-7は非正規から正規へ転換した人の時間あたり賃金の変化を示している。明らかに転換した人の賃金は大きく上昇している。非正規労働者のままの人の賃金が、ほとんど変わっていないのとは対照的である。転換した人の労働時間は以前に比べ増加しているから、月あたりにしたら、給与はさらに大きく上昇したことになる。個々人の能力開発は低所得からの脱出に大きく寄与する。

　近年、わが国における若年男子の就業率は大きく下がった。20代後半の就業率は、1990年の94.2％から2016年の89.4％に低下し、30代前半ではこ

---

4)　詳しくは Higuchi（2013）、樋口（2014）を参照されたい。

表4-5　会社からの教育訓練・研修の受講が非正規から正規雇用への転換に及ぼす影響

Y＝1：非正規雇用→正規雇用	女性					
Y＝0：非正規雇用→非正規雇用、	Nearest Neighbor Matching			Kerneal Matching		
失業、無業	ATT	N（トリートメント）	N（コントロール）	ATT	N（トリートメント）	N（コントロール）
教育訓練受講時	0.081***	234	170	0.065***	234	858
	[0.024]			[0.021]		
教育訓練受講1年後	0.009	218	159	0.020	218	769
	[0.033]			[0.028]		
教育訓練受講2年後	0.024	207	143	0.033	207	719
	[0.038]			[0.025]		
教育訓練受講3年後	0.031	191	125	0.021	191	680
	[0.039]			[0.028]		
教育訓練受講4年後	0.057	122	79	0.039	122	411
	[0.068]			[0.038]		
教育訓練受講5年後	0.076	79	43	0.023	79	200
	[0.059]			[0.043]		
Y＝1：非正規雇用→正規雇用	男性					
Y＝0：非正規雇用→非正規雇用、	Nearest Neighbor Matching			Kerneal Matching		
失業、無業	ATT	N（トリートメント）	N（コントロール）	ATT	N（トリートメント）	N（コントロール）
教育訓練受講時	0.186	43	27	0.058	43	142
	[0.153]			[0.112]		
教育訓練受講1年後	0.286*	35	21	0.387***	35	100
	[0.160]			[0.116]		
教育訓練受講2年後	0.414***	29	19	0.447***	29	123
	[0.160]			[0.115]		
教育訓練受講3年後	0.240	25	16	0.356**	25	74
	[0.180]			[0.147]		
教育訓練受講4年後	0.125	16	10	0.210	16	119
	[0.236]			[0.187]		
教育訓練受講5年後	-0.083	12	8	0.009	12	19
	[0.282]			[0.286]		

注1：[ ]内の値は標準誤差を示す。
注2：*** は1％水準、** は5％水準、* は10％水準で有意であることを示す。
注3：N（トリートメント）はトリートメントに属する観測値の数を、N（コントロール）は実際にトリートメントの比較対象として推定に用いられたコントロールに属する観測値を示す。
注4：マッチング法としては Nearest Neighbor Matching 及び Kernel Matching を使用している。
注5：Kernel Matching の標準誤差はブートストラップ法を用いて算出している。施行回数は1000回である。
出所：KHPS2005-KHPS2008 から筆者推定。

の間95.9％から91.8％に低下し、30代後半では96.5％から92.9％に下がった。それだけ仕事をしていない、無業の若年男子が増えたことになる[5]。とくに1990年代後半から2000年代にかけての就業率の低下は大きかった。

　他方、就業している人について、非正規労働者割合を見ると、この統計が利用できるようになった2002年に20代後半の男性非正規労働者割合は

---

5)　総務省『労働力調査』を参照。

表 4-6　自己啓発の実施が非正規から正規雇用への転換に及ぼす影響

Y = 1：非正規雇用→正規雇用	女性					
Y = 0：非正規雇用→非正規雇用、	Nearest Neighbor Matching			Kerneal Matching		
失業、無業	ATT	N（トリートメント）	N（コントロール）	ATT	N（トリートメント）	N（コントロール）
自己啓発実施時	0.011 [0.022]	378	287	0.028* [0.017]	378	1921
自己啓発実施1年後	0.047 [0.030]	317	235	0.053** [0.024]	317	1461
自己啓発実施2年後	0.062* [0.035]	243	173	0.072** [0.029]	243	1112
自己啓発実施3年後	0.088* [0.046]	171	122	0.058 [0.039]	171	746
自己啓発実施4年後	0.161*** [0.049]	124	86	0.086* [0.047]	124	449
自己啓発実施5年後	0.152** [0.070]	79	54	0.103 [0.065]	79	253
Y = 1：非正規雇用→正規雇用	男性					
Y = 0：非正規雇用→非正規雇用、	Nearest Neighbor Matching			Kerneal Matching		
失業、無業	ATT	N（トリートメント）	N（コントロール）	ATT	N（トリートメント）	N（コントロール）
自己啓発実施時	-0.121 [0.088]	99	58	-0.110 [0.070]	99	316
自己啓発実施1年後	0.014 [0.112]	73	47	0.002 [0.085]	73	229
自己啓発実施2年後	0.073 [0.121]	55	37	0.088 [0.101]	55	184
自己啓発実施3年後	-0.179 [0.188]	39	22	-0.179 [0.116]	39	71
自己啓発実施4年後	-0.320 [0.225]	25	11	-0.210 [0.133]	25	29
自己啓発実施5年後	-0.143 [0.311]	21	9	-0.082 [0.233]	21	19

注1： [ ]内の値は標準誤差を示す。
注2：*** は1％水準、** は5％水準、* は10％水準で有意であることを示す。
注3：N（トリートメント）はトリートメントに属する観測値の数を、N（コントロール）は実際にトリートメントの比較対象として推定に用いられたコントロールに属する観測値を示す。
注4：マッチング法としては Nearest Neighbor Matching 及び Kernel Matching を使用している。
注5：Kernel Matching の標準誤差はブートストラップ法を用いて算出している。施行回数は 1000 回である。
出所：KHPS2005-KHPS2011 から筆者推定。

11.7％であったが 2016 年には 18.7％に上昇し、30 代前半では同期間 7.5％から 13.4％に上昇し、30 代後半では 5.6％から 10.7％に上昇した。これもまた、2000 年代における上昇が大きかった。

　正規労働者になりたくても、こうした雇用機会に就けなかったためにやむを得ず非正規にならざるを得なかった、いわゆる「非自発的非正規労働者」も多い。20 代、30 代女性における非正規労働者割合が 2000 年代後半以降、低下しているのとは対照的である。無業率の上昇、非正規労働者割合の上昇

表 4-7　正規転換者と非正規継続者の時間あたり賃金率の変化（平均および標準偏差）

(円)

| | 非正規から正規へ転換した人の時間あたり平均賃金率 | | 非正規継続者の時間あたり平均賃金率 | |
	前年	翌年	前年	翌年
男女計	1183	1311	1107	1097
	(835)	(1227)	(894)	(827)
男	1352	1475	1339	1322
	(1080)	(1342)	(1116)	(1049)
女	1046	1179	1073	1064
	(532)	(1115)	(852)	(783)

注：上段は、時間あたり平均賃金率の平均を示し、下段のカッコ内は、標準偏差を示す。
出所：KHPS 2005-2011 から筆者作成。

は、これらの年齢層における所得格差の拡大に大きな影響を及ぼしている。

　それでは、非正規労働者の正規／雇用への転換、あるいは無業者の就業化にどのような政策支援が有効であろうか。非正規労働者の場合、一度就職しても、企業において能力開発が行われず、いつになっても非正規のまま就業しているか、あるいは仕事を諦め無業になってしまう人が多い。一時的には有期雇用であっても、そこで就いた仕事をデッド・エンドとするのではなく、正規雇用へのステップ・ストーンとするために、どのような支援策が考えられるだろうか。

　上述の問題に対する支援を狙って、2008 年度から始められたのがジョブ・カード制度を使った有期実習型訓練制度である。この制度では、企業は実習（OJT）と教育訓練機関における座学（Off-JT）を組み合わせた実践的な職業形成プログラムを用意し、有期雇用として応募してきた人にこのプログラムを受けさせる。この過程でキャリアコンサルティングの助言を受けながら、その人の職業経歴や訓練成果を記載したジョブ・カードを作成し、国と業界団体等が共同して策定した職業能力評価基準に沿って、訓練受講後に能力評価が記載される。寄り添い型の能力開発支援である。これによって企業外で通用する汎用能力が評価され、正規雇用への道を切り開こうとするところにある。

　この方式を導入する企業を支援することにより、非正規労働者の正規転換を促進させるのと同時に、労働者の能力開発に力を注いでこなかった企業の教育訓練プログラムを充実させ、企業の生産性向上にもつながると期待された。こうした制度の利用企業は新卒採用を行っていない中小企業が多く、またこのようなプログラムへの応募者も増加し、これを実施している75％の企業が、訓練を終了した訓練生のすべてを正社員として採用していることがわかっている[6]。

　この制度はその後、何度かにわたって改正された。政府の訓練支援を通じた積極的雇用政策は、その仕組みを改善していくことによって、非正規労働者の正規化、あるいは無業者の就業化を促進することに寄与し得ることが示されている。

7　結論：非正規労働者の賃金引き上げへの有効策

　本章では、非正規労働者に低賃金が多く、長く働いているにもかかわらず貧困であるという、いわゆるワーキング・プアが多い問題に焦点を当て、非正規労働者の賃金引き上げにいかなる政策が有効なのか、先行研究からの知見や、本章独自の分析から検討した。具体的には法定最低賃金の引き上げ、同一労働・同一賃金の実施、有期雇用者の無期転換規制、能力開発支援、以上の四つの政策について、各政策の現在までの動きと有効性について議論した。

　法定最低賃金の引き上げについては、その雇用に与える効果について、以前より経済学者の間で議論があった。引き上げによる低賃金労働者の賃金の増加というメリットの一方で、企業の人件費負担増による雇用の削減というデメリットの存在が指摘されている。日本では他の先進国と比べて、最低賃金は低く設定されてきた。2007年の「成長力底上げ戦略会議」を契機に、最低賃金の大幅な引き上げが実施されるようになった。この効果を分析する

---

6)　小杉・原（2011）を参照。

と、この時期の最低賃金の引き上げは、非正規の低賃金労働者の賃金を引き上げ、賃金格差縮小に貢献したこと、また、これによる雇用削減は20歳以上の人に限定すれば観察されなかったことが確認できた。

　正規労働者と非正規労働者における同一労働・同一賃金、および、有期雇用の無期転換規制については、今まさに大きな制度変更を迎えている。同一労働・同一賃金については、その実現に向けて企業の役割がより一層増す。また、有期雇用の無期転換については、有期雇用者の雇い止めの不安等を解消すべく、労働契約法が改正され、無期転換を後押しする仕組みに変更している。

　さらに本章では非正規労働者の寄り添い型の能力開発支援策が正規雇用へのステッピング・ストーンとして有効であることをデータ解析により明らかにした。このような積極的雇用政策は、労働者の時間当たり賃金を高め、労働時間も増加させ、低賃金、さらにはワーキング・プアからの脱却を促す効果が期待される。

第5章

リーマン・ショックは所得格差に
どのような影響を与えたか
―景気変動と有配偶世帯の所得格差―

1 景気変動は所得格差にどのような影響を与えるか

　2008 年 9 月 15 日にアメリカの投資銀行リーマン・ブラザーズが経営破綻したことに端を発して、世界的な金融危機が発生した。第二次世界大戦以来の最大の危機と呼ばれ、危機の規模では、1929 年に生じた世界大恐慌と匹敵するレベルであった。

　当然ながら、リーマン・ショックは家計所得に大きな影響を与えた。職を失ったことにより仕事からの収入が途絶えた世帯もあれば、景気悪化により給与が減少した世帯もあった。また、株式や不動産価格の下落により、資本所得が減少した世帯もあっただろう。リーマン・ショックに限らず、いずれの不況も総じて、世帯所得に負の影響を与えることは確かである。

　しかしながら、不況、なかでもリーマン・ショックが所得格差にどのような影響を与えたのかについては、いまだ明らかにされていない部分が多い。経済活動は連動しているものの、なかでもリーマン・ショックによって最も被害を受けたのは誰なのか。これにより、不況が所得格差にもたらす影響は異なるだろう。不況が高所得者の所得を著しく低下させた場合は、所得格差は縮小するだろうが、逆に、低所得者の所得を低下させた場合は、所得格差は拡大するだろう。また、不況が主に資本所得に打撃を与えたのか、もしくは勤労所得を減少させたのかによっても、格差に対する影響は異なるだろう。

　さらに、不況による収入の低下に対して、世帯や国がどのような防御策を講じたのかによっても、結果として所得格差に与える影響は異なるだろう。世帯は、就業者や労働時間を増やすことにより、世帯所得の低下を防ぐことができるだろうし、国も社会保障給付や再就職支援により、労働者の所得の低下を防ぐことができるだろう[1]。

　そこで本章では、2008 年に発生したリーマン・ショックに着目して、この世界的ショックが日本の所得格差にどのような影響を与えたのかについて、パネルデータを用いながら確認していく。用いるデータは、慶應義塾大学パネルデータ設計・解析センターが実査する『慶應家計パネル調査（KHPS）』である[2]。分析にあたり、リーマン・ショックが以下の二つの経路から所得格差に影響を与えたことを想定する。

　一つ目の経路は、家計の主たる稼得者である世帯主の所得である。景気が後退した際、多くの家計で世帯主所得が減少したと考えられるが、所得階層のどの階層で最も大きく所得が変動したかを確認する。今回の不況において、解雇などの雇用調整よりも賞与などの所得による調整が大きかった場合、低所得層よりもむしろ高所得層において大きな収入の低下があった可能性がある。高所得層へのダメージが大きい場合、所得格差を縮小する方向に寄与したと考えられる。

　二つ目の経路は、不況という外的ショックに対して、世帯主以外の人々が就業行動をどのように変化させたかである。不況により世帯主の所得が低下した際に、それを補填するために、他の世帯員は労働供給を増やすだろうか、また、こういった行動は所得階層によって異なるだろうか。世帯主の所得の低下を受けて、所得の低い層でより敏感に反応し、世帯員が労働供給を

---

1)　Jenkins *et al.*（2012）では、過去の不況が所得格差にどのような影響を与えたのか、関連する研究を参考にまとめている。その結果、不況が所得格差を拡大させる（縮小させる）とは一概には言えず、それぞれの不況がどういった種類の所得（勤労所得なのか資本所得なのか）にダメージを与え、所得分布のどの層で所得の低下が最も大きかったのか、また、国の社会保障制度が不況に対してどのように機能したのかにより、影響は異なると述べている。

2)　KHPS は、毎年2月に調査が実施されており、所得については前年の所得について、就業状況については前月（1月）の就業業況について質問している。本章では、KHPS の2004年から2015年のデータを利用するが、こういった理由から所得に関しては2003年から2014年までの情報を扱うこととなる。本章の文中および図表においては、調査年ではなく所得を得た年を記載している。

増やした場合、所得格差は縮小する可能性がある。

　二つ目の経路を確認するためには、世帯内に就業可能な世帯員がいる必要があり、その観点から単身世帯やひとり親世帯は必然的に分析対象から除かざるを得ない。さらに、年金収入がある高齢世帯に対しては、不況は異なる影響を与える可能性があることから、分析対象から除く必要がある。こういった条件のもと、本章では、現役世代の有配偶世帯に焦点を当て、リーマン・ショックが世帯間の所得格差に与えた影響について見ていく。

　所得格差を分析する上で、単身世帯やひとり親世帯、高齢世帯を除いた場合、当然ながら、結果にバイアスが生じるだろう。これらの世帯では所得の低い世帯が比較的多くいるため、現役世帯の有配偶世帯に限定した際には、所得格差を過小に評価する可能性がある。それでも、内閣府『男女共同参画白書2014年版』で指摘されるように、昨今、妻の稼得所得が家計において重要な役割を担うようになってきていることを考えると、不況により夫の所得が低下した際、妻が働き始めて所得を得ることが、世帯間の所得格差に無視できないほどの影響を与えると考えられる[3]。こういった理由から、現役世代の有配偶世帯に限定して、リーマン・ショックと世帯間所得格差の関係を見る意義はある。

　まずは、本章で着目するリーマン・ショックについて、その特徴を確認しておく必要がある。不況と一口にいっても、当然ながらそれぞれの不況の原因も異なれば、与える影響も異なる。さらに、失業手当などの社会保障制度が機能することにより、不況が世帯に与えるショックは緩和されているかもしれない。そこで、分析に移る前に、次節では、分析対象であるリーマン・ショックの労働市場への影響について見ておく。

2　リーマン・ショックは日本の労働市場にどのような 影響を与えたか

　不況と一口にいっても、当然ながらそれぞれの不況の原因も異なれば、与

---

3)　妻の就業が所得格差に及ぼす影響を検証した研究に森（2002）や浜田（2007）、浦川（2007）があるものの、景気変動との関連については明確に検討されていない。

える影響も異なる。この節では、景気変動と世帯間所得格差の関係を見る上で、本章で着目するリーマン・ショックがどのような特徴を有する不況であったのか、また、どういった人々に対して大きな打撃を与えたのかを確認していく。その上で、本章で分析対象を現役世代の有配偶世帯に限定することが、どのようなバイアスを持つのか、また、結果を解釈する上で注意すべき点は何なのか確認する。

（1） リーマン・ショックが日本の労働市場に与えた影響

リーマン・ショックは前述のとおり、2008 年 9 月にアメリカの投資銀行リーマン・ブラザーズが経営破綻したことを原因として発生した世界的な金融危機であり、わが国の労働市場にも深刻な影響を及ぼした。総務省『労働力調査』を見ると、2008 年から 2009 年にかけて男性の失業者は 44 万人増加し、女性では 26 万人も増加した。失業率で見ると、男性では 4.1％から 5.3％へと 1.2％ポイント上昇、女性では 3.8％から 4.8％へと 1％ポイント上昇した。わが国では 2000 年代初頭から、景気回復の影響もあって失業者が継続的に減少していたため、この短期間のうちに失業者が急増したショックはそれだけ大きかったことを物語っている。

リーマン・ショックは、男女ともに多くの失業者を生んだことは間違いない。しかし、男女別や就業形態別にその影響を細かく見てみると、昨今の女性就業率の上昇と相俟って、非常に特徴的な点が浮かび上がってくる。

このショックによって、雇用に最も大きな打撃を受けた産業は、金融業というよりも、輸出が大きく減少した製造業であった。同じく『労働力調査』によると、男性においては、2008 年から 2009 年にかけて、製造業に従事する就業者数は、正規・非正規雇用者合わせて 57 万人減少した。女性に限っても、製造業での就業者の減少は顕著であり、この間、製造業で 25 万人の女性就業者が減少した。

では、産業全体としてはどうだろうか。『労働力調査』で男女別・就業形態別に 2008 年から 2009 年にかけての就業者数の変化を見てみると、サービス業で雇用が維持されたこともあって、意外なことに、女性においてはこの間、就業者数が増加したことがわかる。まず、男性について見ると、正規雇

用は 22 万人減少、非正規雇用は 33 万人減少している。また、非正規雇用者
では、「派遣切り」という言葉が示すように、とくに派遣社員の減少が目
立った。

　一方、女性においては、非正規雇用では 5 万人就業者が減少した一方で、
正規雇用に至っては、この間 7 万人就業者が増加した。また、女性の非正規
雇用においても、派遣社員は大幅な減少を示した一方で、契約社員やアルバ
イトにおいては、この間も就業者が増加しており、派遣社員の減少を相殺し
た。リーマン・ショックによる打撃の中でも、就業者が増えた理由として
は、不況とは関係なく、医療・福祉分野での就業者の伸びが顕著であったこ
とが大きい。すなわち、リーマン・ショック時においても、雇用が増加する
雇用形態や産業が存在していたために、とくに女性において新規就業しやす
かったと考えられる。

　このように、リーマン・ショックは総じて、男性就業者の雇用に対して、
大きな打撃を与えた一方で、女性就業者に対してはその影響は限定的であっ
たといえる。このことは、リーマン・ショックが世帯の所得格差へ与える影
響を分析する際、男性のみならず、女性配偶者の就労が世帯の所得格差へ与
える影響についても考慮する必要があることを示唆している。

（2）　社会保障制度はリーマン・ショックにどう反応したか

　リーマン・ショックは派遣社員を中心に多くの失業者を生んだわけだが、
失業者の増加に対して国の社会保障制度はどう反応したかについても確認し
ておく。失業による大幅な所得の低下を雇用保険からの給付である程度補う
ことができた場合、所得格差の拡大を防ぐ可能性があるため、これについて
の確認も重要である。

　周知のとおり、日本の社会保障給付は高齢世帯を対象としたものが大半で
あり、現役世代を対象としたものはわずかである。それでも、リーマン・
ショックで失業が増えた際、雇用保険からの給付が確実に増加したことが
データで確認できる。国立社会保障・人口問題研究所が発表する機能別社会
保障給付費の時系列データによると、失業率の低下に伴い、失業関連の給付
は 2000 年初頭から徐々に減少し、リーマン・ショック以前では 1 兆円強程

表 5-1　リーマン・ショック前後のジニ係数の変化と
社会保障の再分配効果

	課税前所得の ジニ係数	可処分所得の ジニ係数	再分配効果
2003 年	0.375	0.314	16%
2006 年	0.392	0.323	18%
2009 年	0.409	0.332	19%
2012 年	0.376	0.320	15%

注：再分配効果は 1 −（可処分所得のジニ係数／課税前所得のジニ係数）で算出している。
出所：OECD Income Distribution Database

度であった。しかし、リーマン・ショックにより失業者が増えたことで、
2009 年度には失業給付額は 2 兆 5000 億円と 2 倍強に跳ね上がった。

失業率の上昇に加えて、不況に対する暫定的な措置として給付日数を拡大
したことや、被保険者の範囲を拡大したことが給付額急増の理由である。従
来、労働時間が短い労働者や短期の有期労働者は雇用保険に入れず、不安定
雇用の人は失業しても失業給付を受けられないという批判があったが、近
年、加入要件が緩和された結果、多くの人が雇用保険でカバーされるように
なった。このほか失業給付の増加に加え、失業未然防止のための雇用調整助
成金等による雇用急減緩和策が功を奏したこともよく知られている。こうし
た影響もあり、リーマン・ショック時には失業関連の給付が大幅に増大した。

では、不況期に社会保障制度がバッファーとして機能したことで、結果と
して世帯間の所得格差にどのような影響を与えただろうか。OECD の
Income Distribution Database（IDD）に掲載されている日本のジニ係数[4]
を参考に検討してみる。

ここでは、就労世帯（世帯主が 18 歳から 65 歳の世帯）に限定して、課税
前所得と可処分所得それぞれにおけるジニ係数に着目し、税・社会保障制度
の再分配効果を計測する（表 5-1）。すると、リーマン・ショック後の 2009
年における課税前所得のジニ係数は高まったが、失業給付を中心とした再分
配により、課税前所得のジニ係数と比べると、可処分所得で測ったジニ係数
は小さく、その分、再分配効果が大きくなっている[5]。すなわち、社会保障

4)　IDD では、厚生労働省『国民生活基礎調査』から計算されたジニ係数が提供されている。
5)　この見解については、OECD の Michael Förster 氏との議論から判明した。

図 5-1　各所得五分位階層における有配偶世帯と無配偶世帯の比率

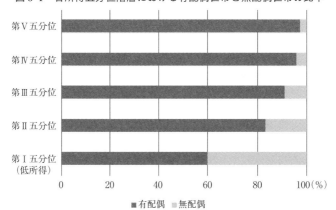

注 1 : KHPS2004-2015 のデータをプールして推計している。
注 2 : 無配偶世帯とは、学生を除く 20-59 歳の無配偶者が世帯主になっている世帯。
注 3 : 20-59 歳の世帯主（有配偶世帯の場合は夫）の勤労所得により、各年で五分位階層を作成した。
出所 : KHPS2004-2015 を用いて筆者らが推計。

制度が、リーマン・ショックで失業した労働者に対して所得の保障を行うことで、ジニ係数の拡大を抑制したと解釈できる。

（3）　有配偶世帯に分析対象を限定する影響

　念のため、分析対象から除かれる単身世帯、ひとり親世帯、高齢世帯とリーマン・ショックの関係についても確認しておく。総務省『労働力調査』によると、2016 年時点で、60 歳未満の男性の非正規雇用者の 7 割以上は無配偶者であった。リーマン・ショックで失業者が急増した男性派遣社員においても、おそらくその、かなりの数が無配偶者であり、その人たちが分析対象から除かれていることには留意が必要である。失業給付により所得の減少をある程度抑えることができたとしても、分析から彼らを除くことで、リーマン・ショックの影響を過小に評価してしまう可能性は残る。

　また、そもそも現役世代の有配偶世帯のみに焦点を当てることで、低所得層の多くを分析対象から除外していることにも留意が必要だ。図 5-1 では、世帯主が 20-59 歳の世帯に限定して、本章の分析対象から外された無配偶世帯（単身世帯、ひとり親世帯など）が所得分布のどのあたりに位置している

図 5-2　失業率と現役世帯の世帯主におけるジニ係数の推移

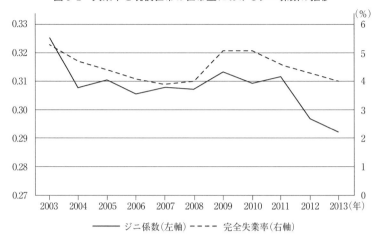

── ジニ係数(左軸)　- - - - 完全失業率(右軸)

注1：世帯主（有配偶世帯の場合は夫）が 20-59 歳の世帯に限定して世帯主（有配偶の場合は夫）の勤労所得を使ってジニ係数を計測した。なお、世帯主が学生の場合は除いている。

注2：翌年も勤労所得の情報が得られるサンプルに限定しているため、2013 年（KHPS2014）までの情報となっている。

出所：厚生労働省『労働力調査』、および、KHPS2004-2015 を用いて筆者らが推計。

のか、KHPS で確認している。世帯主の勤労所得で所得の五分位階層を作成して、各五分位における無配偶世帯の割合を示しているが、無配偶世帯が所得の低い層で多いことは明らかである。その一方で、世帯主が 20-59 歳である世帯においては、無配偶世帯の割合が全体として圧倒的に少ないことも強調しておく必要があるだろう。

　念のため、無配偶世帯も含めて、世帯主が 20-59 歳であるすべての世帯を対象に、景気変動と所得格差の関係について見ておく。図 5-2 では、景気変動として完全失業率に着目し、2003 年から 2013 年における完全失業率と、世帯主所得のジニ係数の推移を示している。

　ジニ係数については、公的統計では各年の値が取れないため、KHPS で世帯主が 20 歳から 59 歳までの世帯に限定して算出した。世帯主の勤労所得でジニ係数を測っているため、世帯所得でジニ係数を測っている前出表 5-1 とは当然ながら異なる値をとる。

　これを見ると、完全失業率と世帯主所得のジニ係数はおおよそ連動して変

化していることがわかる。2003 年完全失業率が過去最高に近い 5.3％のとき
は、ジニ係数は 0.325 と高かったが、その後失業率が低下するに従いジニ係
数も低下し、2008 年には 0.307 まで下がり、リーマン・ショック後の失業率
が 5.1％に急騰した 2009 年にはジニ係数も 0.314 に上昇した。その後、失業
率が低下するに従い、ジニ係数も下がり、2013 年の失業率が 4.0％の段階
で、ジニ係数は 0.292 の水準になった。すなわち、現役世代全体では、景気
が悪く失業率が高いときには、世帯間の所得格差も拡大する。

　こういった点を踏まえても、本章で有配偶世帯に限定することには意味が
ある。それは、先に確認したとおり、リーマン・ショック下においても、女
性の雇用が増加しており、とくに有配偶世帯における妻の労働供給が世帯間
所得格差に与える影響が無視できないと考えられるからである。

3　リーマン・ショックで誰の所得が低下したのか
——有配偶男性における検証

　本節では、有配偶男性に限定して、所得階層別に、リーマン・ショックで
所得の減少を経験した割合を比較し、リーマン・ショックが所得階層のどの
部分の労働者に打撃を与えたのかについて確認する。さらに、所得の減少の
理由についても検討していく。

　分析に入る前に、表 5-2 で本節の分析で用いるサンプルの属性について確
認しておく。KHPS2004 から 2015 のデータをプーリングして、各年で 20 歳
から 59 歳の有業の有配偶男性を対象に集計している。1 年間における所得
の変動を見たいため、翌年も調査への回答を継続している対象者に限定して
いる。各年における夫の所得（税・社会保障控除前の年収）をもとに所得五
分位階層を作成し、各階層における平均年齢、平均年収、雇用形態の分布を
確認している。自営業者も含まれているため、事業収入が含まれる可能性が
ある。

　所得階層ごとに夫の年齢を見てみると、最も所得の高い第Ⅴ五分位で夫の
年齢は高く、最低所得層の第Ⅰ五分位においては平均としては中程度の年齢
を示している。夫の雇用形態については低所得層とそれ以外でかなりの差が

表5-2　分析対象の属性

	人数 （人）	夫の平均年齢 （歳）	夫の平均年収 （百万円）	夫の雇用形態（％）			
				正規	非正規	自営業主	家族従業者
第Ⅰ五分位	2,485	44.9	250	46	19	30	4
第Ⅱ五分位	2,704	42.7	414	76	5	17	2
第Ⅲ五分位	2,911	43.9	543	82	3	14	1
第Ⅳ五分位	2,720	46.6	709	91	1	8	0
第Ⅴ五分位	2,624	49.3	1,049	90	1	9	0

注1：KHPS2004-2015のデータをプールして推計している。
注2：分析対象はt期に有業であった20-59歳の有配偶男性であり、所得階層は分析対象である20-59歳の有配偶
　　　男性の所得（税・社会保障控除前の年収）により各年ごとに集計。
出所：KHPS2004-2015を用いて筆者らが推計。

図5-3　1年後に所得が10％以上減少した割合（夫の所得階層別）

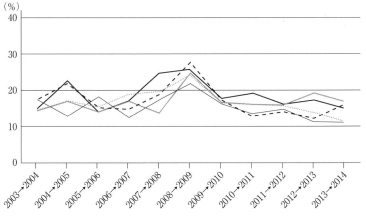

──第Ⅰ五分位　- - - 第Ⅱ五分位　……… 第Ⅲ五分位──第Ⅳ五分位──第Ⅴ五分位

注1：図中の値は、t期の夫の所得階層別に、t期からt+1期に夫の所得が10％以上減少した世帯の割合を時系列
　　　に示している。
注2：分析対象はt期に有業であった20-59歳の有配偶男性であり、所得階層は分析対象である20-59歳の有配偶
　　　男性の所得（税・社会保障控除前の年収）により各年ごとに集計。
出所：KHPS2004-2015を用いて筆者らが推計。

見られる。低所得層、とくに、第Ⅰ五分位では正規雇用の割合が著しく低い
一方で、非正規雇用の割合が高い。また、自営業主および家族従業者の割合
も中間所得層、高所得層に比較して多いことがうかがえる。

　この対象者について、図5-3では、1年間で10％以上所得が低下した割合

図 5-4　2008 年から 2009 年にかけて 10％以上所得が減少したもののうち、
失業・転職を経験した割合（夫の所得階層別）

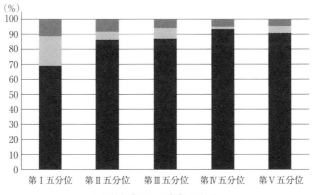

注：分析対象は t 期に有業であった 20-59 歳の有配偶男性のうち t+1 期にかけて 10％以上の所得減を経験したものであり、所得階層は分析対象である 20-59 歳の有配偶男性の所得（税・社会保障控除前の年収）により各年ごとに集計。
出所：KHPS2004-2015 を用いて筆者らが推計。

を各年ごとに夫の所得の五分位階層別に示している。10％以上の所得の低下とは最低所得層で年間平均 25 万円以上の減少、最高所得層で年間平均 100 万円以上の減少を意味しており、決してわずかな額の減少ではない。図を見ると、いずれの階層においても、毎年 1 割から 2 割程度のものが 10％以上の所得の低下を経験していることがわかる。

　また、リーマン・ショックの影響が表れる 2008 年から 2009 年の変動に着目すると、いずれの所得階層においても、10％以上の所得減を経験した割合が高まっていることがわかる[6]。この時期、製造業における「派遣切り」という言葉をよく耳にしたが、リーマン・ショックは、こうした不安定な職に就く低所得層を中心にショックを与えたという印象とは異なり、中高所得層も含めて全体にショックを与えたことが見て取れる。

　それでは、どのような理由で、現役世代の有配偶男性の所得は減少したのだろうか。これについてもデータで確認する。図 5-4 ではリーマン・ショッ

6)　10％以上の所得の減少を経験した割合について見ると所得階層間で大きな差が見られないが、5％以上減少した割合で見ると、低所得層ほどショックが小さい。

図5-5　2008年から2009年にかけて10%以上所得が減少したもののうち、
賞与の減少を経験した割合（夫の所得階層別）

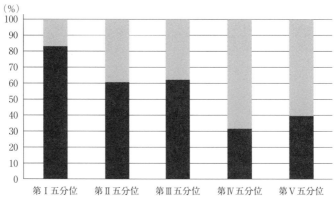

注：分析対象はt期に有業であった20-59歳の有配偶男性のうちt+1期にかけて10%以上の所得減を経験したも
　　の、かつ、同一企業継続就業者であり、所得階層は分析対象である20-59歳の有配偶男性の所得（税・社会保
　　障控除前の年収）により各年ごとに集計。
出所：KHPS2004-2015を用いて筆者らが推計。

ク期に10%所得が低下した人のうち、失業・転職を経験した人の割合を所
得階層ごとに示している。第Ⅰ五分位にいる有配偶男性ほど失業を経験した
割合が大きく20%である。また、転職についても所得階層間で差があり、
同様に、低所得層ほど転職の割合が高い。低所得層において失業や転職が所
得の減少の一因であることがわかる。

　では、高所得層では、なにが所得低下を引き起こす要因になったのだろう
か。図5-5では、同一企業で継続就業していながら10%以上所得が低下し
た人について、賞与が減少したかどうかを集計した。所得階層が上がるほど
賞与の減少を経験した人の割合が高いことがわかる[7]。

　以上の結果から、次の二点が明らかになった。一点目は、2008年から
2009年にかけ景気が大きく後退した時期において、低所得層のみでなく中
高所得層も含めて広く、所得を低下させる影響を受けていた点である。この
ことは、今回の景気後退は、少なくとも有配偶世帯においては、必ずしも所

---

7)　ただし、低所得層では非正規雇用など、もともと賞与のない雇用形態のものが他の所得階層
　　よりも多いことには留意が必要である。

得格差を拡大させる方向に寄与したわけではないことを示唆している。

　二点目として、不況期において、低所得層ほど解雇や失業のリスクが高いものの、そのような雇用調整よりもむしろ、賞与など賃金による調整が大きく影響しており、とくに高所得層でそのようなケースが多くあることがわかった。

4　夫の所得の低下に対して妻はどう対応するか
——所得階層別の対応のちがい

　それでは、不況期、夫の所得の低下に対して、妻の労働供給はどのように対応しただろうか。また、その対応は所得階層ごとに異なるであろうか。この節では、所得階層ごとに、夫の所得低下が妻の就業状態に及ぼす影響を分析する。

　夫の所得が景気後退や失業の影響によって低下した際、一定の生活水準を維持するためにも、今まで働いていなかった妻が働き始めたり、働いている妻が労働時間を延ばしたりして労働供給を増加させる可能性がある。この効果は付加的労働者効果[8]と呼ばれる（樋口［2001］）。

　この付加的労働者効果であるが、世帯所得の水準によって効果の大きさが異なるかもしれない。すなわち、もともと世帯所得水準が高い世帯では、夫の所得がわずかに低下しても、家計へのショックはさほど大きくなく、妻の付加的労働者効果も小さい可能性があるが、逆に、世帯所得水準が低い世帯では、夫の所得の低下は家計の危機であり、妻の付加的労働者効果が大きい可能性がある。

8)　この付加的労働者効果について国内外で数多くの研究が存在する。海外の研究について見ると、付加的労働者効果の存在を指摘する研究が多い（Heckman and MaCurdy［1980］, ［1982］; Lundberg［1985］; Stephens［2002］; Skoufias and Parker［2006］など）。代表的な研究の一つである Stephens（2002）は、夫の失業前後の妻の労働供給の変化を分析し、妻の付加的労働者効果は夫の失業時点のみならず、その後でも観察されることを明らかにした。国内の研究について見ると、海外と同様に付加的労働者効果の存在を指摘する研究が多い（樋口・阿部［1999］; 黒田・山本［2007］; 小原［2007］; Kohara［2010］; 佐藤［2012］など）。代表的な研究の一つである小原（2007）は、夫の失業が妻の労働供給に及ぼす影響を分析し、夫の失業が妻の労働時間を増加させることや、その影響は金融資産保有額が少ない家計ほど大きいことを明らかにしている。

そして、所得水準による妻の付加的労働者効果の大きさのちがいは、世帯格差に影響を与えるかもしれない。リーマン・ショックといった不況期に全体として世帯主の所得が下がった場合においても、低所得層ほど妻がより敏感に労働供給を増やすことで、低所得層における世帯所得の低下が抑制され、所得格差の拡大を抑える効果を持つかもしれない。

この点について、KHPS を用いて現役世代の有配偶世帯を対象に分析する。

（１）　推　計　方　法

妻の付加的労働者効果を分析するにあたって、二つのモデルを推計する。一つ目は、専業主婦をしていた妻が夫の所得低下によって働き始めたかどうかを分析する。二つ目は、働いている妻が夫の所得低下によって労働時間を増加させたかどうかについて分析する。

まず一つ目の推計モデルから説明する。妻の就業開始に関する分析は、以下の Logit モデルで推計する。

$$Y_{it}^* = x_{it}' \beta + \delta D_{it} + \gamma I_{it-1} + \theta D_{it} \cdot I_{it-1} + \mu_i + \epsilon_{it} \tag{１}$$

Y_{it} は、妻が非労働力から雇用就業または求職へと変化した場合に 1、妻が継続して非労働力であった場合に 0 となるダミー変数である。x_{it} は個人属性を表し、夫・妻の学歴ダミー、妻の年齢、3 歳以下の子供ありダミー、子供数、貯蓄額（万円）／100、負債額（万円）／100、都道府県別有効求人倍率、年次ダミーを含んでいる。D_{it} は夫の所得が 10％以上低下したことを示すダミー変数であり、$t–1$ 期から t 期にかけて夫の所得が 10％以上低下した場合に 1、それ以外で 0 となるダミー変数である。I_{it-1} は世帯所得五分位ダミーであり、$t–1$ 期における等価世帯所得の水準を示している。

今回の分析では五つの分位ダミー（第Ⅰ五分位、第Ⅱ五分位、第Ⅲ五分位、第Ⅳ五分位、第Ⅴ五分位）を作成し、最も世帯所得水準の低い第Ⅰ五分位ダミーと最も世帯所得水準の高い第Ⅴ五分位ダミーを説明変数として使用する。$D_{it} \cdot I_{it-1}$ は夫の所得が 10％以上低下したことを示すダミー変数と世帯所得五分位ダミーの交差項を示している。μ_i は観察できない固定効果であ

り、ϵ_{it} は誤差項を示す。

　これらの変数のうち、分析で最も注目するのは、夫の所得が 10% 以上低下したことを示すダミー変数と世帯所得五分位ダミーの交差項（$D_{it} \cdot I_{it-1}$）の推計結果である。この交差項は、夫の所得低下がどの世帯所得の階層に最も大きな影響を及ぼすのかを示しており、正の符号であれば妻の付加的労働者効果が促進されることを意味し、負、または有意でなければ妻の付加的労働者効果が存在しないことを意味する。この点を Pooled Logit と Random Effect Logit モデルを使用して検証する[9]。なお、推計では都道府県別有効求人倍率と 1 期前の世帯所得ダミーの交差項を説明変数に加えた分析も行い、労働市場の需給状況の変化により、妻が働き始めるかどうかにちがいがあるかを検証する。

　二つ目の妻の労働時間増加に関する分析は、以下のモデルを OLS で推計する。

$$\Delta W_{it} = x'_{it}\,\beta + \delta D_{it} + \gamma H_{it-1} + \theta D_{it} \cdot H_{it-1} + \mu_i + \epsilon_{it} \qquad (2)$$

ΔW_{it} は $t-1$ 期から t 期での妻の週平均労働時間の差分を示している。分析対象は雇用就業者のみであり、説明変数は（2）式に正規雇用ダミーを加えた変数を使用する。なお、推計では Pooled OLS、Fixed Effect OLS、Random Effect OLS を使用する。

　以上の推計手法を用い、夫の所得低下が妻の就業行動に及ぼす影響を検証する。なお、これまでの黒田・山本（2007）や Kohara（2010）といった先行研究を見ると、妻の付加的労働者効果は、主に無業の妻の労働市場への新規参入（Extensive margin）といったかたちで観察されることが示されている。今回の分析でも同様の傾向が見られるかどうかといった点にも注目する[10]。

---

9)　Fixed Effect モデルの使用も検討したが、被説明変数の変動が十分ではなく、推計値を得ることができなかったため、使用を断念した。

10)　推計に使用した変数の基本統計量は章末の付表に掲載している。

（2）　推 計 結 果

　表5-3は夫の所得低下が無業の妻の労働市場への新規参入に及ぼす影響について検証した結果を示している。表中の（A1）と（A3）はPooled Logitモデルの推計結果であり、（A2）と（A4）はRandom Effect Logitモデルの推計結果である。なお、表中の値は限界効果を示す。

　（A1）と（A2）の夫の所得低下ダミーと1期前の世帯所得ダミーの交差項を見ると、いずれの場合も10％以上所得が低下していることを示すダミー変数と世帯所得の第Ⅰ五分位ダミーの交差項が有意に正の値を示していた。この結果は、夫の所得が低下した際に、世帯所得の低い階層で妻の労働市場への新規参入確率が高いことを意味する。

　これに対して、夫の所得が10％以上低下したことを示すダミー変数と世帯所得の第Ⅴ五分位ダミーの交差項は有意な値を示していなかった。この結果は、夫の所得が10％以上低下しても、もともと世帯所得が高い階層では妻の就業行動に変化が生じないことを意味している。一方、世帯所得水準が低い世帯ほど、夫の所得の低下に敏感に反応し、労働供給を増加させることを示唆する。このような妻の付加的労働者効果が存在するために、妻の就業によって世帯間所得格差の拡大が抑制されている可能性が考えられる[11]。

　これら以外の変数で景気変動による労働市場の需給状況の変化を示す都道府県別有効求人倍率の係数を見ると、（A1）と（A2）で正に有意な値を示していた。この結果は、景気回復等の影響によって求人倍率が上昇すると妻の新規就業が増加することを意味する。また、景気後退期になれば新規就業が抑制され、非労働力にとどまる妻が増加するといった求職意欲喪失効果が

---

[11]　本分析では不況期に無業の妻がいる世帯に分析の焦点を当てているが、もともと就労していた妻が不況により所得を失った世帯も存在する可能性がある。ここでもし、とくに世帯所得階層が低い妻ほど失業し、所得低下に直面していた場合、必ずしも景気後退期に世帯所得格差の縮小につながらない可能性がある。この点を確認するためにも就業する妻が失業した場合に1、継続就業した場合に0となる失業ダミーを被説明変数に使用したLogit分析を行った。この分析では都道府県別有効求人倍率と1期前の世帯所得ダミーの交差項に注目した。分析の結果、都道府県別有効求人倍率と1期前の世帯所得ダミーの交差項はいずれも有意となっていなかった。この結果は、世帯所得階層が低い妻ほど失業し、所得低下に直面するわけではないことを意味している。

表 5-3　夫の所得低下が妻の労働市場への新規参入に及ぼす影響

説明変数		(A1)	(A2)	(A3)	(A4)
夫の所得が 10% 以上低下ダミー		-0.018	-0.027	-0.018	-0.027
		(0.022)	(0.023)	(0.022)	(0.023)
1 期前の世帯所得五分位ダミー	第Ⅴ五分位	-0.034	-0.026	-0.076	-0.034
ref：第Ⅱ～Ⅳ五分位		(0.025)	(0.029)	(0.058)	(0.062)
	第Ⅰ五分位	0.019	0.025	-0.004	0.013
		(0.016)	(0.019)	(0.038)	(0.043)
1 期前の世帯所得五分位ダミー×	第Ⅴ五分位	0.043	0.044	0.042	0.044
夫の所得が 10% 以上低下ダミー		(0.057)	(0.054)	(0.057)	(0.054)
	第Ⅰ五分位	0.059*	0.064*	0.061*	0.065*
		(0.034)	(0.038)	(0.035)	(0.038)
都道府県別有効求人倍率		0.094***	0.093***	0.083***	0.088**
		(0.025)	(0.032)	(0.028)	(0.035)
1 期前の世帯所得五分位ダミー×	第Ⅴ五分位			0.046	0.009
都道府県別有効求人倍率				(0.058)	(0.057)
	第Ⅰ五分位			0.025	0.013
				(0.039)	(0.043)
推計手法		Pooled Logit	RE Logit	Pooled Logit	RE Logit
対数尤度		-1166.851	-1144.097	-1166.424	-1144.053
サンプルサイズ		3,185	3,185	3,185	3,185

注 1：***、**、*はそれぞれ推定された係数が 1%、5%、10% 水準で有意であることを示す。
注 2：（　）内の値は不均一分散に対して頑健な標準誤差を示す。
注 3：表中の値は限界効果を示す。
注 4：推計では夫・妻の学歴ダミー、妻の年齢、子供数、貯蓄額（万円）／100、負債額（万円）／100、年次ダ
　　　ミーも説明変数として使用している。
出所：KHPS2004-2015 を用いて筆者らが推計。

存在することを示すと考えられる。

　もし求職意欲喪失効果が世帯所得階層で異なった効果を持つ場合、付加的
労働者効果が世帯間所得格差に及ぼす影響も変化すると考えられる。この点
を確認するためにも（A3）と（A4）で都道府県別有効求人倍率と 1 期前の
世帯所得ダミーの交差項を追加した推計も行った。

　分析結果を見ると、有効求人倍率そのものは有意にプラスの影響を与えて
いるから、いずれの所得階層でも同じように、リーマン・ショックによる有
効求人倍率の低下は妻の新規参入率を下げたことがわかる。しかし、（A3）
と（A4）の都道府県別有効求人倍率と 1 期前の世帯所得ダミーの交差項は
有意になっていなかった。この結果は、求職意欲喪失効果の影響は世帯所得
階層間で異なった効果をもたらさないことを意味する。

表5-4　夫の所得低下が働く妻の労働時間に及ぼす影響

説明変数		(C1)	(C2)	(C3)
夫の所得が10%以上低下ダミー		0.385	0.513	0.385
		(0.676)	(0.860)	(0.676)
1期前の夫の所得五分位ダミー	第Ⅴ五分位	0.514	0.160	0.514
ref：第Ⅱ～Ⅳ五分位		(0.606)	(1.332)	(0.606)
	第Ⅰ五分位	-0.706	-0.554	-0.706
		(0.595)	(1.161)	(0.595)
1期前の夫の所得五分位ダミー×	第Ⅴ五分位	-0.724	-0.959	-0.724
夫の所得が10%以上低下ダミー		(1.418)	(1.850)	(1.418)
	第Ⅰ五分位	0.607	0.905	0.607
		(1.328)	(1.632)	(1.328)
都道府県別有効求人倍率		0.411	1.457	0.411
		(0.823)	(2.106)	(0.823)
推計手法		Pooled OLS	FE OLS	RE OLS
ハウスマン検定			0.999	
決定係数		0.004	0.004	0.004
サンプルサイズ		5,742	5,742	5,742

注1：***、**、*はそれぞれ推定された係数が1%、5%、10%水準で有意であることを示す。
注2：（　）内の値は標準誤差を示す。
注3：推計では夫・妻の学歴ダミー、妻の年齢、妻の正規雇用ダミー、子供数、貯蓄額（万円）／100、負債額（万円）／100、年次ダミーも説明変数として使用している。
出所：KHPS2004-2015を用いて筆者らが推計。

　表5-4は夫の所得低下が働く妻の労働時間に及ぼす影響について検証した結果を示している。推計結果のうち、ハウスマン検定によって採択された（C3）の夫の所得が10%以上低下したことを示すダミー変数と1期前の夫の所得五分位ダミーの交差項を見ると、交差項はいずれも有意ではなかった。この結果は、いずれの所得水準においても、夫の所得が低下したことによって、すでに就労している妻が労働時間を増やしたりはしないことを意味する。この結果は、黒田・山本（2007）やKohara（2010）といった先行研究と同様の傾向を示している。

　以上の結果をまとめると、次の二点が明らかになった。一点目は、夫の所得が低下した場合、これまで働いていなかった妻の労働供給が増加するといったかたちで付加的労働者効果が観察された。この効果はもともとの世帯所得が低い家計において主に観察された。世帯所得階層が低い場合ほど付加的労働者効果が観察されるため、妻の就業が夫の所得低下時における世帯間

所得格差の拡大を抑制している可能性がある。

　二点目は、夫の所得が低下した場合、すでに働いている妻の労働時間には変化は見られなかった。

5　妻の所得が世帯の所得格差に及ぼす影響

　社会全体の所得格差について、厚生労働省『所得再分配調査』や総務省『全国消費実態調査』を参照すると、いずれにおいても2000年代後半から2010年代にかけて、所得格差の代表的な指標であるジニ係数は低下している[12]。公的統計の公表結果からは、毎年のジニ係数の変動や、所得源泉ごとにジニ係数への影響度を把握することはできない。そこでこの節では、妻が就労して所得を得ることが、どの程度世帯間所得格差に影響を与えるのか、夫の所得のみで計測したジニ係数と妻の所得も加えて計測したジニ係数を時系列で観測することにより確認する[13]。

　図5-6では、夫の仕事からの所得で計測したジニ係数と、妻の仕事からの所得も足し合わせて測ったジニ係数を時系列に示している。図から明らかなとおり、妻が所得を得ることで世帯間の所得格差が平準化されることがわかる。経年的にジニ係数は低下する傾向も確認できる[14]。

　最も注目したいのは、2008年のリーマン・ショック期を境に、以降2011

---

12)　厚生労働省『所得再分配調査』の結果によると、等価可処分所得で計測したジニ係数は2004年（前年の所得を聞いているため調査年は2005年。以下同様）に0.322、2007年に0.327、2010年に0.322、2013年に0.316となっている。総務省「全国消費実態調査」の結果によりと、等価可処分所得で計測したジニ係数は、2004年に0.278、2009年に0.283、2014年に0.281となっている。

13)　妻の就業率の上昇を背景に、妻の所得が世帯の所得格差にどのような影響を与えているのか、欧米諸国では多くの研究が報告されている。結論は研究により意見が分かれており、ジニ係数の分解によりアメリカにおける状況を分析したLerman and Yitzhaki（1985）では、1979年以降、女性の収入が世帯所得の格差を拡大させたと報告しており、同様の方法で1990年代半ばから2000年代初頭に日本の状況について分析した浦川（2007）でも、妻の所得は現役世代の世帯間所得格差を拡大させる方向に寄与していると述べている。一方で、Harkness, Machin and Waldfogel（1997）やCancinan and Reed（1999）の研究においては、妻の収入が世帯間所得格差を縮小させる方向、もしくは拡大させたとしても微々たる影響しかないことを分析から結論づけている。

14)　ジニ係数の時系列的な変化ついては、パネルデータによるサンプル脱落の問題とサンプルの高年齢化の問題が影響を及ぼしている可能性がある。

図5-6 夫のみの所得と夫婦の合算所得で計測したジニ係数とその差

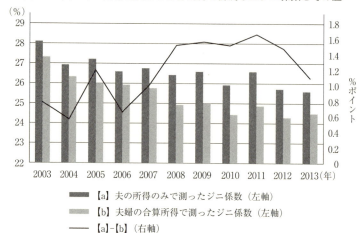

■ 【a】 夫の所得のみで測ったジニ係数（左軸）
■ 【b】 夫婦の合算所得で測ったジニ係数（左軸）
― 【a】-【b】（右軸）

注：分析対象は本章3節の分析で用いたものと同じで、t期に有業であった20-59歳の有配偶男性であり、t+1期
　　まで情報が取れるものとしているため、集計結果が2013年までとなっている。所得については、夫と妻それ
　　ぞれ1年間の仕事からの収入（税・社会保障控除前）を用いている。
出所：KHPS2004-2015を用いて筆者らが推計。

年まで、妻の所得によるジニ係数の削減効果が大きくなっていることである。前節で確認したとおり、とくに低所得層で、リーマン・ショックによる夫の所得低下を機に妻が就労を始めたことにより、世帯間の格差が縮小されたことが考えられる。

6　結論：リーマン・ショック後の家計の所得変化と格差

　本章ではKHPSを用いて、現役世代の有配偶世帯に分析対象を限定し、景気変動による夫と妻の所得および就業状態の変化が所得格差に及ぼす影響を検討した。具体的には、まず、リーマン・ショックが、非正規労働者の多い単身世帯に大きな影響を及ぼしたことを確認した上で、有配偶世帯のどの所得階層にいる男性労働者に大きな打撃を与えたのかについて確認した。その上で、景気変動による夫の所得の低下に対して、妻の労働供給がどのように反応するか、所得階層により異なる反応を示すかについて検証した。
　分析の結果、次の三点が明らかになった。一点目は、景気後退期における

夫の所得変化については、低所得層のみに限らず、いずれの所得階層においてもおしなべて所得の減少を経験している男性労働者が一定割合いたことがわかった。中高所得層では、賞与減などを通じて所得の低下を経験したものが多く、低所得層では失業や転職により所得の低下を経験したものが多かった。両者の影響を合わせた結果をみると、今回の景気後退は、少なくとも有配偶男性の勤労所得においては、必ずしも所得格差を拡大させる方向に寄与したわけではないことを示唆している。

　二点目は、夫の所得変化が妻の就業に及ぼす影響を分析した結果、夫の所得が低下した場合、これまで働いていなかった妻の労働供給が増加するといったかたちで付加的労働者効果が観察された。この効果はもともとの世帯所得が低い家計において主に観察された。

　三点目は、夫のみの所得で計測したジニ係数と夫婦の合算所得で計測したジニ係数を時系列に比較した結果、妻の就労は世帯間の所得格差を縮小させること、なかでも 2008 年の景気後退期から数年間、妻の就労による格差縮小効果が大きかったことがわかった。

　以上の分析結果をまとめると、今回の不況では、低所得層に限らず、全体として勤労所得の低下を引き起こしたが、夫の所得の低下に対して低所得層の妻ほど敏感に労働供給を増やしたことで、所得格差の拡大を自己防衛的に引き止めた可能性がある。

　なお、無配偶世帯（単身やひとり親世帯）を含めた全世帯の世帯主所得のジニ係数は景気と連動し、景気が回復すると所得格差は縮小し、悪化すると拡大する傾向を示していた。それでも、失業給付等の社会保障制度の再分配効果により、格差拡大をある程度抑制したことも明らかとなった。

　とはいうものの、単身者やひとり親が景気悪化による失業者増加の影響を強く受けているのに対し、有配偶世帯の世帯主はこの影響は小さく、むしろ賞与や残業手当などの影響を強く受けていることがわかる。それに加え、近年の女性の雇用機会の増加が、とくに低所得世帯における妻の新規就業を促し、所得を増やし、景気後退期に所得格差を縮小させる傾向が確認された。

　はたしてこうした動きがリーマン・ショックにより生じた、日本特異な動きであったのか、それともほかの景気循環過程の中でも見られる一般的な動

きであるのか。それについては、それぞれの景気変動が所得分布のどのあたりに最も大きな影響を与えたのか、また不況に対し、社会保障制度や世帯がどういった防御策を示したのか——これらの点について確認していく必要がある。

付表　基本統計量

変数		妻の新規就業に関する分析		妻の労働時間変化	
		平均値	標準偏差	平均値	標準偏差
妻の新規就業ダミー		0.13	0.34		
妻の継続就業ダミー					
妻の週平均労働時間の差分				0.51	15.02
夫の所得が10%以上低下ダミー		0.15	0.36	0.17	0.38
1期前の世帯所得五分位ダミー	第Ⅴ五分位	0.15	0.36		
	第Ⅱ～Ⅳ五分位	0.61	0.49		
	第Ⅰ五分位	0.24	0.43		
1期前の夫の所得五分位ダミー	第Ⅴ五分位			0.19	0.39
	第Ⅱ～Ⅳ五分位			0.62	0.48
	第Ⅰ五分位			0.19	0.39
都道府県別有効求人倍率		0.87	0.33	0.89	0.35
夫の学歴ダミー	中高卒	0.44	0.50	0.53	0.50
	専門・短大卒	0.06	0.24	0.08	0.27
	大卒以上	0.45	0.50	0.34	0.47
妻の学歴ダミー	中高卒	0.45	0.50	0.50	0.50
	専門・短大卒	0.32	0.47	0.29	0.45
	大卒以上	0.16	0.37	0.13	0.34
妻の年齢		42.47	8.36	44.75	7.28
妻の雇用形態ダミー	正規雇用			0.28	0.45
	非正規雇用			0.72	0.45
3歳以下の子供ありダミー		0.23	0.42	0.06	0.24
子供数		1.83	0.98	1.88	0.92
貯蓄額（万円）／100		6.42	10.93	5.07	8.23
負債額（万円）／100		8.63	11.73	8.17	11.78
サンプルサイズ		3185		5742	

出所：KHPS2004-2015を用いて筆者らが推計。

第6章

所得格差は医療サービスの
アクセスビリティに影響しているか[1]

1　公的医療保障下における「受診抑制」

　健康状態と経済的地位との関係に着目した多くの先行研究は、さまざまな
データで、所得や学歴といった経済的地位が低いほど健康状態が悪いという
ことを確認してきている。そして、この所得による健康状態の差を「健康格
差」と呼んでいる。健康格差についての理由はさまざまで、両方向の因果関
係が考えられるが、公衆衛生学の多くの研究では、所得や学歴といった経済
的地位により、食生活や健康習慣に差があること、さらに医療サービスへの
アクセスビリティ（accessibility：近づき易さ）にも格差があることをその
理由と考えている。

　医療サービスへのアクセスビリティについては、現在、先進国の大半で強
制加入の公的医療保障制度が整備され、国により程度の差はあるものの、医
療サービスへのアクセスはある程度保障されている。所得の多寡ではなく、
必要に応じて医療サービスを利用できるよう公的な介入をすることで、医療
サービスの利用における不公平を緩和している。

　わが国もその例外ではなく、1961 年に国民皆保険体制が整えられて以来、
社会保険と租税を主な財源として、比較的安価な料金で医療サービスを提供

---

1)　この章は、石井（2006）および石井（2011）に基づき執筆した。

してきた。患者はかかった医療費の一部を負担すればよく、これにより経済的理由で必要な医療サービスを利用できないという状況を減らしている。

さらに、入院医療や高価な薬剤を使用した場合には、3割の患者負担も高額になるため、1973年に高額療養費制度が設立され、月々の医療費の自己負担に上限が設けられるようになった。高額療養費制度では低所得者ほど自己負担の上限額が低く設定されており、大病を患った際に生じる入院費や薬剤費の自己負担が大幅に緩和されるようになっている[2]。このように、公的医療保障制度は、所得階層間で医療サービス消費に不公平が生じることを防ぐよう設計されてきた。

しかしながら、近年、経済的理由から必要な医療を享受できないといった事例がいくつか報告されている。国立社会保障・人口問題研究所が2007年に行った『社会保障実態調査』によると、過去1年間に医療機関に受診しなかった人の17.5％は「健康ではなかったが行くことができなかった」と答えており、その理由として最も多かったのは「『自己負担の割合が高い』など経済的な理由で」であった[3]。また、日本医療政策機構が行った『日本の医療に関する2008年世論調査』では、「過去12カ月以内に、費用がかかるという理由で」、受診を抑制した割合は、低所得者ほど高く、低所得・低資産者の4割が過去1年間で受診抑制をした経験があると答えている[4]。さらに、阿部（2013）では、わが国における受診抑制についての先行研究を紹介するとともに、自身でも個票データを用い、受診抑制の確認とその要因について分析を行っている[5]。昨今の雇用情勢の悪化やそれによる低所得者の増

---

2) 生活保護受給世帯については、医療扶助によって原則無料で医療サービスを享受することができる。

3) 健康ではなかったが医療機関に行くことができなかった理由として、多いものから順に「『自己負担の割合が高い』など経済的理由で」が38.4％、「『仕事あるは家庭が忙しい』など時間が理由で」が27.0％、「健康保険に加入していないため」が14.2％、「『医療機関までの距離が遠い』など通院が困難なことが理由で」が9.5％、「『医療機関まで行くのが難しい』など身体的な理由で」が2.8％であった。なお、この質問は複数回答が可能である。

4) 所得と資産保有額によって、年間世帯収入800万円以上かつ純金融資産2,000万円以上のものを高所得・高資産層、年間世帯収入300万円未満かつ純金融資産300万円未満のものを低所得・低資産層、それ以外のものを、中間層としている。過去12カ月以内に、費用がかかるという理由で受診を抑制した経験がある割合は、低所得・低資産層で39％、中間層で29％、高所得・高資産層で18％と発表されている。（出所：https://www.hgpi.org/handout/2009-12-14_34_275989.pdf［2017年9月現在］）。

大を考慮すると、原則3割の医療費の自己負担は、所得の低い世帯にとって必ずしも許容できる金額ではないのかもしれない。

　このような状況を踏まえ、本章では慶應義塾大学『日本家計パネル調査（JHPS）』を用いて、日本における所得階層間での医療サービスの消費の水平的公平性について分析する。先に述べたとおり、経済的地位の低いものほど健康状態が悪いものが多く、より多く医療サービスを必要とすると考えられる。単純に所得階層間の医療サービスの消費量を比べるだけでは、所得の多寡にかかわらず、必要に応じて医療サービスを利用しているか確認することはできない。そこで、この分析では van Doorslaer *et al.*（2004）に倣い、医療サービスへのニード（必要度）が同程度である場合、同程度の医療サービスを消費することを「水平的公平性」と捉え、医療ニードをコントロールした上で、所得階層間で医療サービス利用に不公平が生じているかをデータで確認する。

　分析に入る前に、まず、健康と経済的地位との関係に着目した研究を展望する。所得といった経済的地位が、どのような理由で健康と相関関係を有するのか、それに関する理論をみていく。健康に対する意識や行動が経済的地位によってどのように異なるのか、筆者らが過去に行った研究などを参考に説明していく。その上で、今回の分析テーマである、医療サービスの利用における水平的公平性に関する先行研究を紹介し、実証分析の結果を見ていく。

　人口の高齢化にともない、国民の医療に対するニードは今後さらに高まるだろう。医療技術は日々進歩し、新しい治療方法や高額な新薬の登場により、医療費の負担はますます増えている。その一方で、国民の所得の伸びの停滞や、家族の機能の低下により、医療サービスを必要とする人々のなかには、医療費負担が許容範囲を超えるものも少なからずいるだろう。健康格差の存在を考慮すると、所得階層間における医療サービス利用の水平的公平性の欠如は、健康格差のさらなる拡大を生じさせかねず、日本における医療

---

5)　分析の結果、医療受診抑制の理由として、最も多いのは時間的制約によるもの、次に経済的制約によるものであるが、時間的制約を理由に挙げたものの半数以上が経済的制約を理由に挙げていることを新たな知見として示している。

サービス利用の水平的公平性の確認は重要な課題となってきている。

2 経済的地位と健康格差[6]

（1） 低所得や所得格差が健康に悪影響を与える説

　経済的地位と健康状態との関係に着目した研究は、イギリスやアメリカで1970 年頃より、経済学や公衆衛生学などの分野で関心を集めるようになった。早期の研究として、1967 年にロンドン大学でイギリスの公務員を対象に行われた健康調査 "Whitehall Study I" が挙げられる。これにより経済的に安定している公務員においても、組織での地位が低いほど健康状態が悪く、喫煙など不健康な健康習慣を持つ割合の高いことが明らかにされた。この衝撃的な調査結果はイギリス国内外の研究者の関心を集め、その後、健康格差に関する研究が盛んに行われるようになった。1980 年には、イギリス保健社会保障省による "Black Report" が刊行され、職業的地位が低い人ほど寿命が短い傾向にあることが報告された。

　1990 年代に入り先進諸国で人口の高齢化が顕著になってくると、高齢者の健康状態を分析対象にした研究も現れ始めた。Guralnik *et al.*（1989）はカリフォルニアのデータを用い、学歴が高い人ほど良好な健康状態を保ったまま加齢する確率が高いことを明らかにした。日本においても近藤（2002）が一自治体のデータを用い、クロス・セクション分析により要介護状態の有無と所得との間に相関関係が存在することを確認している。

　90 年代後半に入ると、所得の高低ではなく、所得格差自体が健康状態に影響を与えることを主張する研究も現れた。このテーマにおける先駆的研究は、Wilkinson（1996）や Kawachi and Kennedy（2002）などである。「所得格差仮説」と呼ばれるもので、所得格差の拡大は高所得者も含めた社会全体の健康状態を悪化させると主張している。

　飢餓や劣悪な衛生環境といった絶対的貧困が大幅に減少した先進国において、社会の中で経済的地位の低いことが、どのように健康に悪影響を与える

6）　この節は石井（2005）および石井（2006）をもとに、加筆している。

のだろうか。公衆衛生学におけるいくつかの研究は、所得や学歴の高低によって、健康習慣や食生活に格差があること、医療やケア・サービスへのアクセスビリティにも格差があることがその理由だとしている。

（2）　所得と健康の経済モデル

　経済学の分野では、マイケル・グロスマンが人的資本理論に基づき、健康の経済モデルを構築している。Grossman（1972）では、個人の健康状態を「健康資本（health capital）」と捉え、健康資本は時間と財・サービス（余暇や医療サービス、食生活や非喫煙といった健康習慣）への投資によって増大し、健康資本に対する投資は所得と時間の制約下にあり、教育といった人的資本が投資効率に影響を与えると考えている。つまり、学歴が低く所得の低い人は、健康維持に対する意識が低く、医療サービスへのアクセスビリティも低いため、健康状態が悪いということである。

　Grossman（1972）の「健康資本（health capital）」モデルに基づいて、石井（2005）は、日本人の喫煙行動について分析した。喫煙が人体に悪い影響を及ぼすことは周知の事実であり、健康に対するマイナスの投資行動の一つと見なせる。この分析では、JHPS（KHPSサンプル）を用いて、日本人の喫煙行動について分析を行い、学歴が低いほど、また、所得が低いほど喫煙の確率が高く、1日の喫煙本数も多いこと、さらに、学歴が低いほど禁煙しにくいことを明らかにした。

　では、なぜ低学歴・低所得者ほど健康維持に関する意識が低いのか。ビクター・R・フュックスはこのことを「時間割引率」という概念で説明している。Fuchs（1986）では自身の過去の研究を引用し、同じ個人における17歳時点での教育年数が喫煙に与える影響と、24歳時点での教育年数が喫煙に与える影響を比較し、どちらも有意に正の影響を示しており、係数の大きさに大差がないことを指摘した。

　このことは、17歳から24歳までの追加的な教育が喫煙確率に対して影響を及ぼしておらず、むしろ、時間割引率といった見えない個人属性が第三の変数として、教育年数にも喫煙行動にも影響を及ぼしていることを示唆した。つまり、時間割引率が高く、目先の便益を優先してしまう人ほど、将来

起こり得る喫煙による健康被害を過小評価し、喫煙率が高いということができる。Grossman（1972）は、単純に、より多く教育を受けることで健康資本に対する投資を高めると説明したのに対し、Fuchs（1986）では、喫煙しないことは教育のそもそもの効果ではなく、第3の変数である時間割引率の効果であると説明している。

（3） 所得と健康を結びつける他の要因

ここまでのところ、経済的地位が健康状態に影響を与えるという主張について着目してきたが、もちろん、健康状態が所得に影響を与えるという逆の因果関係を支持する研究もある。健康状態が所得に影響を与えていることを指摘した研究として、Smith（1999）は、アメリカのパネルデータを用いて、中高年層における病気の罹患と稼得所得の変化に着目し、健康状態を損じることが所得の低下を引き起こしていることを明らかにした。日本においても、牧・駒村（2000）は、高齢者の健康状態が就業の可能性や稼得所得に影響を与えることを計量分析から明らかにしている。

さらに、低所得におけるリスクやショックに対する脆弱性が、さらなる健康悪化をもたらすという分析結果もある。樋口・小林・何・佐藤（2013）では、2011年3月11日に発生した東日本大震災が、所得階層別にみて就業や健康にどのような影響を与えているのかについて分析した。東日本大震災という外的ショックが、健康状態に悪影響を与えていること、なかでもとくに被災地域の低所得者で、そのショックが顕著に大きいことを指摘している。低所得者ほど健康状態が悪い確率が高いという事実に加えて、外的ショックが生じた際に、所得の低いものはさらなる健康状態の悪化を招き、悪循環に陥りやすいことが示された。

このように、所得の低いものは健康維持に対する意識が低く、健康状態が悪い傾向が強いこと、さらに、十分な医療サービスを享受することができないことや、外的ショックへの脆弱性から健康状態を悪化させやすいといえる。そして、そのことが就業を難しくし、さらなる所得の低下を招く可能性も考えられる。この悪循環を阻止するためには、公的医療保障制度が果たす役割は大きい。次節では、所得の多寡にかかわらず、必要に応じて医療サー

ビスを享受できているか、これについてデータによる検証を行う。

3 必要度に応じて医療サービスを受けることができて いるか──「水平的公平性」の検討

(1) 医療サービス利用の「水平的公平性」に関する実証研究

所得階層間における医療サービスの公平性に関する研究は、ヨーロッパに おける研究をさきがけに、わが国においても 2000 年代に入ってから、いく つかの研究が発表されている。諸外国における先行研究のうち代表的なもの に van Doorslaer *et al.* (1992) や Wagstaff and van Doorslaer (2000) など がある。医療サービス利用の必要度（ニード）を考慮した上で、医療サービ スへのアクセスの公平性について国際比較を行っている。

わが国においては、上記の先行研究を参考に、遠藤・駒村 (1999)、遠 藤・篠崎 (2003)、本多・大日 (2003)、豊川・村上・兼任・小林 (2012) が 医療サービスの利用に関する公平性を、山田 (2004) は居宅介護サービスの 利用に関する公平性を個票データにより分析している。いずれの研究におい ても、年齢層、年代を限定すると、所得階層間で医療サービス利用における 不公平が存在することがしばしば確認されている。

山田 (2004) では、所得と医療サービスの利用に関するこれらの先行研究 を三つのタイプに分類している。一つ目が、医療サービスの給付額自体に着 目し、公平性を議論するものである。遠藤・駒村 (1999) では、『所得再分 配調査』の個票データを用い、公的医療保険の拠出と給付によるジニ係数の 改善度を測ることで、医療保障制度による医療アクセスの改善を計測してい る。

二つ目が、医療サービスの自己負担に着目し、公平性を議論するものであ る。遠藤・篠崎 (2003) では、『全国消費実態調査』の個票データを用い、 医療サービスの自己負担の格差と所得の格差のちがいである自己負担のカク ワニ係数[7]を計算することで、医療支出の公平性を計測している。

---

7) ジニ係数を算出するローレンツ曲線を描く要領で、世帯所得順に医療サービスの自己負担の 累積比をプロットして自己負担の集中度曲線を描き、ローレンツ曲線とその差の面積がカク ワニ係数となる。ローレンツ曲線については、第1章を参照されたい。

三つ目は、医療サービス利用のニードと実際の利用との差に注目し、公平性を議論するものである。本多・大日（2003）は、主観的健康度や年齢で外来受診の有無を回帰することでニードの推計値を計算し、推計されたニードと実際の受診状況を所得階層ごとに比較している。その結果、低所得層では、ニードを満たすほどの医療サービスが利用できていないことがわかった。また、山田（2004）では、要介護度や認知障害度といったニードに関する詳細な情報を用い、居宅介護サービスの自己負担総額をヘックマン・モデルで回帰し、推定された係数から介護サービスのニードを推計し、実際の自己負担額と比較している。その結果、高所得層においてニードを上回る居宅介護サービスの利用が確認された。

　本章では、このうち三つ目の方法に着目し、医療サービスの利用の公平性について検討する。具体的には van Doorslear *et al.*（2004）の手法を参考にした上で、医療サービスの利用の公平性について検証を行っていく。

（2）　医療サービス利用の「水平的公平性」に関するフレームワーク

　医療サービスの利用の公平性を検討するには、医療サービスのニードと実際の医療サービスの利用を所得階層間で比較する必要がある。ここでの公平性の判断基準は、ニードが同じであれば、所得の多寡にかかわらず、同じ量の医療サービスを利用することができるかどうかである。この関係を視覚的に示したものが図 6-1 である。グラフの構造は、所得格差を表すローレンツ曲線とほぼ同じと考えてよい。

　図 6-1 では、所得の低いものから順に、累積したニードの各所得階層におけるシェアをプロットし、ニードの集中度曲線（L_N）を描く。同様に、所得の低いものから順に、累積した医療サービス利用量の各所得階層におけるシェアをプロットし、医療サービス利用の集中度曲線（L_M）を描く。いずれの所得階層においても医療ニードが同等であれば L_N は 45 度線上を通り、同様に、いずれの所得階層においても医療サービスの利用量が同じであれば L_M は 45 度線上を通るということになる。図のように、L_N が L_M よりも 45 度線から遠くにある場合には低所得者の医療ニードは高いが、実際の医療サービス利用量はニードを下回り、高所得者に比べて不利なかたちで不公平

図 6-1　所得階層ごとの医療のニードと実際の利用の関係

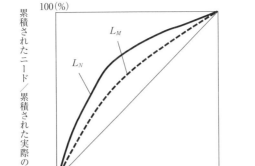

注：L_N はニードの集中度曲線、L_M は医療サービス利用の集中度曲線を示す。

が生じているということになる。

　本章では、個々人の医療ニードを推計し、これを実際のサービス利用量と比較することで、医療サービス利用における公平性を確認する。同様の方法は、本多・大日（2003）や山田（2004）、van Doorslear *et al.*（2004）で用いられている。本多・大日（2003）では、分析対象となる医療の利用（受診の有無やかかった費用など）を、性別、年齢といった人口学的な要因や健康状態などに回帰させ、推定された係数から推計値を算出し、それを各人の医療ニードとしている。この際、「社会階層を示す変数（たとえば所得）はその説明変数に加えない。あえてそうすることによって、社会階層と、医療資源の利用と必要度との乖離（つまり残差）を関連づけて考察する」（本多・大日［2003］、pp.269-270）ことができるとしている。

　一方、van Doorslear *et al.*（2004）では、同様の関数式に、所得変数を含めて推定した上で、所得変数に平均値を代入して、推定された係数から各人の医療ニードを推計している。これにより、所得水準の影響を取り除いた、純粋な医療ニードを把握することができるとしている。どれだけ医療サービスを利用するかは、健康状態以外にも各人の所得水準に影響を受けると仮定すると、関数式から所得を除くことは推定量にバイアスを生じさせるため、本章では van Doorslear *et al.*（2004）の方法を踏襲することにする。具体的

な推計方法は、（1）式と（2）式で表すことができる。

$$y = \alpha + \beta\, \mathrm{DEMO} + \varphi\, \mathrm{HELT} + \gamma\, \mathrm{TIME} + \delta\, \mathrm{INCOME} + \varepsilon \qquad (1)$$

$$\hat{y} = \hat{\alpha} + \hat{\beta}\, \mathrm{DEMO} + \hat{\varphi}\, \mathrm{HELT} + \hat{\gamma}\, \mathrm{TIME} + \hat{\delta}\, \mathrm{INCOME}^{\mathrm{m}} \qquad (2)$$

　被説明変数である y には、医療サービスの利用（受診の有無や回数、利用量など）を表す変数を投入し、説明変数には、身体的な医療ニードを示すものとして人口学的変数 DEMO や健康状態に関連する変数 HELT、時間制約を示す変数 TIME、そして、等価可処分所得を表す連続変数 INCOME を投入する。α、β、φ、γ、δ は係数で、ε は誤差項を表す。

　次に、（1）式で推定した係数を用い、所得の影響を取り除き、身体的な医療ニードのみを考慮した場合の医療サービスの利用を推計する。つまり、仮に各人が同じ（平均的な）所得水準にあった場合、おのおのどの程度医療サービスを利用するのか、（1）式から得られた係数を使って推計する。具体的な方法は、（2）式に示すとおりである。（1）式で推定された係数（$\hat{\alpha}$、$\hat{\beta}$、$\hat{\varphi}$、$\hat{\gamma}$、$\hat{\delta}$）を用い、DEMO、HELT および TIME には実際の値を、INCOME には等価可処分所得の平均値を代入して、身体的な医療ニードのみを考慮した医療サービスの利用 $\hat{y}$ を推計する。その上で、所得五分位階層ごとに y と $\hat{y}$ の平均値の差分を算定し、階層間における医療ニードと実際の利用の乖離を確認し、公平性の検証を行う。

4　分析に利用したデータと分析仮説

　本章では、慶應義塾大学『日本家計パネル調査（Japan Household Panel Survey: JHPS)』の 2014 年から 2016 年までの 3 年間のデータを用いる。JHPS の 2014 年調査より、メンタルヘルスの状態を測る代表的な指標である GHQ-12（General Health Questionnaire)[8] が調査票の質問項目に加わっ

---

8)　メンタルヘルスの状態を示す GHQ は David Goldberg 博士により開発された指標で、現在、英語から多言語に翻訳され広く疫学研究等で用いられている。オリジナルの GHQ は60項目の

たため、2014 年から現時点での直近のデータを用いる。

　医療サービスの利用を表す被説明変数 *y* には、JHPS より、①昨年 1 年間の医療機関の受診の有無、②昨年 1 年間に医療機関の窓口で支払った自己負担額、の二つの調査項目を用いる。それぞれ受診の有無、サービスの利用量を表すものとする。自己負担額により医療サービスの利用量を測るため、生活保護受給者や高額療養費制度申請者、後期高齢者医療制度適用者といった自己負担割合の異なる対象者を除き、自己負担が 3 割負担の人のみを分析対象とする。

　説明変数 DEMO には、年齢、性別（男性 =1）、配偶状態（有配偶 =1）、子ども（未就学児）の有無（あり =1、なし =0）を表すダミー変数を用いる。

　健康状態を表す変数 HELT には、主観的健康感、GHQ、喫煙歴（喫煙歴なし、過去喫煙、現在喫煙）、定期的な運動を行っているかどうかを示すダミー変数、さらに平日の睡眠時間（1 日あたり）と、平日と休日の睡眠時間の差を用いる。

　主観的健康感は、「よい、まあよい、ふつう、あまりよくない、よくない」の五つの選択肢から成る質問で、ここでは「ふつう」をレファレンスに、カテゴリー変数として推定式に投入する。

　GHQ の指標化の方法はいくつかあるが、ここでは二値採点法を用いてスコア化したものを用いる。二値採点法では、GHQ の各質問項目の四つの選択肢のうち、よい状態を示す二つの選択肢については 0 点、悪い状態を示す二つの選択肢については 1 点とカウントし、12 項目の結果を合計する。合計値は 0 点（最もよい状態）から 12 点（最も悪い状態）の範囲となり、その上で、4 点以上をメンタルヘルスの状態が悪いとして、ダミー変数として扱う。

　睡眠時間については、平日 1 日あたりの睡眠時間のみならず、平日と休日の睡眠時間の差を投入する。これにより、その差が大きいほど日常生活のリ

　質問から成るが、その後、いくつかの縮小版が開発されており、JHPS では最も簡便な GHQ-12 を採用している。たとえば、「何かをする時いつもより集中して」という項目に対し「1. できた」「2. いつもと変わらなかった」「3. いつもよりできなかった」「4. まったくできなかった」といったかたちで各項目四つの選択肢がある。

表 6-1　基本統計量

	観測数	平均値	標準偏差
医療機関の受診（あり＝1、なし＝0）	3,952	0.54	0.50
1年間の医療費の自己負担額（円）	2,117	52,766	86,832
年齢（歳）	3,952	49.12	11.97
有配偶ダミー	3,952	0.77	0.42
6歳未満の子どもありダミー	3,952	0.13	0.41
男性ダミー	3,952	0.50	0.50
喫煙歴カテゴリー			
喫煙歴なし	3,952	0.53	0.50
現在喫煙	3,952	0.23	0.42
過去喫煙	3,952	0.24	0.43
GHQ 二値採点法（4点以上＝1、4点未満＝0）	3,952	0.35	0.48
主観的健康感			
「よい」	3,952	0.15	0.35
「まあよい」	3,952	0.31	0.46
「ふつう」	3,952	0.41	0.49
「あまりよくない」	3,952	0.12	0.33
「よくない」	3,952	0.01	0.10
定期的な運動しているダミー	3,952	0.43	0.50
平日の睡眠時間／日（時間）	3,952	6.42	1.07
休日と平日の睡眠時間の差（時間）	3,952	0.86	1.18
労働時間／週（時間）	3,952	31.11	26.40
家事時間／週（時間）	3,952	12.99	15.08
等価可処分所得（万円）	3,952	302.87	193.83

注：高額療養費制度申請者および生活保護受給者を含む。
出所：JHPS2014-2016 より筆者推計。

ズムが悪かったり、平日の疲労が蓄積していることを捉えようとしている。

　時間の制約を表す変数 TIME には、時間制約を示す変数として、1週間の労働時間（無業の場合は0）、1週間の家事時間（家事をしない場合は0）を用いる。説明変数 INCOME には、等価可処分所得を用いた。等価可処分所得とは、世帯における規模の経済性を考慮して、世帯員1人あたりが享受するであろう可処分所得を示したもので、ここでは、最も一般的な方法である、世帯の可処分所得を世帯員数の平方根で割った値を用いる。

　分析対象は、医療費の自己負担が3割である20歳から69歳に限定した上で、生活保護受給者および高額療養費制度申請者を対象から除く。生活保護受給者は、医療扶助により無料で受診できるため、サービス利用にあたり所

得の制約を受けないと考えられる。また、高額療養費制度申請者についても、一定額以上の自己負担が生じておらず、サービス利用に対する所得の影響が小さいと考えられるため、分析対象から除外する[9]。以上のような条件のもと、利用する諸変数がすべて揃う対象者（N＝3,952）の基本統計量が表6-1に示されている。

　前述のとおり、二つの推計を行う。前年1年間での医療機関の受診の有無を被説明変数 y に置いた推計式では、受診した場合を 1、しなかった場合を 0 としてプロビット・モデルによって推定する。前年1年間の医療機関での自己負担額の対数値を被説明変数 y に投入した推計式では、前年1年間の医療機関を受診した者のみを対象に最小二乗法で推計する。なお、医療サービスのニードは年齢の影響を強く受け、年齢ごとに受診行動が異なるため、いずれの推計においても、20-49 歳、50-69 歳の二つのグループごとにモデルの推定を行う。

5　所得と健康状態の関係

　所得階層間での医療サービス利用の公平性について分析する前に、所得階層間における医療ニードのちがいを見るために、まずは所得階層間での健康状態のちがいや、健康に対する意識のちがいについて確認していく。集計結果は表6-2にまとめて掲載する。

　表6-2の左の列では、所得階層[10]別の主観的健康感で「あまりよくない」もしくは「よくない」と回答した割合を示している。50 歳以上の高年齢層においては、最低所得階層と第Ⅱ五分位でわずかな逆転現象は見られるものの、おおよそ所得階層が低いほど、健康状態が悪いと感じている人の割合が高いことがうかがえる。20-49 歳までの若年・壮年層においては、中間層の第Ⅲ五分位で、健康状態が悪いと感じている人の割合が最も低いが、最低所得階層で健康状態が悪いと感じている人の割合が最も高いことがわかる。い

---

9)　生活保護対象者および高額療養費制度申請者は、2014年から2016年のJHPSでそれぞれ38世帯、142世帯であった。

10)　所得階層の五分位については、JHPSの各年における等価可処分所得が得られるすべてのサンプルを用いて作成した。

表6-2　所得階層別にみた健康状態と健康管理（20-69歳）

(%)

	主観的健康感「あまりよくない」「よくない」の割合		GHQ 二値採点法（0-12 点）4 点以上		健康診断や検診の受診率	
	20-49 歳	50 歳以上	20-49 歳	50 歳以上	20-49 歳	50 歳以上
第Ⅰ五分位	16	18	43	36	62	70
第Ⅱ五分位	12	19	38	36	67	71
第Ⅲ五分位	10	17	40	35	73	76
第Ⅳ五分位	12	15	38	33	79	77
第Ⅴ五分位	13	15	30	29	78	85

注：高額療養費制度申請者および生活保護受給者を含む。
出所：JHPS2014-2016 より筆者が推計。

　ずれの年齢層においても「所得階層が高いほど健康状態がよいと感じている」人の割合が高いという単純な関係はみられないものの、所得の低い層で健康状態が悪いと感じている人の割合は高い。

　次に、GHQ により所得階層別のメンタルヘルスの状態についても見てみる。結果は表6-2 の中央の列に示されている。GHQ-12 について二値採点法で採点し、最もメンタルヘルスの状態がよいものを 0 点、最もメンタルヘルスの状態が悪いものを 12 点とし、スコアが 4 以上の割合を示している。いずれの年齢層においても、最低所得階層でスコアが 4 点以上の割合が最も高い。20-49 歳層では、第Ⅱ五分位で第Ⅲ五分位よりもメンタルヘルスの状態が悪い人の割合は低いが、それを除くと、いずれの年齢層でも所得階層が高いほど、メンタルヘルスの状態が悪い人の割合が低いことがわかる。

　主観的健康感、メンタルヘルスの状態のいずれも、所得の低い層で状態が悪いと感じている人の割合が高く、健康状態と所得の関係を見た多くの先行研究と同様の傾向が確認できた。

　少し視点を変えて、健康維持に対する意識について所得階層間のちがいを確認しておく。表6-2 の右側の列では、過去 1 年間の健康診断やがん検診の受診率[11]について集計したものである。健康診断や検診の受診率において

---

11)　「あなたは、昨年1年間に健康診断やがん検診などを受けましたか。（○はいくつでも）」という質問項目で、無回答を除き「まったく受けていない」以外の選択肢を選択した割合を集計した。

表 6-3　所得階層別にみた過去 1 年間における
医療機関への受診率および医療費の自己負担額の平均値（20-69 歳）

	受診率（%）		平均自己負担額（円）	
	20-49 歳	50 歳以上	20-49 歳	50 歳以上
第 I 五分位	45	59	27,648	60,824
第 II 五分位	38	64	28,029	56,270
第 III 五分位	42	58	31,317	60,333
第 IV 五分位	50	63	40,278	59,056
第 V 五分位	47	69	36,267	56,950

注：高額療養費制度申請者および生活保護受給者を除く。
出所：JHPS2016 より筆者が推計。

も、所得階層間で明らかな差が生じていることがわかる。20-49 歳層で第 IV
五分位と第 V 五分位で受診率がほぼ同じになっているのを除くと、いずれの
年齢層においても、所得階層が高いほど健康診断や検診の受診率が高まるこ
とがわかる。所得が高い人ほど、勤務先で定期的に健康診断が義務づけられ
ている割合が高いことや、人間ドックをはじめとする各種の検診の機会が提
供されていることが、この差に寄与していると考えられる。Grossman
（1972）や Fuchs（1986）を参考にすると、健康資本に対する金銭的な投資
能力のちがいや、時間割引率のちがいからくる将来の健康に対する価値評価
のちがいがこのような差を生むものと考えられる。

6　医療サービスの利用——多変量回帰分析

　まずは、所得階層別に、2016 年 1 年間の医療機関への受診率、および、
所得階層別の 2016 年 1 年間の医療費の自己負担額を確認する（表 6-3）。生
活保護世帯と高額療養費制度の申請者は医療費の費用負担の仕組みが異なる
ため、集計から除いている。従って、これを除いた制度に対する評価にな
る。医療ニードをコントロールせずに、単純に所得階層と受診の状況を眺め
ると、受診率、医療費の自己負担額ともに、所得の多寡によりちがいが生じ
ているようにはみえない。低所得者ほど健康状態が悪く、受診率が高くなる
という影響と、医療機関への受診の所得効果という二つの相反する影響があ
るため、このような結果に違和感はない。

表6-4　過去1年間における医療機関への受診確率関数

	全体		20-49歳		50-69歳	
	限界効果	z値	限界効果	z値	限界効果	z値
年齢（歳）	0.009	10.17 ***	0.011	5.00 ***	0.009	4.05 ***
有配偶ダミー	-0.051	-2.37 **	-0.102	-3.23 ***	0.000	0.01
6歳未満の子どもありダミー	0.088	2.85 ***	0.105	3.09 ***	-0.099	-0.29
男性ダミー	-0.056	-2.35 **	-0.078	-2.45 **	-0.045	-1.34
喫煙歴（レファレンス：喫煙歴なし）						
現在喫煙	-0.093	-4.12 ***	-0.081	-2.71 ***	-0.096	-2.89 ***
過去喫煙	0.033	1.51	0.015	0.49	0.044	1.47
GHQ二値採点法（4点以上=1、4点未満=0）	0.022	1.23	0.054	2.18 **	-0.014	-0.55
主観的健康感（レファレンス：「ふつう」）						
「よい」	-0.241	-9.33 ***	-0.177	-5.33 ***	-0.315	-7.83 ***
「まあよい」	-0.052	-2.62 ***	-0.024	-0.90	-0.074	-2.72 ***
「あまりよくない」	0.199	7.25 ***	0.193	4.78 ***	0.191	5.45 ***
「よくない」	0.126	1.49	0.101	0.88	0.159	1.37
定期的な運動しているダミー	0.094	5.41 ***	0.085	3.49 ***	0.094	4.00 ***
平日の睡眠時間／日（時間）	0.022	2.55 **	0.024	2.03 **	0.016	1.27
休日と平日の睡眠時間の差（時間）	0.021	2.63 ***	0.021	2.14 **	0.019	1.44
労働時間／週（時間）	-0.001	-2.48 **	0.000	-0.27	-0.002	-3.24 ***
家事時間／週（時間）	0.000	-0.20	0.001	0.64	-0.001	-0.97
等価可処分所得（万円）	0.067	4.61 ***	0.041	1.90 *	0.084	4.48 ***
観測数	3,952		2,026		1,926	
対数尤度	-2469.2		-1304.8		-1149.4	
擬似決定係数	0.095		0.062		0.091	

注1：高額療養費制度申請者および生活保護受給者を除く。
注2：***、**、*はそれぞれ推定された係数が1%、5%、10%水準で有意であることを示す。
出所：JHPS2014-2016より筆者が推計。

　医療機関への受診の有無について、（1）式のモデルで推計した結果を表6-4に示す。まずは、最も着目したい所得の効果について見てみる。受診率に影響を与えるだろうさまざまな変数をコントロールすると、所得の効果が統計的に有意に正の値を示している。すなわち、健康状態やその他医療機関への受診を左右する変数の影響を一定にすると、所得が高い人ほど医療機関で受診する確率が高いことがわかる。公的医療保障制度では、所得の多寡にかかわらず、医療サービスの必要度に応じて医療サービスが消費できることを目標としているが、実際には所得の多寡により、受診率に差が生じている。

　そのほかの変数の効果もみておく。まず、健康状態に関する変数（HELT）について見る。主観的健康感については、おおよそ「ふつう」に比べて「まあよい」さらに「よい」場合、受診確率が統計的有意に低いことがうかがえる。「あまりよくない」の場合も「ふつう」に比べて統計的有意に受診確率

が高いことがわかる。ただし「よくない」については、該当者が38人と少なく、「ふつう」と比較して統計的に有意な差は見られない。

　メンタルヘルスの状態を表すGHQのスコアについては、医療機関への受診の有無と統計的に有意な関係は見られない。メンタルヘルスの状態は主観的健康感を決定づける一つの要因でもあるため、メンタルヘルスが受診行動に与える影響は主観的健康感によって説明されると考えることができる[12]。

　喫煙歴については、今まで一度も喫煙したことがない人よりも、現在喫煙中の人で受診率が低い。過去に喫煙歴がある人と今まで一度も喫煙したことがない人との間には、医療機関への受診確率において統計的に有意な差はない。喫煙による健康被害は時間が経ってから生じることを考えると、現在喫煙中の人は、健康状態に支障がないから喫煙をしていると考えることができるだろう。

　定期的な運動をしているか否かについては、定期的な運動を行っている場合、受診する確率が有意に高いことがわかる。運動している人の割合は20-49歳層で3割強、50-69歳層で約5割とさほど高くなく、なんらかの不調を感じ健康のために運動をしていたり、もともと健康意識が高く運動していることを想定すると、そのような人の受診率が高いことに違和感はない。

　平日の睡眠時間についても、睡眠時間が長い人ほど医療機関への受診の確率が高い。健康状態が悪いから、十分な睡眠時間を取っている可能性もあれば、健康維持に対する意識が高いから睡眠時間が長く、こまめに受診しているといった理由も考えられる。ただし、休日と平日の睡眠時間の差を示す変数を除くと、平日の睡眠時間には統計的に有意な差はなく、単に睡眠時間が長い人が受診確率が高いわけではない。なお、休日と平日の睡眠時間の差が大きい人は、20-49歳の層で受診の確率が高い。

　人口学的な変数（DEMO）に着目する。年齢の係数を見ると、いずれの年齢層においても、年齢が高まるほど受診確率が有意に高くなることがわかる。加齢とともに健康状態が悪化することは一般的であるから、これは当然のことである。配偶者の有無については、20-49歳の層で有配偶者ほど医療

---

12)　実際、主観的健康感を除いて推計したところ、GHQのスコアはプラスに統計的有意な値を示した。

表 6-5　所得階層別にみた実際の受診率と推計受診率との乖離

(%)

| | 全体 | | | 20-49 歳 | | | 50-69 歳 | | |
	実測値	推計値	乖離	実測値	推計値	乖離	実測値	推計値	乖離
第Ⅰ五分位	52	57	-5	45	47	-3	59	67	-8
第Ⅱ五分位	49	53	-4	39	43	-4	64	67	-3
第Ⅲ五分位	49	53	-5	42	45	-3	58	64	-5
第Ⅳ五分位	56	54	2	50	46	4	63	64	0
第Ⅴ五分位	61	55	5	47	45	2	69	62	8

注：高額療養費制度申請者および生活保護受給者を除く。
出所：JHPS2014-2016 より筆者が推計。

機関での受診確率が低い。

　一方、6 歳未満の子どもがいる場合においては、そうでない場合に比べて受診確率が高い。幼い子どもがいる場合、親も医療機関に受診する機会が多いが、子どもがいなかったり、小学生以上であったりする場合は、親の受診の機会は少ない。幼い子どもがいることで、家庭やその付近で費やす時間が長く、医療機関への受診がより身近であったり、子どもの受診のついでに親も受診したりすることなどが理由として考えられる。

　受診における性別の差については、20-49 歳層のみで、男性より女性のほうが、受診確率が高いことがわかる。この年齢層が妊娠・出産期であることも一つの要因として考えられる。

　時間制約に関する変数（TIME）について見ていく。労働時間については、20-49 歳の層では統計的に有意な結果は見られないが、50 歳以上の高年齢層では、労働時間が長いほど受診の確率が統計的に有意で低いという関係が見られる。仕事で忙しいほど、受診に割く時間がないのか、もしくは、健康で医者いらずだからこそ、長時間仕事ができるという可能性も考えられる。家事時間については、ある程度フレキシブルに調整できるためか、受診の有無との関係性は見られなかった。

　次に、推定された係数を用い、（2）式に従い受診確率を推計し、これを医療ニードと見做して、実際の受診率と比較した結果を表 6-5 に示す。表 6-4 の等価可処分所得の係数が正の値を示しているとおり、全体として所得階層が高いほど医療ニードよりも多く医療サービスを受けており、逆に、所得階層が低い場合では、医療ニードを満たすほど医療サービスを消費できていな

表 6-6　過去 1 年間における医療費の自己負担額（対数値）の関数

	全体		20-49 歳		50-69 歳	
	係数	標準誤差	係数	標準誤差	係数	標準誤差
年齢（歳）	0.027	11.32 ***	0.015	2.37 **	0.037	6.47 ***
有配偶ダミー	-0.002	-0.04	-0.079	-0.87	0.119	1.47
6 歳未満の子どもありダミー	0.118	1.27	0.126	1.26	-2.209	-2.16 **
男性ダミー	-0.075	-1.16	-0.249	-2.61 ***	0.047	0.53
喫煙歴（レファレンス：喫煙歴なし）						
現在喫煙	0.018	0.28	-0.048	-0.52	0.100	1.12
過去喫煙	0.092	1.61	0.100	1.10	0.072	0.95
GHQ 二値採点法（4 点以上 =1、4 点未満 =0）	0.039	0.80	0.078	1.06	0.008	0.13
主観的健康感（レファレンス：「ふつう」）						
「よい」	-0.131	-1.52	-0.025	-0.21	-0.284	-2.23 **
「まあよい」	-0.138	-2.54 **	-0.138	-1.66 *	-0.154	-2.15 **
「あまりよくない」	0.379	5.86 ***	0.435	4.18 ***	0.328	3.98 ***
「よくない」	0.561	2.66 **	0.310	1.00	0.845	2.94 ***
定期的な運動しているダミー	0.036	0.77	0.014	0.20	0.053	0.86
平日の睡眠時間／日（時間）	-0.018	-0.77	-0.061	-1.78 *	0.004	0.14
休日と平日の睡眠時間の差（時間）	-0.006	-0.25	-0.017	-0.57	0.014	0.39
労働時間／週（時間）	-0.001	-0.68	0.002	1.22	-0.001	-0.54
家事時間／週（時間）	-0.002	-0.86	0.000	0.15	-0.001	-0.34
等価可処分所得（万円）	0.077	1.94 *	0.061	0.91	0.094	1.87 *
定数項	8.613	27.77 ***	9.409	18.28 ***	7.587	14.35 ***
観測数	2.117		896		1.221	
自由度修正済決定係数	0.115		0.043		0.082	

注 1：高額療養費制度申請者および生活保護受給者を除く。
注 2：***、**、*はそれぞれ推定された係数が 1%、5%、10% 水準で有意であることを示す。
出所：JHPS2014-2016 より筆者が推計。

いことがわかる。年齢層ごとに見ても、おおよそそのような状況がうかがえる。とくに、医療サービスを多く利用し始める 50-69 歳の高年齢層においては、最低所得層における医療サービスの消費がニードと比較した場合、過小になっていることがわかる。

　最後に、受診した者のみを対象に、（1）式の被説明変数 y に医療機関の窓口で支払った自己負担額を投入し、推計した結果を表 6-6 に示す。等価可処分所得の効果については、50-69 歳層で所得が高いほど医療費の自己負担額が多いことがわかるが、20-49 歳層においては所得と医療費の自己負担額の間に統計的に有意な関係は示されていない。

　医療サービスを利用するか否かということでは、所得の影響はあったものの、ひとたび医療サービスを利用すると所得の多寡は関係しないことがうかがえる。50-69 歳層では、生活習慣病などの影響により定期的な医療費負担

が生じる可能性が高く、所得の影響により利用控えが考えられるが、20-49歳の比較的若い層では、そのような定期的な支出が生じる可能性は低いため、ひとたび受診したら、医療サービスの利用量には所得が影響しないと解釈できる。

健康状態に関する変数（HELT）の結果を見ると、主観的健康感については、50-69歳層では健康状態に応じて医療費の自己負担額が増減することが鮮明に読み取れる。一方、20-49歳層では必ずしもそうではないものの、主観的健康感が「ふつう」に比較して「まあよい」場合、医療費負担が少なく、「あまりよくない」場合、医療費負担が多くなっていることがわかる。

また、平日の睡眠時間については、睡眠時間が長いほど受診確率は有意に高かったものの、医療費の負担額についてみると、20-49歳層では睡眠時間が長い人ほど医療費負担が低いことがわかる。

7　結論：公的医療保障制度と健康格差

本章では、経済的地位と健康状態との関係について、所得の多寡と医療サービスの利用という糸口から繙くことを試みた。JHPS2014からJHPS2016を用い、van Doorslear *et al.*（2004）の方法を踏襲し、所得階層間における医療サービス利用の公平性について分析した。その結果、皆保険の公的医療保障制度を有する日本においても、医療サービスの必要度が同じであっても、低所得者ほど受診率が低いことが明らかになった。総じて、所得階層が低いほど医療サービスのニードが満たされていないことがわかった。

一方、医療機関の窓口で支払った自己負担額、すなわち利用した医療サービスの量については、50-69歳層でわずかな影響が見られたものの、全体としては所得の多寡の影響はないことがわかった。受診するかしないかについては個人の意思決定次第だが、ひとたび受診すると、その後どの程度の医療サービスを受けるかどうかは、医師の判断によるところが大きい。医療サービスは高度な専門性を有するサービスであることを考えると、このような結果には違和感はない。

日本では1961年に国民皆保険体制が整えられて以来、社会保険と租税を

財源として、比較的安価な価格で医療サービスが提供されてきた。患者はかかった医療費の一部を負担すればよく、これにより経済的理由で医療サービスを利用できないという状況を大幅に減らし、健康格差の拡大を阻止してきた。

　公的医療保険は、財源の負担の側面で、所得に応じて保険料を課すことによって、所得の再分配を行っている。それだけでなく、所得と健康状態との有意な関係を考慮すると、所得の低いものほど健康状態が悪く、より多く医療サービスを必要とすると考えられるため、公的医療保険は、サービスの給付の側面においても再分配を実施していると考えられる。

　経済成長率が低迷する中、人口の高齢化により膨らみ続ける公的医療費をマネジメントしていくことは、わが国の重要な課題の一つとされている。健康状態と所得との有意な正の関係を考慮すると、低所得者に対するさらなる医療費負担の増大は、一層の健康格差を生じさせる可能性がある。公的医療費の負担問題を考える際はこの点に対して配慮が必要だ。

　本章の分析対象外であったが、家計に対する医療費の負担が過重なものとならないように、被保険者の所得等に応じて医療費の自己負担額に上限を設定している高額療養費制度や、低所得者の医療費負担を扶助する生活保護の医療扶助制度は、医療サービス利用の水平的公平性を達成させるために非常に重要な制度である。特に、高額療養費制度においては、より負担能力に応じた自己負担額上限になるように、70歳未満の被保険者に対しては、直近で2015（平成27）年に制度改正が行われた。この改正では、制度における所得区分を細分化し、中間層の自己負担上限額はそのままに、住民税非課税世帯を除く所得の低い層での上限額を下げ、所得の高い層の上限額を上げた。一方、70歳以上の高齢層に対しては、2017（平成29）年8月から上限額が変更され、低所得層の負担上限額はそのままに、中高所得層の上限額を引き上げた。

　負担能力に応じて負担上限額を調整することは、医療サービス利用の水平的公正性を保つために必要不可欠である。高額療養費制度の制度変更が、医療サービスの利用にどのような影響をもたらしたか、今後分析が必要だろう。本章での分析結果から推測する限り、高所得層に対する負担増は、深刻

な影響をもたらさないであろうことが予想される。むしろ、低所得層の自己
負担額の上限を下げたことによる効果を測る必要がある。

　公的であれ私的であれ、保障制度がない場合は、医療サービスは高額な
サービスとなる。医療は命にかかわるサービスであるがゆえに、所得の多寡
にかかわらず、必要なサービスを享受できる仕組みをつくることは望ましい
と考える。所得の低いものほど健康状態が悪いことを考慮すると、所得階層
間での医療サービス利用の不公平は、さらなる健康格差を招くおそれがあ
る。

　日本ではすでに、国民皆保険の公的医療保障制度が確立されており、国民
医療費の国際比較をすると、低い予算ですべての国民をカバーするという、
ある意味、世界に誇る制度を整えている。しかしながら、昨今の経済状況の
悪化により、経済的に医療費支出の余裕がない世帯が少なからず増えている
ことは無視できない。高額医療費については、高額療養費制度で負担軽減さ
れるものの、医療サービスのアクセスの部分で支障を来すようでは、高額な
医療にたどり着くこともできない。

　本章では、若年期、壮年期における医療の受診抑制に焦点を当て検討して
きた。若年期や壮年期における受診抑制が、長期的な視点から、老年期の健
康状態にどのような影響を与えるのだろうか。時間をかけて体を侵食してい
く病の特性を考えると、今後パネルデータを駆使して、そのような長期的な
影響についても分析していく必要があろう。

第7章

時間貧困・経済貧困は生活の質と健康にどう影響しているか

1 人々の生活水準をどう測るか

　人々の生活水準を考える上で、所得や資産額といった金銭的な尺度は、間違いなく大きな影響を与える指標だろう。「衣食住」といった人間が社会生活を営む上で必要不可欠なものの大半は、お金があれば手に入れることができる。そのため、貧困や格差を論じた研究のほとんどは、所得といった金銭的尺度について分析している。

　しかし、個々人の生活の質については、お金だけでは測れない側面もある。家族関係や友人関係もそうだが、生活の時間的余裕というのも、ひとつの重要な要素ではないだろうか。わが国の生活保護制度の根拠である日本国憲法第25条の「健康で文化的な最低限度の生活」を実現するためには、健康を保つために十分な休息は必要であるし、自分のため、あるいは家族や社会とのつながりのために一定の余暇も必要であるとしている。生活を営むためには家事をする必要もあり、子どもがいれば世話や育児、教育をする必要もある。これらはすべて一定の時間を必要とする活動である。

　時間はお金と同じく有限な資源であるため、労働に時間の多くを配分すると、その他の重要な活動ができないという状況が生じ得る。さらには、時間とお金は時にはトレードオフの関係にあり、労働と余暇にどのように時間を配分するかによって、所得も、生活の時間的余裕も変わってくる。こういっ

たことから、一概に、所得だけを見て生活の質を測ることはできず、時間という側面にも着目することで、所得では捉えることのできない生活の質を測ることができるだろう。

さらに、十分な所得がない、時間的余裕がないという状態は、経済活動の原動力となる個々人の健康状態に悪影響を及ぼすかもしれない。健康を害し、十分に仕事ができなくなると、そのことがさらなる所得の低下を引き起こす可能性もある。低所得が健康状態の悪化を引き起こすことについては、多くの先行研究があるが（第6章を参照）、生活時間に余裕のない状態が健康にどのような影響を与えるのかについては、議論に足るほどの先行研究の蓄積がない。

長時間労働の解決や、ワーク・ライフ・バランスの達成が課題になっている現代において、仕事や家事、育児、介護による忙しさがその人の健康にどのような影響を与えるのか、その点について確認することは重要だろう。とくに、長時間労働については充分な睡眠や定期的な運動、栄養のある、バランスのとれた食事など健康維持にかかわる活動を阻害し、身体面や精神面で健康状態を害する可能性もある。忙しすぎることがいかに健康に悪影響を与えているか、この点についても本章で言及する。

2　貧困を所得と時間から捉える
──二次元的貧困線のフレームワーク

（1）　時間の貧困というフレームワーク

生活水準を金銭面のみではなく、時間的な余裕という視点からも検討するため、ここでは「時間の貧困」というフレームワークを提示する。「時間の貧困」が示そうとしているのは、長時間労働や遠方からの通勤によって、家庭生活に最低限必要な家事・育児時間を確保できない状態である。労働時間が同じであっても、子どもや介護を必要としている家族がいるか、共働きであるかどうかで、当然ながら忙しさの程度に差が生じる。

「時間貧困（Time Poverty）」という言葉は、新しい側面から貧困を調査

するために、Vickery（1977）が提唱した概念である。Vickery（1977）は、ノーベル経済学賞を受賞したゲイリー・ベッカーによる家計内配分モデルを前提に、世帯における資源の一つである「時間」に着目して、貧困を測っている。

　ベッカーの家計内配分モデルでは、各世帯は世帯員の能力に基づいて市場での労働と家事労働に時間を適切に配分することで、家事の最適な水準や所得・消費の最適な水準を決定していることを示している。つまり、時間配分は余暇時間の多寡を決めるのみならず、所得を決める重要な意思決定であるとしている。

　「時間貧困」の分析にあたり、Vickery（1977）は所得と時間による二次元的貧困線を提示した。具体的には、世帯類型ごとに最低限必要な所得（M_0）、最低限必要な家事時間（T_1）を定義して、それぞれを所得の貧困線、時間の貧困線とした。その上で、どういった世帯がどの程度、所得の貧困、時間の貧困、さらには、所得も時間も貧困という状態に陥っているかを調べた。

　さらに、Vickeryや樋口（1978）では、家事に関して自前で行わずに、代替となる財・サービスを購入した場合の必要所得（M_1）も推定した。家事サービスの購入とは、具体的には、料理する代わりに外食やお総菜を買う、掃除をする代わりにハウスクリーニングを頼む、育児する代わりに保育所などの託児サービスを利用することなどを指している。すなわち、必要な家事労働を補うために「お金で時間を買う」場合、最低限必要となる所得がどの程度変化するかについても検討できるフレームワークを提示している。

　Vickeryによる「時間貧困」というフレームワークは1970年代に発表されたものの、2000年代に入ってからようやく、いくつかの研究で注目されるようになった[1]。これは、共働き世帯やひとり親世帯における仕事と家庭の両立、すなわち、市場での労働と家事労働との間での時間配分が、いずれ

---

1) たとえば，Douthitt（2000）はアメリカの1985 Time Use Surveyを用いVickery（1977）の研究のアップデートを試みている。また，Harvey and Mukhopadhyay（2007）では，1990年代後半のカナダにおける二次元的貧困率を計測し，ひとり親世帯（子ども2人以上）の時間貧困率が高いことを示している。先行研究については、石井・浦川（2014）で詳しくまとめている。

の先進国においても社会的な課題になったことが契機であったと考えられる。しかしながら、日本では、ワーク・ライフ・バランスの達成が社会的な課題になっているものの、筆者が加わった石井・浦川（2014）以外でこのフレームワークが利用されたケースはほとんどなく、この「時間貧困」のフレームワークを活用して、生活時間を考慮して日本における貧困を計測する意義は大きい。

（2）　図で見る二次元的貧困線

図7-1 は、所得と時間による二次元的貧困線を表したものである。縦軸に所得、横軸に時間をとり、M_0 は最低限必要な所得を示す所得貧困線、T_1 は最低限必要な家事時間を示す時間貧困線を表している。横軸の最大値である T_m は可処分時間であり、具体的には1日の総時間から基礎的活動時間 T_e（睡眠・食事・身のまわりの用事（排泄・入浴・身支度など）、および最低限必要な余暇時間[2]も含む）を差し引いた値をとる。T_m から T_1 を差し引いた値は配分可能時間（T_a）である。T_m から原点0（ゼロ）に向かって実際の労働時間 T_w（通勤時間も含む）をカウントした際、T_w が T_a を上回り、時間貧困線である T_1 を超えて、最低限必要な家事時間が確保できない場合、その世帯は時間の貧困だと判断する。

なお、家事労働と市場労働は成人の世帯員によって担われると仮定し、M_0、T_m、T_1、T_a の変数の各値は世帯内の成人の時間の合計値となる。また、最低限必要な家事時間（T_1）は、子どもの有無や子どもの年齢、介護を必要としている人が世帯内にいるかどうかによって異なってくるため、当然、世帯類型によって諸変数は異なる値をとる。

M_0 と T_1 の2軸により、右上の領域を「（所得も時間も）非貧困」、右下の領域を「所得貧困・時間非貧困」、左上の領域を「所得非貧困・時間貧

---

2)　Vickery（1977）では，世帯の家庭生活を機能させるために睡眠・食事・排泄・入浴・身支度といった基礎的な活動時間以外に1世帯あたり最低限2時間／日は家庭での時間（最低限必要余暇時間）を持たなくてはならず、所得の多寡にかかわらず、最低限必要余暇時間を確保できないと、その世帯は貧困と定義するとしている。すなわちこの2時間／日は所得で代替することができない必要時間である。Vickery（1977）では具体的な説明はないが、推測するに、母乳育児をしている母親が授乳に費やす時間、親子や夫婦の関係を維持するために最低限必要な会話やスキンシップを図る時間がこれに当てはまるであろう。

図7-1　所得と時間による二次元的貧困線

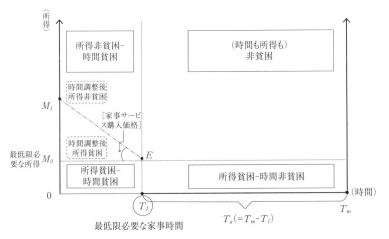

出所：Vickery（1977）および Harvey and Mukhopadhyay（2007）、辻村（1977）を参考に筆者らが作成。

困」、左下の領域を「所得貧困・時間貧困」の四つに分けることができる。

　さらに、所得と時間の二次元的貧困線（図7-1）では、忙しくて最低限必要な家事時間を確保できず、足りない時間の分を、外食や総菜の購入、家事代行サービスなどを利用して、「お金で時間を買う」場合、最低限必要な所得はどの程度になるかについても示している。

　図7-1の線分 EM_1 は、最低限必要な家事時間を確保できなかった場合に、市場から家事を代替する財・サービスをその不足時間に応じて購入する場合の予算線を示しており、線分 EM_1 と線分 EM_0 との角度は、家事を代替する財・サービスの価格を示す。見方を変えれば、線分 EM_1 は時間不足を補うために必要な所得を示しているため、「お金で時間を買う」場合の新たな所得貧困線と考えられる。線分 EM_1 よりも上の範囲は、生活時間の不足を補うために家事を代替する財・サービスを購入しても所得貧困に陥らない世帯（「時間調整後所得非貧困」）、線分よりも下の範囲は、時間不足を補うためにそれらの財・サービスを購入すると所得貧困に陥ってしまう世帯（「時間調整後所得貧困」）に分類することができる。

（3） どうやって貧困線を設定するか

　所得の貧困線については、絶対的貧困の概念に基づくのか、相対的貧困の概念に基づくのかによって、設定方法が異なる。この章では日本の公的扶助制度である生活保護の扶助基準をもとに所得の貧困線を定義する。生活保護の扶助基準は、日本国憲法第25条が保障する「健康で文化的な最低限の生活」を具体化した基準であり、現行では「水準均衡方式」により一般国民の消費水準に均衡するよう扶助基準を定めている。その意味で、生活保護の扶助基準は相対的な観点から貧困を定義していると考えられるが[3]、「健康で文化的な最低限の生活」を達成する上で必要不可欠な絶対的な基準として捉えることも可能であろう。

　具体的には、対象世帯の居住地ごとに生活扶助基準を算定し、その上で、母子世帯加算、児童養育加算、住宅扶助基準、教育扶助基準、高等学校等就学費を加えて、分析対象世帯の最低生活費を算出し、それを所得貧困線とした。分析対象世帯の中で最も所得貧困線が高いのは、都市部（1級地）に住む夫婦と未就学児が2名以上いる世帯で、月額約24万円、最も低いのは、3級地に居住する単身世帯で、月額約8万円と推計された。

　時間に関する貧困線（図7-1における T_1）は、最低限必要な家事時間を意味しており、この時間を確保できるか否かによって、時間貧困かどうかが決まる。最低限必要な家事時間とは、炊事、洗濯、育児、介護、買い物といった一連の家事作業をすべて自前で行う場合に最低限必要となる家事時間である。睡眠や食事等の基礎的な活動時間を含むように拡張することも理論的には可能である。Vickery（1977）をはじめ先行研究の多くで、専業主婦（主夫）のいる世帯における平均家事時間を最低限必要家事時間に当てはめ

---

3)　生活保護の制度発足当初は、マーケット・バスケット方式（昭和23年〜35年）により、最低生活を営むために必要な衣食住にかかわる費用を積み上げて扶助基準を算出、その後、エンゲル方式（昭和36年〜39年）により、最低限必要な食費とエンゲル係数の理論値から総生活費を逆算し扶助基準を求めており、絶対的な観点から貧困を定義していたと考えられる。（参照：厚生労働省第2回社会保障審議会生活保護基準部会資料「生活保護基準の体系等について」http://www.mhlw.go.jp/stf/shingi/2r9852000001d2yo-att/2r9852000001d31w.pdf ［2017年11月アクセス]）

表 7-1　世帯類型ごとの基礎的活動時間および最低限必要な家事時間

	総時間 (V)	基礎的活動時間 (T_p)		T_m (V-T_p)	最低限必要家事時間 (T_l)				配分可能時間 T_a (T_m-T_l)
		最低限余暇時間（平日）	最低限余暇時間（休日）		介護・看護	育児	買い物	計	
（時間）	週	日	日	週	日	日	日	週	週
有配偶世帯（子どもあり）									
末子6歳以上	336	165.5	2.0	6.0	170.5	5.5	0.2	0.4	1.2	50.9	119.6
6歳未満の子ども1人	336	165.5	2.0	6.0	170.5	4.0	0.1	5.0	1.1	71.3	99.2
6歳未満の子ども2人以上	336	165.5	2.0	6.0	170.5	3.7	0.1	6.2	1.0	77.0	93.5
Hervey and Mukhopadhyay (2007)：ふたり親と子ども1人	336	175.0	4.0	4.0	161.0	-	-	-	-	74.6	86.4
有配偶世帯（子どもなし）	336	165.5	2.0	6.0	170.5	4.3	0.1	0.1	1.1	39.4	131.1
Vickery (1977)：夫婦のみ世帯	336	162.8	2.0	5.0	173.2	-	-	-	-	43.0	130.2
ひとり親世帯	168	83.2	1.0	3.0	84.8	3.5	0.1	1.1	1.0	39.3	45.5
Hervey and Mukhopadhyay (2007)：ひとり親と子ども1人	168	87.5	2.0	2.0	80.5	-	-	-	-	52.0	28.5
単身世帯（男性）	168	82.3	1.0	3.0	85.7	2.3	0.1	0.0	0.6	21.2	64.5
単身世帯（女性）	168	83.2	1.0	3.0	84.8	2.3	0.1	0.0	0.6	21.2	63.6
Vickery (1977)：単身世帯	168	81.4	1.0	2.5	86.6	-	-	-	-	31.0	55.6

注1：子どもの年齢と数により育児時間が異なるため、『平成 23 年度社会生活基本調査』に合わせて、世帯を分類。家事の外部化をしない場合に必要となる家事時間を把握するため、6 歳未満の子どもについては保育園や幼稚園に在園していない世帯の家事時間を参照。

注2：ひとり親世帯においては、無業の母子世帯（母と子のみから成る世帯）における家事時間を参照。子どもの数別の集計値がなかったため、母子世帯全体の平均値を参照している。

出所：総務省『平成 23 年度社会生活基本調査』統計表を用いて筆者らが作成。

ている。

　この分析でも、日本の代表的な生活時間調査である総務省『社会生活基本調査』から世帯類型ごとに専業主婦のいる世帯における平均家事時間を引用し、時間の貧困線として当てはめた[4]。

　結果を表 7-1 に示す。たとえば夫婦と未就学児が 2 名以上いる世帯では、最低限必要家事時間は夫婦合わせて週 77 時間となる。夫婦と子供が小学生以上の世帯では、育児時間が短くなるため、最低限必要家事時間は夫婦合わせて週 50.9 時間と短い。単身世帯となると、1 人あたり最低限必要家事時間は週 21.2 時間で最も短い。

　最低限必要な家事時間が確保できるか否かは、結局のところ、主に労働時

---

[4]　単身世帯においては、無業の女性の単身世帯の平均家事時間を当てはめた。男性単身世帯ではそもそも外食や惣菜の購入など、家事の多くをサービスの購入によりまかなっている可能性があるため、男性単身世帯においても女性単身世帯の平均家事時間を当てはめた。

間（通勤時間を含む）によって決まる。基礎的活動時間を除いた1日の可処
分時間（労働と家事と余暇に配分することができる時間）の中で、労働時間
が長すぎると最低限必要な家事時間を確保できなくなり、その世帯は時間の
貧困状態にあると定義される。

（4） 「お金で時間を買う」場合、最低限必要な所得はいくらに なるか

家事サービスの価格を示す線分 EM_1 について、さまざまな家事サービス
があることを踏まえ、分析では家事内容として、買い物、家事、育児の三つ
を想定し、現実の市場における各種家事サービスの時間あたり価格を当ては
めることとした。具体的には、『社会生活基本調査』から買い物、家事、育
児に関する実際の時間配分を参考に、線分 EM_1 に二カ所の屈折点を設け、
各サービスの価格を傾きとする曲線を作成した[5]。

買い物については、自前で買い物に行く代わりとして、食糧品および日用
品の宅配サービスを想定し、大手運輸会社の冷蔵宅配サービスの価格を参考
に833円／時間とした。家事（掃除、洗濯など）については、自前で家事を
する代わりとして、大手家事代行サービス業者における1時間あたりの家事
代行サービスの価格3240円を傾きに当てはめた。育児については、自前で
育児をする代わりとして、保育園児に対しては総務省『平成23年度小売物
価統計調査』より各都道府県の県庁所在地の認可保育所の月額保育料から割
り出した時間あたり保育料を、それ以外の10歳未満の子ども1人あたりに
ついては、大手ベビーシッター業者における1時間あたりの料金4464円を
傾きに当てはめた。

3 時間貧困に陥っているのは誰か——データによる検証

前節で説明した所得と時間の二次元的貧困線のフレームワークを用いて、
実際に、日本における所得の貧困、時間の貧困を計測する。用いるデータ

---

5) 今回の分析では、時間あたり価格が安いものから購入することを想定したため、買い物、家
　事、保育という順番でサービスを購入する想定になっている。

は、慶應義塾大学パネルデータ設計・解析センターによる『日本家計パネル調査（Japan Household Panel Survey: JHPS）』を用いる。十分なサンプルサイズを確保するため、JHPS の 2011 年調査から 2013 年調査の 3 年分をプールしたデータを用いる。

　分析対象としては、世帯内の成人の生活時間（主に労働時間）の情報をもとに時間貧困を測るため、その情報を正確に把握することができる世帯に限定する。JHPS では調査対象者とその配偶者のみに、生活時間に関する質問をしており、世帯に夫婦以外の成人がいる場合、それらの人の詳細な情報をデータから把握することはできない。それゆえ、分析対象は、20 歳未満の子どもと夫婦から成る世帯（ふたり親世帯）、20 歳未満の子どもとひとり親から成る世帯（ひとり親世帯）、単身世帯（学生を除く）、夫婦ふたり世帯（子どもがいない世帯、もしくは子どもと同居していない世帯）、以上四つのタイプに限定する。また、夫もしくは妻が単身赴任をしている世帯についても、世帯所得の正確な把握が難しいため、分析対象から除外する。さらに、夫婦のいずれかが 65 歳以上の世帯は分析対象から除外し、就労世代の貧困に焦点を当てることとした。

（1）　最低限必要な家事時間を確保できないのは誰か

　まず時間貧困の重要な決定要因である世帯類型別の夫婦の労働時間の合計（単身世帯およびひとり親世帯の場合は世帯主の労働時間）を図 7-2 で確認する。当然、単身世帯、ひとり親世帯では労働時間が 40 時間以下と短い。

　有配偶世帯（ふたり親と子どもの世帯、夫婦ふたりのみ世帯）では、共働きのケースのみを比較すると、夫婦ふたり世帯の労働時間が最も長く、次いで、ふたり親と未就学児（6 歳未満）が 1 人の世帯で長い。ふたり親世帯と末子が 6 歳以上の世帯のほうが、未就学児が 1 人の世帯よりも、共働きの場合の夫婦合計の労働時間が短いのは、子どもが大きくなると、妻が非常勤で働き始めるケースが増えるため、そのことが平均値を下げているからだと考えることができる。未就学児が 2 人以上の世帯では労働時間の合計値が最も短い。子育ての負担に合わせて労働時間を調整していることがうかがえる。

　世帯類型別の時間の貧困の程度について確認していく。表 7-2 では、各世

図7-2　世帯類型別の夫婦（もしくは世帯主）の労働時間の合計値（平均値）

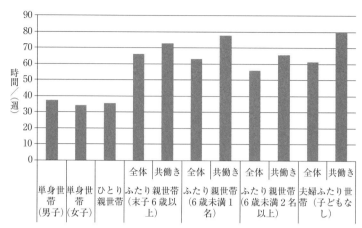

注：単身世帯およびひとり親世帯においては世帯主の労働時間を表記している。
出所：JHPS2011-2013を用いて筆者らが作成。

表7-2　世帯類型別の貧困の程度（配分可能時間（T_a）- 労働および通勤時間（T_w））

		$T_a - T_w$（時間／週）		世帯数		時間不足割合（％）
		平均値	標準偏差		うち時間不足（$T_a - T_w$ が負）	
単身世帯（男子）		23.0	24.2	221	23	10
単身世帯（女子）		24.7	24.2	141	20	14
ひとり親世帯		6.3	19.9	73	29	40
ふたり親世帯（末子6歳以上）	全体	44.9	25.8	893	43	5
	共働き	38.1	24.6	656	42	6
ふたり親世帯（6歳未満1名以上）	全体	28.6	24.3	606	73	12
	共働き	13.6	25.4	239	67	28
夫婦ふたり世帯（子どもなし）	全体	62.3	35.3	610	20	3
	共働き	42.2	25.8	369	20	5

出所：JHPS2011-2013を用いて筆者らが作成。

帯における時間貧困の基準として、配分可能時間（T_a）から労働時間と通勤時間の合計値（T_w）を差し引いた余暇時間を見ている。配分可能時間（T_a）には最低限必要家事時間は含まれないため、余暇時間が負であると最低限必要な家事時間を確保することはできていない、すなわち時間貧困の状態であると判断する。

表 7-3　時間貧困と所得貧困

		人数 （人）	所得貧困 （％）	時間貧困 （％）	同時貧困 （％）
単身世帯（男性）		221	15.4	10.4	0.0
単身世帯（女性）		141	24.1	14.2	2.8
ひとり親世帯		73	75.3	39.7	28.8
ふたり親世帯（末子6歳以上）	夫常勤＋妻常勤	98	3.1	17.3	0.0
	夫常勤＋妻非常勤	387	5.2	2.6	0.0
	その他共働き	171	19.9	8.8	0.6
	片働き	233	10.3	0.4	0.0
	無業	4	—	—	—
ふたり親世帯（6歳未満1名以上）	夫常勤＋妻常勤	60	8.3	56.7	5.0
	夫常勤＋妻非常勤	109	12.8	16.5	2.8
	その他共働き	70	30.0	21.4	2.9
	片働き	366	13.9	1.6	0.3
	無業	1	—	—	—
夫婦ふたり世帯（子どもなし）	夫常勤＋妻常勤	116	1.7	7.8	0.9
	夫常勤＋妻非常勤	120	0.0	2.5	0.0
	その他共働き	133	3.0	6.0	0.0
	片働き	197	4.6	0.0	0.0
	無業	44	—	—	—
	合計	2,544	12.5	8.2	1.4

注：サンプルサイズが50以下の分類については，各種貧困率の掲載を割愛している。
出所：JHPS2011-2013 を用いて筆者らが作成。

　最も余暇時間の短い世帯はひとり親世帯で、ひとり親世帯の全体における平均値は6.3時間／週である。また、有配偶世帯においては当然のことながら共働き世帯で余暇時間が短く、なかでも未就学児（6歳未満）を持つ世帯では余暇時間の平均値が短いことがわかる。世帯類型ごとに余暇時間が負になる世帯、すなわち時間貧困に陥っている世帯の割合を見ると、ひとり親世帯で40％と最も高く、次いで、夫婦と未就学児の子どもから成る共働き世帯で28％と高いことがわかる。意外にも、単身世帯でも時間貧困率が10％を超えている。また、末子が6歳以上のふたり親世帯、および夫婦ふたり世帯では、時間貧困率は1割以下にとどまる。

（2）「貧乏暇なし」の真偽を確かめる

　ここでは、前出図7-1に示された所得と時間による二次元的な貧困線によ

り世帯類型ごとの貧困率を確認していく。まずは、表7-3で世帯類型・夫婦の就業形態ごとに所得貧困率と時間貧困率および同時貧困率（所得貧困でかつ時間貧困である割合）について検討する。

　所得貧困率に関しては、とくに子どものいる世帯で、やや高めに計測されている。これは、住宅扶助手当に加えて、児童養育加算や教育扶助加算等も考慮した扶助基準を用いて所得貧困線を算出していることが一つの理由である。また、海外の先行研究の分析と同様に、ひとり親世帯では所得貧困率と時間貧困率のそれぞれが高く、その上、同時貧困率も3割弱と非常に高い傾向にあることがわかる。いわゆる「貧乏暇なし」という状況にある世帯が、ひとり親世帯で少なからず存在することがわかる。

　単身世帯においても、所得貧困率および時間貧困率が1割から2割の間とやや目立つが、同時貧困率については低く、単身世帯では所得と時間がトレードオフの関係にある可能性がうかがえる。夫・妻ともに常勤の共働き世帯では、ダブルインカムのため所得貧困は低いが、時間貧困率が高いことがうかがえる。未就学児（6歳未満）を抱えている世帯では、共働き世帯における同時貧困率も、わずかであるが目につく。夫婦ふたりのみ世帯では、所得貧困率も時間貧困率も低く、生活に余裕があることがうかがえる。

　次に、前出の図7-1に示すとおり、五つの貧困タイプ（「非貧困」「所得貧困・時間非貧困」「所得貧困・時間貧困」「時間調整後所得貧困」「時間調整後所得非貧困」）について、世帯類型ごとにその割合を算出する（表7-4）。

　「時間調整後所得貧困」と「時間調整後所得非貧困」については上述のとおり、買い物、家事、育児について市場にて家事関連の財・サービスを購入することで、家事労働を代替することを想定し算出した。

　「所得非貧困・時間貧困」世帯において市場で家事サービスを購入することで可処分時間を稼ぐことができるが、それにより所得貧困に陥ってしまう「時間調整後所得貧困」世帯は、全体で2.4％いることがわかる。なかでも、単身世帯で5.2％、未就学児を持つふたり親世帯で4.1％と割合が高い。すなわち、所得だけで測った貧困線においては、「所得貧困・時間貧困」および「所得貧困・時間非貧困」世帯しか問題視されないが、時間という観点を加えて貧困を見ると、「時間調整後所得貧困」世帯についても、所得における

表 7-4　世帯類型別に見たいろいろな貧困率

(%)

| | | 所得貧困 | | | |
| | | | 時間貧困 | | |
	非貧困	所得貧困・ 時間非貧困	所得貧困・ 時間貧困	時間調整後 所得貧困	時間調整後 所得非貧困
単身世帯	70.4	17.7	1.1	5.2	5.5
ひとり親世帯	13.7	46.6	28.8	2.7	8.2
ふたり親世帯（末子 6 歳以上）	86.0	9.2	0.1	1.5	3.2
ふたり親世帯（6 歳未満 1 名以上）	74.3	13.7	1.5	4.1	6.4
夫婦ふたり世帯（子どもなし）	93.6	3.1	0.2	0.3	2.8
合計	80.7	11.1	1.4	2.4	4.4

出所：JHPS2011-2013 を用いて筆者らが作成。

貧困層としてカウントする必要があることが見えてくる。

4　多忙がもたらす健康被害

（1）　時間貧困の弊害

　労働時間が長く、最低限必要な家事時間を確保できないほど忙しいことが、日常生活にどのような害をもたらすのか。ここでは健康とういう切り口から見ていく。忙しすぎることで、十分な睡眠時間を確保できないかもしれないし、適度な運動をする時間も取れないかもしれない。さらには、栄養バランスの良い食事を支度することができないかもしれないし、忙しすぎて食事すら十分にできないかもしれない。

　分析に利用している JHPS は、生活にまつわる時間配分を調査しており、さらには健康状態に関する指標や、睡眠、運動習慣などの情報も把握することができる。そこで、最低限必要な家事時間を確保できていない世帯において、世帯主の健康状態や健康習慣が悪い状況にあるかどうかを確認する。

　健康状態の指標としては、主観的健康度と、Yamazaki *et al.*（2005）によるメンタルヘルスの状態を測ったメンタルヘルス尺度（Mental Health Inventory-5：MHI-5）に着目する。主観的健康度とは「ふだんのあなたの

健康状態はどうですか」という質問に、よい、まあよい、ふつう、あまりよくない、よくないの五段階で回答する質問であり、健康状態を効率よく測る尺度として広く使われている[6]。

メンタルヘルス尺度は、少ない項目でメンタルヘルスの状態を測る質問項目として、海外で提唱されたものを、Yamazaki *et al.*（2005）により日本語版が作成されたものである。五つの質問項目（「かなり神経質であった」など[7]）のそれぞれについて、その程度を聞いている。主観的健康度もメンタルヘルス尺度も、数値が大きいほど健康状態が悪いことを示す。

健康習慣としては、平日の睡眠時間と、定期的な運動習慣の有無に着目することとした。なお、定期的な運動習慣については、2013年度の調査のみで尋ねているため、分析対象世帯数が少ない。

多変量回帰分析により、健康状態や健康習慣の決定要因をそれぞれ分析した結果が表7-5である。説明変数には、基本属性に加えて、所得の効果を見るために、所得貧困世帯を表すダミー変数と、忙しさの効果を見るために、最低限必要な家事時間を確保できない世帯、すなわち、時間貧困世帯を表すダミー変数を投入した。変数の特性に合わせて用いる分析手法を変え、主観的健康感には順序ロジット、メンタルヘルス尺度と睡眠時間には最小二乗法、定期的な運動習慣の有無についてはプロビット分析を用いた。

多忙で最低限必要な家事時間を確保できない状態を示す「時間貧困」の変数の効果に着目すると、主観的健康感以外の推計式で、忙しさが統計的に有意にメンタルヘルスの状態を悪くしたり、睡眠時間を短くしたり、定期的な運動習慣をなくす効果があることが確認できた。また、低所得を示す「所得貧困」の変数の効果に着目すると、これについては、すべての変数で有意な結果を示しており、所得貧困世帯の世帯主は健康状態が悪く、睡眠時間は長いものの、運動習慣はない傾向が強い。

---

6) 第6章ではメンタルヘルスの尺度としてGHQ-12（General Health Questionnaire）を用いているが、GHQ-12がJHPSの質問項目に含まれたのは2014年以降であるため、JHPS2011から2013を用いた今回の分析では、GHQ-12を利用することができなかった。

7) 「かなり神経質である」「どうにもならないくらい気分が落ち込む」「落ち着いておだやかな気分である」「落ち込んで、ゆううつな気分である」「楽しい気分である」の五項目について、当てはまる度合いを尋ねている。

表 7-5　多忙が健康へ与える影響

	主観的健康度 (順序ロジット)			メンタルヘルス尺度 (最小二乗法)			睡眠時間 (最小二乗法)			定期的な運動習慣 (プロビット分析)		
	Coef.	Std. Err.	P>t	Coef.	Std. Err.	P>t	Coef.	Std. Err.	P>t	Coef.	Std. Err.	P>t
時間貧困ダミー	-0.07	0.15		0.39	0.20	*	-0.40	0.08	***	-0.34	0.21	*
所得貧困ダミー	0.52	0.13	***	0.71	0.17	***	0.19	0.07	***	-0.34	0.18	*
世帯類型カテゴリー												
単身世帯	0.15	0.14		0.25	0.19		-0.28	0.08	***	0.23	0.18	
ひとり親世帯	-0.79	0.28	***	-0.66	0.38	*	0.19	0.15		0.06	0.37	
夫婦ふたり＋末子6歳 以上世帯	0.17	0.12		0.07	0.16		-0.08	0.07		0.09	0.15	
夫婦ふたり＋末子6歳 未満世帯	0.02	0.14		-0.37	0.19	*	0.01	0.08		-0.14	0.19	
夫婦ふたり世帯（ref）												
世帯主学歴カテゴリー												
高卒未満	0.32	0.08	***	0.45	0.12	***	0.10	0.05	**	-0.41	0.11	***
短大・高専他卒	0.15	0.11		0.07	0.16		0.11	0.06	*	-0.31	0.15	*
大学・大学院卒（ref）												
世帯主年齢カテゴリー												
世帯主20代	-1.18	0.21	***	-0.38	0.29		-0.44	0.12	***	-0.66	0.33	**
世帯主30代	-0.55	0.16	***	0.20	0.22		-0.66	0.09	***	-0.34	0.21	
世帯主40代	-0.39	0.15	***	0.35	0.21	*	-0.55	0.08	***	-0.29	0.20	
世帯主50代	0.03	0.15		0.35	0.21	*	-0.35	0.08	***	-0.15	0.20	
世帯主60代（ref）												
観測数	2,294			2,294			2,294			665		
調整済み決定係数				0.024			0.070					
Prob>F				0.000			0.000					
擬似決定係数	0.018									0.0484		

注 1 ：***、**、* はそれぞれ推定された係数が 1 ％、5 ％、10 ％水準で有意であることを示す。
注 2 ：このほか、「地域（級地）ダミー［6 種類］」、「時点ダミー［3 種類］」、順序ロジットモデルのカットオフ値が含まれる。
出所：JHPS2011-2013 を用いて筆者らが作成。

　長時間労働による多忙な生活が、睡眠時間を減らし、健康維持のために運動する機会を確保することを難しくし、その結果、少なくとも精神的な面で健康を害している様子が浮かび上がった。主観的健康感については、多忙な生活との間に統計的有意な関係が確認できなかった。

　時間貧困に陥っているのは、幼い子どもを抱えた共働き世帯やひとり親世帯であるため、このような比較的若い対象者においては、慢性病といった身体的健康を損じる可能性が低いため、主観的健康感と時間貧困との間には有意な関係が見られなかったものと解釈できる。

図 7-3　時間貧困と家族のつながり──子どもと夕食を共にする頻度

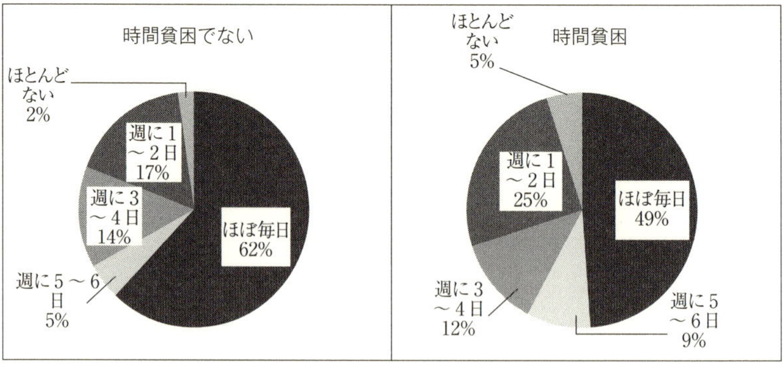

出所：JHPS2011-2013 を用いて筆者らが作成。

（2）　多忙がもたらす家庭へのダメージ

　多忙が健康状態に与える影響に加えて、多忙が家庭生活にもたらす影響についても検討しておく。JHPS では、子どものいる世帯に対して、「子どもと夕食を共にする頻度」についても尋ねている。このため、これを利用して、労働時間が長すぎる世帯における子どもとのかかわりについて見てみる。

　図 7-3 では、子どものいる世帯に限定して、1 週間に子どもと一緒に夕飯をとる頻度について、必要最低限の家事時間を確保できない時間貧困世帯と、そうでない世帯とでどの程度のちがいがあるかを示している[8]。その結果、時間貧困ではない世帯では、7 割弱の世帯が毎日もしくは週 5～6 日は子どもと一緒に夕飯をとっていると回答している一方で、時間貧困世帯では、ほぼ毎日一緒に夕飯をとっている割合が 5 割に満たず、週に 1～2 日と回答している世帯が 3 割程度いる。一例ではあるが、長時間労働や家事負担により子どもとの時間が削られていることがわかる。

---

8)　分析対象世帯となるサンプルサイズが小さいため、調査対象者である親の性別や子どもの年齢はコントロールしていない。念のため、親の性別をコントロールして同様の分析をしたところ、全体として父親のほうが母親よりも子どもと一緒に夕飯を食べる頻度は低いものの、時間貧困世帯で一緒に夕飯をとる頻度が低いという傾向は、親の性別をコントロールしても確認できた。

5　結論：時間による貧困分析から浮かび上がった課題

　長時間労働による時間的に余裕のない生活は、健康に害をもたらすのか。この章では、貧困を所得と時間で定義した上で、必要最低限の家事時間をも確保できない「時間貧困」世帯において、睡眠時間や定期的な運動といった健康維持のための行動や、実際の健康状態に悪影響が生じているかについて分析した。

　Vickery（1977）で提唱された、所得と時間の二次元的貧困のフレームワークを踏襲し、JHPS を用い、就業世帯を対象に、日本における生活時間を考慮した貧困率を計測した。分析の結果、時間貧困の発生要因として、就業と子育ての二つが主要な要因であることがわかった。

　時間貧困に最も陥りやすい世帯はひとり親世帯であった。ひとり親世帯では、1 人の親が子育てと就業を一手に担うため、金銭的・物的補助がない限り、必然的に時間的余裕のない生活が避けられないからである。さらに、ひとり親世帯では、所得が貧困線以下の世帯も多く、時間不足と所得不足の両方に直面している「同時貧困」世帯も多く存在することがわかった。

　もっとも本章では、データの制約上、祖父母やその他の家族と同居するひとり親世帯を分析対象に含めることはできなかった。祖父母との同居により生活苦を緩和しているひとり親世帯も少なからずいるため、本章の分析ではひとり親世帯における時間的な余裕のなさを実際よりも深刻に捉えてしまっている可能性も否定できない。今後、さらなる分析を要する。

　ひとり親世帯に次いで、時間不足の問題に直面しているのは、未就学児を抱える共働きのふたり親世帯であった。とくに、夫婦ともに常勤で就業している場合は、ある程度の収入を確保できる一方で、生活時間に余裕のない暮らしを送っている割合が高いことがわかった。

　また、子育ての負担のない単身世帯においても、長時間労働により生活時間に余裕のない世帯が無視できない割合で存在していることもわかった。労働時間の長時間化や、不安定雇用の拡大により、いくつもの職をかけ持つといった状況も珍しくなくなってきており、そのことが単身世帯の時間不足を

助長しているのかもしれない。逆に、子育ての負担がないことが、長時間労働を可能にさせていることも要因の一つとして考えられるだろう。

　生活時間に余裕のない状態を救う手段として、外食や、スーパーでの惣菜の購入、家事代行・家事支援サービスの購入などがあるが、このように「お金で時間を買う」ことで、どの程度の人が必要最低限の所得に満たない状態になるのかについても検討した。従来の研究のように、所得のみで貧困を測った場合、本章の分析対象における貧困率は12.5%であったが、時間という新たな軸を加えて貧困を測定すると、14.9%に上昇することもわかった。

　さらに、こういった時間的に余裕のない生活が、健康にどのような影響を与えているのかについても確認した。その結果、時間不足に直面している世帯は、そうでない世帯に比べて、睡眠時間が短く、定期的な運動習慣もない傾向が強く、精神的な健康状態に負の影響が生じていることを確認した。さらに、子どものいる世帯に限定して、時間に余裕のないことが、子どもとのかかわりにどのような影響を与えているのか見たところ、時間貧困に陥っている世帯で、そうでない世帯と比べて、子どもと夕食をともにする頻度が少ないことも明らかになった。

　現代人は時間に追われている。"時短"という言葉のブームが示すように、1日24時間という限られた時間の中で、多くのことをこなし、生活の質を上げようと、効率的な時間配分に努めている人は多い。家事や仕事に追われる人々にとって、十分な余暇時間を確保することは、努力なしには実現できない状況になってきているのかもしれない。時短レシピ本や、ロボット掃除機、自動食器洗い機、洗濯乾燥機など、家事を手助けする便利な商品が誕生してきているが、それで短縮できた時間を労働時間に費やしている人も少なからずいるだろう。労働時間改革は必須の課題だ。

　現在、国を挙げて取り組んでいる「働き方改革」では、長時間労働の是正を重要な課題の一つとしている。これまで日本では、残業はよいこと、忙しいことはよいこと、余暇は怠惰というような風潮があり、これが長時間労働を助長してきた。たしかに、労働は生活に必要な所得を得るための手段のみならず、人生に意味を与える重要な活動である。しかし、余暇もまた、明日の労働のための休息といった役割にとどまらず、家族と社会との関係構築の

ための重要な活動である。余暇の拡大は人々の心身両面における健康を取り戻すのに役立つだけではなく、消費を喚起する傾向が強く、日本の景気回復にもつながることを考えると、積極的に余暇の取得を後押ししていく必要もあるだろう。

　仕事と育児の両立を図る世帯において、健康維持のための定期的な運動は二の次だというケースは多い。日中は仕事に追われ、休む暇なく子どもの送迎、夕飯づくり、子どもの勉強などを終わらせると、運動する余力も時間も残らない。そればかりか、昼間終わらせることができなかった仕事の続きをするために、睡眠時間を削ることもあるだろう。

　朝夕の炊事作業もかなりの時間を要するため、食事の面においても妥協している可能性はある。育ち盛りの子どもにとって、栄養バランスの良い食事は必須であるが、親の時間がないことにより、塩分の多い外食や、偏った食生活になってしまっている可能性もある。現在、日本の認可保育園では就労と通勤時間以外での保育をほぼ認めていない状況にあるが、女性の就業率の上昇や家族のかたちの変容に合わせた育児支援策の一環として、保育の対象範囲を広げるなど、制度の目的と中身を見直ししていくことも必要だろう。

　今回の分析では触れることはできなかったが、超高齢化社会に向けて、高齢者介護と時間の問題も重要な課題である。介護は育児と同様に、24時間休むことのできない労働集約的な活動であるが、育児とは異なり、ある意味、先の見通しが立たない活動でもある。介護サービスのさらなる拡充により、在宅介護者の時間的負担を解消することは、今後実現していかなければならない課題である。

　最後に何点か本研究の限界についても触れておく。生活の時間的余裕に着目した人々の生活水準の計測は、分析方法など改良が必要な点は多々ある。たとえば本章の分析では、家事に最低限必要な時間を世帯類型ごとに設定し、それを確保できていない世帯を時間貧困と判断したが、生活費を稼ぐために仕方なく長時間労働している時間貧困世帯と、高収入の人が自主的に長時間労働している場合とでは状況が大きく異なる。これらの世帯においては、外食や家事代行サービスが購入可能かどうかの程度も異なるはずであり、今後、これに関する識別も必要となる。

　また、本章の分析フレームワークにおいては、睡眠時間など基礎的活動時間は神聖不可侵なものとして扱っているが、実際には睡眠時間や食事時間を犠牲にして、長時間仕事をしている人たちも多くいる。今後、こういった状況も踏まえてフレームワークの改良も必要であろう。

　夫婦間における時間的余裕の差についても意識していく必要があるだろう。たとえば、長時間労働の夫と専業主婦の世帯では、夫婦単位で見たら時間の貧困には陥っていなくても、個人単位で見ると、夫や妻の家庭内での生活時間が不足している可能性があるからだ。夫婦、あるいは家族間の時間配分、相互関係、そしてそれが個々人の健康や出産、育児、介護に与える影響についてもさらなる検討が必要となる[9]。

---

9)　第3章、酒井・樋口（2005）、Higuchi（2017）は学校卒業後、非正規雇用だった男性の婚姻率は正規雇用だった人に比べ、経済的理由から低いこと、山口（2009）、Higuchi（2017）は第1子出産後、夫の家事・育児時間の長い妻の第2子出生率は高いことを示している。

第8章

教育は所得階層の固定化を
もたらしているか
―求められる教育の機会均等諸施策―

1 教育の機会均等とは

　勉強は好きな人も好きでない人もいるが、学力は本人の勉学意欲の表れであり、誰でも意欲さえあれば、いつからでも学力を向上させることができるといわれる。大学における入学試験でも、合格ラインは一律に決められており、以前に比べ、親の所得も向上し、奨学金も拡充され、大学進学率も上昇した。いまや親の所得とは関係なしに誰もが大学に進学することは可能になっており、教育の機会均等は図られるようになったといわれる。だが、はたしてそうか。

　その一方で、アメリカでは多くの大学で、人種ごとに入試の合格人数を割り当てること（quota system）を行っている。これは勉学に不利になっている人種に対して、合格ラインを低く設定することによって初めて、ハンディキャップは解消され、機会の均等は達成されると考えられているためである。

　こうした制度が導入されている背景には、受験生全員に一律の合格ラインを設定することが教育の平等を意味するわけではないという考えがある。かつて、親をはじめ先祖が差別され、勉学の機会が与えられなかったことでアフリカ系アメリカ人やヒスパニックの人たちは長らく不利を被ってきた。その結果、いまの子どもたちも家庭環境・学習環境においても不公平に扱われ

ており、これにより学力に差が生じているのであって、その差を補って初め
て教育の機会均等は実現されると考えられる。はたしてどちらが、教育の機
会均等になるのだろうか。

　格差の拡大をあまりに問題視し、「結果としての平等」に気を遣いすぎる
と、人々は「悪平等」に陥り、意欲を失い、社会は停滞せざるを得なくなる
といわれる。政府が気にすべきなのは「結果の平等」ではなく、「機会の均
等」であり、この実現に徹すべきであるとの主張がある。

　だが、現実の社会を直視した場合、「結果としての格差」と「機会の均
等」を切り離して考えることは実に難しい。遊びの人生ゲームであれば、一
度負けたとしてもリセットして、振出しに戻って、均等な立場からゲームを
もう一度始めることは可能である。仮想社会であれば、どんなシミュレー
ションであっても、何度でもゼロからやり直すことができる。これであれ
ば、いつからでも機会の均等は実現可能である。だが、現実の社会ではホー
ムに戻って、人生を始めからやり直す機能はついていない。人生は連続的で
あり、「結果としての格差」は「次の機会の均等」に大きな影響を与える。
生まれた環境により、親の影響が次世代に持ち越されることだってある。金
融資産、実物資産だけではなく、人的資産についても、こうしたことが当て
はまる局面をわれわれはしばしば見る。

　幼児期の家庭環境が子どもの好奇心や意欲、努力、忍耐力に影響し、それ
が学力を左右する。そしてその学力の高さが親の子どもへの教育投資意欲に
影響を与え、裕福な世帯では成績の良い子どもに小学校、中学校、高校にお
いて効果的な学校教育、学校外教育を受けさせようとする。それが学力格差
をさらに拡大する。そして大学受験において、その差が試験され、希望する
大学への入学、勉学、卒業を決め、さらに就職において積極性やリーダー
シップ、そして高い学力が有利な企業への就職に導く。そして企業に入って
からも、高学歴の社員、非認知能力の高い社員には、多くの能力開発の機
会、能力を発揮する機会が与えられ、給与が一層高まるといった傾向が見ら
れる。はたしてこうした時間的連鎖はどの程度、人生において強いのか。ま
た、それをやり直せる機能は、どの程度日本社会に用意されているのか。政
策的にいつからでもやり直せる機能は、どうすれば強化することができるの

だろうか。

　親の所得格差が世代を超えて子どもの人生に影響を与え、所得が移転していく様子について、家庭教育も含め、幼児期、義務教育期、高等教育期の各段階について検討し、さらには就職以降にその認知能力、非認知能力、学歴の差が就業や所得にどう影響しているのか、そして現在、それがどう変わりつつあるのか。金融資産や実物資産の相続・贈与による世代間所得移転に加え、人的資産の移転を通じ、経済格差の固定化が進展しているかについて検討する。

2　幼児教育と家庭環境

　子どもを小さい頃からあれこれ教育すると、神童に育つのだろうか。個々人の能力は多岐にわたるが、近年、教育論をはじめ社会科学全般において広く注目されているのが、認知能力、非認知能力の区別である。認知能力とは目に見える能力のことで、IQや算数・国語・社会・英語などの学力、さらには各種の専門的な知識や知性といったテスト等によって測ることができる能力のことである。これに対し、非認知能力は目に見えない、測りにくい能力のことで、意欲、忍耐力、自己認識（自分に対する自信ややり抜く力）、自制心、社会的適性（リーダーシップ、社会性）、回復力と対処能力、創造性、性格的な特性（協調性、外向性、好奇心）などが挙げられる。幼児期に非認知能力が育っていないと、小学校に上がってからも学力が伸び悩むと指摘される。また仕事においても、認知能力とともに、非認知能力の重要性が指摘される。

　アメリカでは、この非認知能力や認知能力を子どもたちはいつ、どのようにして身につけていき、その差はどのように経済力に影響を与えていくのか、といった研究が盛んに行われている。そして近年、これについて、実験を計画したり、あるいはいろいろな機会を活用して擬似実験と見做したりすることで、これらを明らかにしようという研究が数多く行われてきた。もち

---

1)　中室（2015）。

ろん、教育の成果はすぐに表れるわけではない。その成果を明らかにするには長期間にわたる追跡観察を必要とする[1]。

　こうした試みの一つが「ペリー就学前プロジェクト」である。このプロジェクトは、ミシガン州のある町でアフリカ系の低所得世帯の3〜4歳の子どもたちを無作為に選び、政府の支援を受け、教室における毎日の授業や家庭訪問指導から成るペリー就学前教育を受けた子どもたちと、こうした教育を受けなかった子どもたちを、その後、40歳になるまで追跡調査し比較することで、幼児教育のその後の効果を調べようとしたものである。

　同様に「アベセダリンプロジェクト」は、生後4.4カ月から8歳まで全日教育を受けた子どもと受けなかった子どもを30歳まで追跡比較したものである。同じDNAを持ちながら、その後の家庭環境や学校教育によって非認知能力、認知能力にどのようなちがいが生じるかを調べるため、出生後、別々に育った一卵性双生児のその後を追跡比較した調査もある。

　ジェームズ・ヘックマンはHeckman（2015）において、これらのデータを使い、家庭における経済格差は幼児教育を通じ、子どもの非認知能力や学力の差を引き起こし、大人になってからも経済格差に影響していることを明らかにした。個人の能力が遺伝によって形成されるのか、それとも環境によって形成されるのかといった区分はもはや時代遅れであるという。遺伝的要素を同じにしても、幼児教育を受けた子どものIQに代表される認知能力は最初のころは高い（図8-1）。だが、その差は徐々に薄れる。その一方、忍耐力・学習意欲・協調性・計画力といった非認知能力は、いつまでも高い状態が続く。非認知能力の向上は、子どもの学力を高め、学歴を向上させ、特別支援教育を受ける必要のある子どもを減らし、大人になってからの収入を高め、持ち家率を高め、生活保護受給率や事件逮捕率を減らす効果があることを明らかにした。

　日本でも、近年、幼児期における家庭環境が子どもの非認知能力、認知能力にどのような影響を与えるかについて、数多くの研究が実施されている[2]。そこではどのような要因が統計的に有意な影響を与えているかが分析

---

2)　西坂小百合・岩立京子・松井智子（2017）「幼児の非認知能力と認知能力、家庭での関りの関係」『共立女子大学家政学部紀要』第63号など。

図 8-1　ペリー幼稚園プログラムにおける認知能力（IQ）の変化

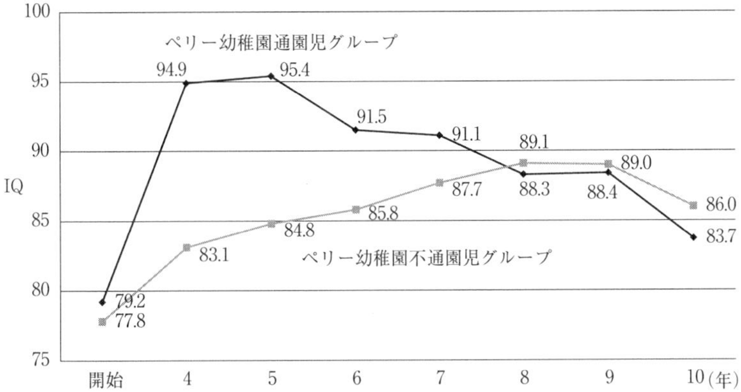

出所：Heckman, J. J. and　S. Mosso（2014）"The economics of human development and social mobility"（No. w19925）. National Bureau of Economic Reseach.

されている。

　赤林・敷島・山下（2016）は幼稚園・保育所の利用やその期間が、子ども
のその後の学力や非認知能力に影響を与えているかを、全国から無作為に抽
出したサンプルを追跡調査した『日本子どもパネル調査（JCPS）』を使って
検証している。その結果、子どもの家庭背景は幼稚園・保育所の選択に影響
しており、親の学歴や所得などの社会経済的地位を統御しても、幼稚園出身
の子どもは保育所出身の子どもよりも認知能力スコアは高く、非認知能力の
中では、幼稚園出身の子どものほうが QOL 総合スコアは高いが、問題行動
スコアにおいてはほとんど差がないことが示された。

　戸田・鶴・久米（2014）は、幼少期の家庭環境はその後の学歴に有意な影
響を与え、就業以降は家庭環境の影響は弱まるが、蔵書の多い家庭で育った
人ほど賃金は高くなる傾向があることを見出した。また非認知能力につい
て、勤勉性を表す高校時に無遅刻であることは、その後の学歴、初職・現職
の雇用形態について正の影響をもたらし、内向性を示す室内遊びは学歴に正
の影響を与えるものの、現職雇用形態については負の影響を与えているなど
の知見を導いた。

　さらに中学時代に運動系クラブ、生徒会に属した人はその後の賃金にプラ

図 8-2　人的投資の収益率（概念図）

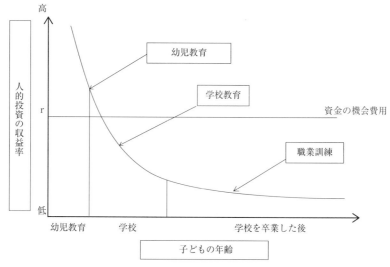

注：人的資本投資への収益率は、すべての年齢で等しくなるように初期投資を設定。
出所：Heckman. J. J. and A. B. Krueger（2003）*Inequality in America; What Role for Human Capital Policies?*
　　The MIT Press Book.

スの効果をもたらしている。就業以降の人生では、学歴においても重要な非
認知能力である勤勉性とともに外向性は重要であり、協調性やリーダーシッ
プを養う特定の部活動が将来の労働市場において成功をもたらしていること
を指摘している。この研究によると、認知能力は8歳まででかなり開発され
ているが、非認知能力はより遅いタイミングでも獲得可能であるとしてい
る。

　久米・花岡・水谷・大竹・奥山（2014）も、成人を対象とした調査を使っ
て、幼児期の家庭での読み聞かせや家事手伝いの経験は、非認知能力のう
ち、外向性や協調性にプラスの影響を与え、幼児期からの家庭環境が非認知
能力に影響を与えることを明らかにした。

　ヘックマンは、子どもの年齢別に教育投資（支出）を増やした場合の収益
率を推計すると、子どもが幼いときの収益率が高く、年齢が上がるにつれ、
徐々に下がることを見出した（図8-2）。したがって、アメリカ社会におけ
る経済格差を生み出している負の連鎖を断ち切るためには、効率性や公平性

の視点から見て、貧困家庭の幼少期の教育支援が最も効果的であるとした。

　James H. Johson, Jr., John D. K asarda and Stephen J. Appold（2011）は
ノースカロライナ州のある貧しい町にカジノが誕生し、その収益を住民に均
等に配分し、それぞれの家計における所得が四分の一から三分の一上昇した
ときのその後の子どもへの影響を、長期にわたって追跡調査した。子どもの
精神鑑定の結果を見ると、従来、貧困の中で育った子どもは、そうでない子
どもと比べても、問題を引き起こす傾向はかなり強かった。しかし 10 年間
の追跡調査の結果を見ると、子どもは家計所得が高くなるにつれ、メンタル
ヘルスの状況が改善し、とくに貧困からの脱却の年齢が低ければ低いほど、
10 代のメンタルヘルスの状況は改善し、犯罪行為の劇的な減少が観察され
た。その背景には、所得保障による親のストレスの解消、子どもと接する時
間の増加があったという。

　ルトガー・ブレグマンは、この分析結果を参照しながら、1 家族に 6000
ドル給付を増やすことによって、親のストレスは減り、子どもと接する時間
が増え、学校欠席率は下がって、勉強時間は 12.5％増加し、福祉費用は年間
3000 ドル節約でき、生涯賃金は 5 万ドルから 10 万ドル増え、州の税収は 1
万ドルから 2 万ドル増加するとした[3]。貧困の撲滅は「貧しい子どもたちが
中年になるまでに採算が取れる」とし、貧富の差に関係なしに、すべての国
民に最低限、生活する上で必要となる一定額の所得を給付する「ベーシッ
ク・インカム」の実施が、貧困の負の循環を断ち切る有効な方法であると指
摘する。

3　小中学生の学力と親の所得

　近年、子どもの学力を論じる際の人々の関心は、水準をめぐる問題と格差
をめぐる問題に大別される。岡部・戸瀬・西村（1999）は学力の低下を指摘
し、理数系離れや受験科目の減少、週休 2 日制への移行と授業時間の減少、
教員の減少などが、その要因として指摘された。その後、大学生だけではな

3）　Bregman（2017）。

く、初等中等教育でも学力が低下しているのではないかという指摘が続く中、苅谷・清水（2004）は小中学生たちの学力調査データを時系列比較し、1980年代と比べ、学力水準の低下とともに格差の拡大が起こっていることを明らかにした。

　その後、文部科学省の『全国学力・学習状況調査』が実施されるようになった。2009年度の調査を使った地域別のデータでは、就学援助を受けている児童割合の高い学校のほうが、低い学校よりも平均正答率が低い傾向が見られ、各学校の平均正答率のばらつきは大きく、平均正答率の高い学校も存在することが指摘された（図8-3）。

　2013年度には『全国学力・学習状況調査』による子どもの学力とともに、保護者や教育委員会を対象とした調査が実施された。これらの個人調査を使い、耳塚寛明ほかの研究[4]は、所得、父親・母親の学歴・職業といった社会経済的背景と小6・中3の算数・数学・国語の問題の正解率の関係について詳細な分析を行い、教科別に知識型の問題・活用型の問題に与える影響とそのメカニズム、家庭の教育投資と保護者の意識、不利な家庭状況にありながら高い達成度を上げている児童生徒について分析を行っている。

　この調査を使い、卯月・末冨（2016）は、世帯所得グループ間の学力の差の半分強は世帯の社会的特性によって説明されると指摘する。小6と中3の国語と算数・数学の学力を分析したところ、世帯構成や親の学歴を統御した後も、世帯所得は正の効果を持っており、この効果は塾等の学校外教育に対する支出の差を通じて生じていることを明らかにした。さらに小6、中3の国語、算数・数学の学力は、世帯所得と学校外教育支出が同じ水準であっても、親の教育費に対する負担感が大きい場合に低く、教育費負担感が媒介変数のひとつとして世帯所得から影響を受けていることを明らかにした。この結果をまとめると、低所得世帯の子どもの学力形成における不利を緩和するためには、所得補助を通じて学校外教育利用の機会を平等化することが提言されている。

　以上の分析が一時点における横断面データに基づくものであり、異個人間

4）　耳塚ほか（2014）。

図 8-3　就学援助と学校の平均正答率（中学校）

選択肢1　在籍していない　　選択肢2　5%未満　　　　選択肢3　5%以上、10%未満
選択肢4　10%以上、20%未満　選択肢5　20%以上、30%未満　選択肢6　30%以上、50%未満
選択肢7　50%以上

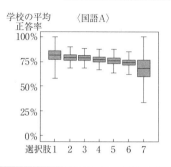

〈国語A〉

	選択肢1	選択肢2	選択肢3	選択肢4	選択肢5	選択肢6	選択肢7
中 央 値	81.3	79.2	78.4	77.1	75.6	74.0	68.2
箱 の 上 辺	86.7	82.0	80.8	79.7	78.5	76.8	77.3
箱 の 下 辺	75.6	76.6	75.7	74.4	72.4	70.7	58.9
ひげの上端	100.0	90.1	88.2	87.5	87.5	85.3	100.0
ひげの下端	59.1	68.6	68.3	66.7	63.8	61.9	33.3
（学校数）	1091校	1603校	2381校	2900校	1179校	695校	279校

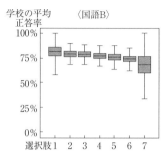

〈国語B〉

	選択肢1	選択肢2	選択肢3	選択肢4	選択肢5	選択肢6	選択肢7
中 央 値	81.0	77.9	76.5	74.9	72.6	70.2	64.2
箱 の 上 辺	86.4	81.2	79.8	78.2	76.5	74.0	76.1
箱 の 下 辺	73.9	74.5	73.1	71.2	68.2	65.8	53.7
ひげの上端	100.0	91.3	89.7	88.6	88.8	86.0	100.0
ひげの下端	55.5	64.7	63.1	60.8	56.8	53.7	22.7
（学校数）	1091校	1603校	2381校	2900校	1179校	695校	279校

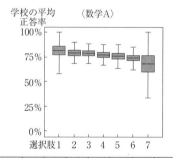

〈数学A〉

	選択肢1	選択肢2	選択肢3	選択肢4	選択肢5	選択肢6	選択肢7
中 央 値	66.7	65.0	64.0	62.4	60.9	57.9	50.5
箱 の 上 辺	75.0	69.6	68.0	66.3	65.0	62.1	60.6
箱 の 下 辺	59.1	60.7	59.7	58.4	56.2	53.2	40.4
ひげの上端	97.0	82.9	80.5	77.6	76.5	75.0	90.9
ひげの下端	35.5	47.7	47.2	46.7	43.2	41.3	15.2
（学校数）	1089校	1603校	2381校	2900校	1179校	695校	277校

〈数学B〉

	選択肢1	選択肢2	選択肢3	選択肢4	選択肢5	選択肢6	選択肢7
中 央 値	61.7	60.2	56.6	56.4	54.6	51.8	44.2
箱 の 上 辺	70.5	64.8	62.8	60.9	59.2	56.3	53.3
箱 の 下 辺	53.0	55.4	53.9	52.1	49.5	47.0	31.3
ひげの上端	95.0	78.8	76.3	73.8	72.0	70.0	84.4
ひげの下端	26.7	41.3	40.6	39.0	35.5	33.1	0.0
（学校数）	1087校	1603校	2381校	2900校	1179校	694校	276校

出所：文部科学省・国立教育政策研究所「平成 21 年度全国学力・学習状況調査」

の比較による分析結果であるのに対し、赤林・直井・敷島（2016）は同一個人を時系列に追跡調査したパネルデータを使って、学力の差だけではなく学

力の向上について、そのちがいを分析している。これによると、親の所得は子どもの学力の水準だけではなく、伸びにもプラスの影響を及ぼしており、学年が上がるに従い、その効果は拡大する傾向にあることが見出される。

　学力の格差を国際比較した分析結果 Bradbury, B., M. Corak, J. Waldfogel and E. Washbrook（2015）によると、アメリカにおける子どもの学力の差はイギリス、カナダ、オーストラリアに比べて大きく、親の学歴や所得から強い影響を受けている。日本は、アメリカに比べれば子どもの学力の差は小さく、親からの影響は小さいが、他の国と同程度の大きさが暫定的ながら確認されている[5]。

4　大学進学と親の所得

　近年、わが国の大学進学率も5割を超えるようになり、希望さえすれば、親の所得に関係なく、誰もが大学に進学できるようになり、教育の機会均等が達成されるようになったというが、それは本当だろうか。

　図8-4を見ると、4年制大学への進学率は、高度成長期から第1次石油ショック期まで、男女差はあるものの、ともに順調に伸びた。だが1970年代後半になると政策的に大学の新設、定員の増加が抑制され、男子については低下、女子については横ばいになり、これに代わって専修学校における入学者比率が急速に上昇するようになった。そして80年代後半の第2次ベビーブーム世代の進学希望者増加にともなう臨時定員増に続き、90年代に入って定員の増加や新設大学・学部の設置が認可されるようになると、大学進学率は再び上昇するようになった。なかでも女子の大学進学率の上昇は著しく、男子の専修学校の低下とともに、短大への進学率は低下した。

（1）　子どもの教育費支出は誰が負担しているのか

　このようにして大学への進学率は、男子において6割近く、女子で5割近くまで上昇するようになったが、それでは大学の運営に必要となる費用は誰

---

5)　Waldfogel, J., Y.Higuchi and K.Nozaki（2017）を参照 。

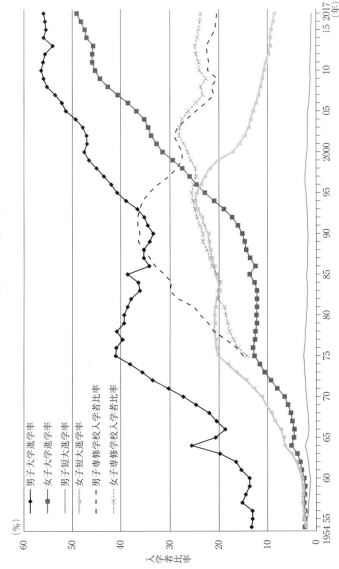

図 8-4　大学・短大への進学率および専修学校入学者比率

注：大学進学率および短大進学率は浪人を含む 4 年制大学、短期大学本科入学者を 3 年前の中学校卒業者数で除した比率を示す。専修学校入学者比率は、その年の高等学校卒業者に占める専修学校（専門課程）進学者、専修学校（一般課程）等入学者、公共職業能力開発施設等入学者の割合を用いた。
出所：文部科学省［学校基本調査報告書］

図 8-5　高等教育機関の家計支出、教育機関への公的支出、民間支出、その他の支出
　　　　の構成比

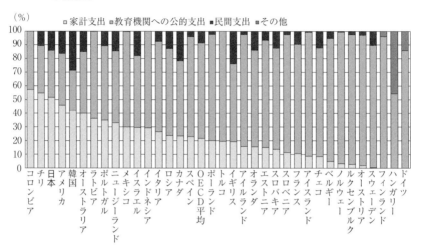

注：その他は、以下のように定義されている。
　　"All private sources, including subsidies for payments to educational institutions received from public
　　sources" [OECD 2015. Chart B32].
出所：OECD2015、ChartB3.2 より抜粋。

が支出しているのだろうか。国から大学への補助金が多く出され、入学金や
授業料が低く設定されていれば、親や本人の負担しなければならない費用は
少なくて済む。そうなれば、経済的理由により大学進学を諦めざるを得ない
世帯は少ないはずである。あるいは学生に対する奨学金が充実していれば、
経済的理由で大学進学を断念する子どもは少ない。

　ところがわが国の場合、高等教育機関の支出に占める政府や自治体の拠出
する公的支出割合は低い。また奨学金受給者割合も国際的に見て低い。図
8-5 は各国における高等教育機関の支出に占める公的支出割合や家計支出割
合を示している。これを見ると日本は公的支出割合が 3 割程度にとどまり、
逆に家計支出割合はコロンビアやチリに次いで 51.6％と、3 番目に高い。中
等教育機関の支出割合をみると、高等教育とは逆に日本では国際的に見ても
公的支出割合が高く、家庭の負担割合は 5.1％と低いのと対照的である。

　国公立大学に限定しても、高等教育における学生 1 人あたりの年間支出額

図 8-6　高等教育の学生 1 人あたり年間支出額

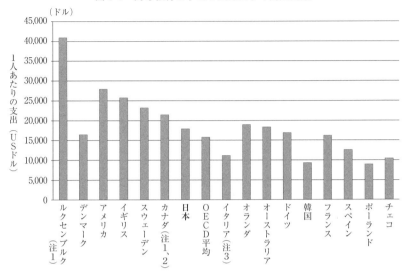

注：1）国公立大学
　　2）2012 年
　　3）高等教育だけを除いた国公立大学
出所：OECD（2015）. Education at a Glance

図 8-7　国公立大学の平均授業料と奨学金受給者割合（USドル）

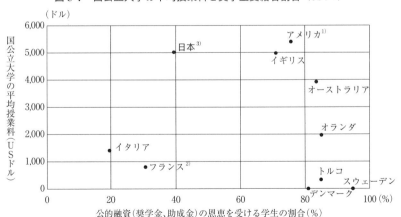

注：1）すべての学生（フルタイムの全国およびフルタイムの非国籍／外国人学生を含む学生）
　　2）教育省に依存する大学プログラムの平均授業料 200 ドルから 1402 ドル。
　　3）授業料は国公立大学の授業料を指すが、私立大学には 3 分の 2 以上の学生が登録されている。
出所：OECD2014. Tables B5.1 and B5.2. See Annex 3 for notes（www.oecd.org/edu/eag.htm）より抜粋。

は、ルクセンブルクやアメリカ、イギリスに比べれば少ないが、OECD平均に比べ高い（図8-6）。本人、あるいは親の支払う授業料に限定しても、日本は高い部類に入る（図8-7）。授業料の高いアメリカやイギリスでは、奨学金等を受け取る学生割合は高く、これにより高い授業料を補う人が多いといえる。ところが日本では授業料が高いにもかかわらず、奨学金受給者割合は低く、その大部分は貸与型の奨学金である。本人あるいは家庭が高等教育費の多くを負担しているといえる。

（2）　国際比較に見る「親の学歴と子どもの教育」の関係

トマ・ピケティ[6]の指摘を待つまでもなく、経済が発展し資産蓄積が進めば、金融資産や実物資産について、親から子への贈与・相続といった移転が進み、経済格差をもたらす上で贈与・相続の果たす役割が重要性を増し、階層の固定化を生み出す可能性が高まることはいうまでもない。経済成長率が低下し、自分の稼ぐ所得が伸びない一方、子どもの数が減少すれば、ますますその影響は強まる。教育を通じた人的資産の場合、本人の努力が介在するため、その影響は見えにくく、「移転」という表現は適当ではないといわれるかもしれない。だが、生まれ育った家庭環境により教育に対する意欲にちがいがあり、非認知能力に差が生まれ、同じ努力であるにもかかわらず、その成果にちがいがあるとすれば、これもまたある種の「世代間所得移転」といえなくもない。

人的資産形成にともなう所得格差の発生・固定化は、かつてアメリカン・ドリームとして「本人が努力さえすれば社会の階段を駆けのぼることができる」と考えられてきたアメリカでも問題視され、機会均等を実現させるための数々の政策が提言され、実施されるようになった。その過程で中でも注目されたのが、当時大統領諮問委員会委員長のアラン・クルーガー氏の提示した「華麗なるギャツビー曲線（"The Great Gatsby Curve"）」である。これはアメリカの小説家フィッツジェラルドの『華麗なるギャツビー』になぞらえて付けられた名前だが、子どもの所得が親の所得からどの程度影響を受け

---

6)　ピケティ（2014）。

図8-8　華麗なるギャツビー曲線

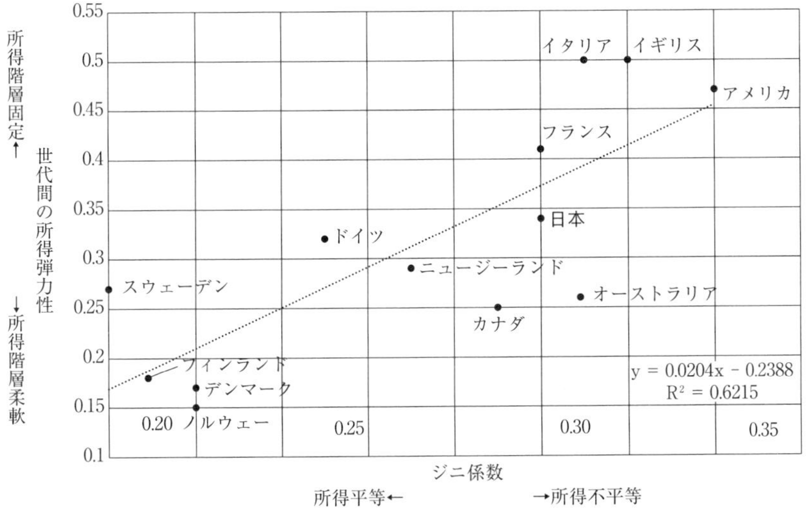

縦軸ラベル：所得階層固定化↑　世代間の所得弾力性　↓所得階層柔軟

横軸ラベル：ジニ係数　所得平等←　→所得不平等

y = 0.0204x - 0.2388
R² = 0.6215

出所：世代間の所得弾力性はCorak（2013）の推計結果、ジニ係数は、OECD,1985年。

ているかを示す。

　図8-8の縦軸はその国において親の所得が1％高かったら、子どもの所得は何％高いかを試算した「世代間の所得弾力性」である。横軸はその国の所得格差を示す「ジニ係数」である。両者がプラスの相関関係を示すということは、所得格差の大きい国では親から子どもへの所得移転が大きく、所得格差が固定化されやすいことを意味している。この図においてアメリカやイギリスでは所得格差が大きく、世代間の所得移転も大きい。逆に北欧各国では所得格差も小さく、親から子への所得移転も小さい。図からは、日本は英米ほどではないが、所得格差は平均よりも若干大きく、世代間所得移転はほぼ平均的か若干高いといえることがわかる。

　親と子どもの学歴の間にはどのような関係があるのだろうか。OECDの統計によると、日本における25～64歳に占める高等教育卒業者割合は、カナダを除くほかの国に比べて高い。親の教育年数と子どもの教育年数を比べ相関係数をとると、ペルー、エクアドルといった南米各国で相関係数は高く0.6を超えており、親が高学歴だと子供も高学歴になっている人は多く、逆

に親が低学歴だと子どもも低学歴になりやすい。同様に、ほかの国について
も親子の教育年数の相関係数をとると、アメリカ 0.46、ベルギー（フラン
ダース）0.40、スウェーデン 0.40、オランダ 0.36、ノルウェー0.35、フィン
ランド 0.33、イギリス 0.31 となっている[7]。日本はこの報告書に掲載されて
いないため、慶応義塾大学『日本家計パネル調査』を使って同様の方法で試
算してみると、父親と子どもの教育年数の相関係数は 0.42、母親と子どもの
相関係数は 0.39 となっている。アメリカよりは若干低く、ノルウェー、フィ
ンランドに比べると若干高いという結果になっている。いずれにしても日本
でも親の学歴が高いと子どもの学歴も高く、逆に親の学歴が低いと子どもの
学歴も低い傾向にあることは間違いない。

　大卒労働者の 25-64 歳の平均所得を高卒労働者と比較すると、チリやブラ
ジル、コロンビアでは学歴間所得格差が大きく、2.4 倍を超えている[8]。次
いでアメリカ、チェコ、スロベニア等で格差は 1.7 倍と大きく、日本は 1.5
倍程度である。日本の大卒と高卒の所得格差は、OECD 平均の 1.6 倍を若干
下回る。スウェーデン、ノルウェー、デンマークでは学歴間所得格差は小さ
く、1.3 倍前後となっている。親の学歴により子どもの大卒割合に大きな差
があり、なおかつ大卒と高卒の所得格差が大きな国において、親から子ども
への所得移転は大きくなっていることが確認される。

（3）　わが国の「親の所得と子どもの大学進学率の関係」の変化

　わが国における世帯所得の長期的な変動を見ると、1970 年代前半までの
高度成長期にあって平均世帯所得は大きく上昇した。だが、その後、伸びは
鈍化するようになり、そしてついに 92 年以降は、「失われた 20 年」の中
で、平均世帯所得は大きく低下するようになった。たとえば、勤労世帯の実
質可処分所得である。この変化をみると、1965 年から 10 年間にわたり年平
均上昇率は 5％を超えていたが、1975 年からの 10 年間にはこの伸びは 1％
台に低下し、1992 年以降、マイナスになり、世帯主所得の低下が現在まで
続いている。

---

7)　Hertz *et al.*（2007）を参照。
8)　OECD（2015）。

図 8-9　世帯収入階層別の子どもの高校卒業後の進路

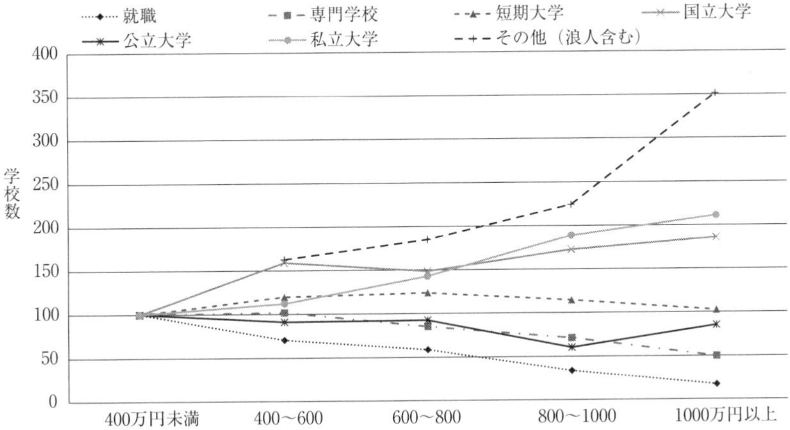

出所：東京大学大学院教育学研究所「高校生の進路についての追跡調査」

　他方、大学の入学金や授業料はこの間、一貫して上昇した。世帯所得に対する大学生 1 人あたりの初年度納付金は大きく上昇し、たとえば 1975 年から 1992 年までに国立大学で 7.12 倍、私立大学で 2.97 倍に急増した。先の図 8-4 で見たように、この時期は大学進学率がちょうど停滞した時期にあたる。

　その後、世帯所得は減少を続けるようになったが、それにもかかわらず、授業料・入学金のほうは上昇し、1992 年から 2013 年にかけ、学生の初年度納付金は国立大学で 1.4 倍、私立大学で 1.2 倍に増加した。大学に通うには、自宅通学にしろ、自宅外通学にしろ、多額の生活費もかかる。これも含めた大学進学費は増加し、家計の負担感は高まったが、この間も大学進学率は上昇したわけで、学費捻出のために、本人がアルバイトをしたり、新たに働きに出る母親も増えた。

　こうした状況の中で、親の所得と子どもの大学進学率との関係にはどのような変化があったのだろうか。図 8-9 は、東京大学経営・政策研究センターが 2005 年から 2011 年にかけ調査した『高校生の進路についての追跡調査』による、「年間世帯主収入階層別の子どもの高校卒業後の進路割合」を示している（年間世帯収入が 400 万円未満の世帯の子どもの各進路割合を 100 と

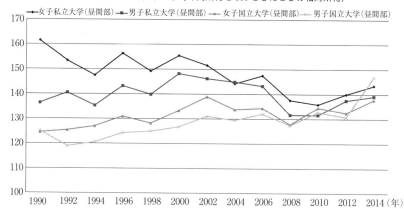

図 8-10　大学生を持つ家庭の相対平均年収の推移
(世帯主が 50-54 歳世帯の平均年間所得を 100 としたときの相対所得)

注：世帯主が 50-54 歳の勤労者世帯における平均可処分所得（月間 × 12）を 100 としたときのそれぞれの学生を持つ家庭の平均収入の指数を示す。可処分所得は、2006 年まで「二人以上の世帯のうち勤労者世帯（農林漁家世帯を除く）」の値を、2008 年以降は、「二人以上の世帯のうち勤労者世帯」の値を使用している。
出所：全国大学生活協同組合『学生生活基本調査』、総務省統計局『家計調査』

した時の相対割合を示す[9]）。これを見ると、私立大学にしろ、国立大学にしろ、高収入世帯ほど、4 年制大学に進学している人は多い。また浪人を含むその他の人が高収入世帯で多いのも目立つ。これに対し、就職した人、専門学校へ進学した人は、年間収入 400 万円未満の世帯において多く、それ以上の世帯では、この人たちは減る。短期大学へ進学した人は 400 万円未満に比べれば、それ以上の世帯のほうが高いが 800 万円を超えると徐々に減少していく。

　親の所得が高い世帯において、4 年制大学に進学する人が多いことが確認されたが、この傾向は時代とともにどう変化してきたのだろうか。『高校生の進路についての追跡調査』は 1 時点における調査であるため、その動きはわからない。このため、これに代わって全国大学生活協同組合が実施している『学生生活実態調査』に基づき、その動きを検討してみよう。図 8-10 を見ると、親の年齢にあたる 50-54 歳の平均年間世帯所得に対する、国立大

---

9)　野崎（2017）。

学・私立大学の男女別学生の平均世帯所得の倍率の推移を示している。いずれの場合でも、1倍を上回っており、平均世帯所得に比べ、高所得の子どもが大学に進学していることが確認される。

　国立・私立別、男女別に詳しく、その動きを見てみよう。まず1990年当時、最も親の平均年間所得が高かったのは、私立大学に通う女子学生であった。次いで私立大学男子、国立大学男子・女子学生となっていた。それだけかつては4年制私立大学に進学する女子大生は高所得世帯に限られており、その傾向は女子学生ほどではなかったが、男子学生についても見られたといえる。ところがその後、この傾向は徐々に弱まり、男女とも大学進学率が上昇する中、相対的に低所得世帯の子どもも私立大学に通うようになった。これに対し、国立大学では、1990年当時は私立大学よりも所得の低い世帯の子どもが多かった。しかしその後、男女を問わず、国立大学の親の所得は相対的に上昇し、2012年時点で国立大学と私立大学の親の平均所得の差はほとんどなくなった。

　4年制大学全体でみると、高校卒業後就職した子どもの世帯も含め、全世帯に比べ平均年間所得は、2012年の段階でも4割ほど高い。依然として、親の所得によって子どもの大学進学率には差があると言わざるを得ない。

　同じ調査を使って、これを学部別にみると、国立大学においても、また私立大学においても、医歯薬系学部において親の所得は総じて高く、とくに私立大学でその傾向は近年強まっている。また大学の入試難易度別にみると、図8-11が示すように、親の年間所得が1000万円を超える高所得世帯の大学生は、国立大学、私立大学いずれにおいても、入試難易度の高い第一群において多く、入試難易度の低い第二群、あるいは第三群において少ない。時系列的にみて、こうした傾向が強まっているかどうか、はっきりしたことはいえないが、どうも強まっているように見受けられる。

　なぜ、こうしたことが起こっているのだろうか。一般に入試の難易度によって大学の授業料や入学金に差はない。したがって、親の所得差によって、授業料・入学金の支払い能力に差があって、高所得の子どものほうが難易度の高い大学に通っているという説明は成り立たない。だとすれば、これまでの節で見てきたように、高校までの学力差が親の所得に左右されて生

図 8-11　年間収入 1000 万円以上の世帯の大学生の設置者別構成比

（設置者計を 100 とする）

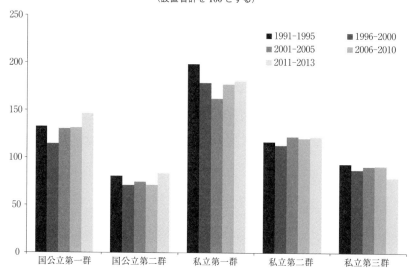

注：所得は、2010 年基準の消費者物価指数で実施化している。
出所：全国大学生活協同組合連合会『学生生活実態調査』

じ、さらにさかのぼって考えれば、幼児期からの積み重ねである非認知能力のちがいを反映して、こうしたちがいが見られるようになったのかもしれない。この差を小さくするには、大学における低所得層に対する給付型奨学金の充実とともに、幼児期からの経済的支援、学習環境の改善が必要である。

　わが国でも大学院に進学し、大学卒業後も勉学を続ける人も増えている。大学院でも、会計職大学院や法科大学院のように国家資格と強く結びついた専門職大学院や理工学研究科や医学研究科のように社会が高度化・複雑化し、技術が進歩した結果、専門的知識が必要となり、昔に比べ進学希望者の増えている大学院もある。近年、文科系にしろ、高度専門知識を期待して修士課程の学生を採用しようとする民間企業や行政機関も増えており、これを目指して大学院に進学する学生も多い。その一方、学問や研究の発展を目指すアカデミック・スクールの果たす役割も依然として大きい。

　今のところ、海外に比べて、日本では大学院へ進学する者は人数的にも少なく、また教育の質の面でも改善しなければならない面も多々ある。今後、

産業の高度化、社会の国際化と関連して、大学院教育のあり方について、議論していかなければならないだろうが、同時に、親の所得・親の職業との関連についても注目されるところである。

5　学歴間所得格差の拡大

　学校卒業後の就職には、各種の非認知能力や認知能力が影響を与えることが知られている[10]。企業はそれらを示すシグナルとして、学歴を使う場合がある（シグナリング仮説）。あるいは大学生活や授業で学んだことを尊重し、コース別採用等において、学歴を基準の一つとして使うこともある（スクーリング仮説）。認知能力や非認知能力は、就職後の配属や仕事を決める上でも重要な要素となっており、企業による人的投資もこれに沿って集中的に行われることがあり、集中投資の結果、能力格差が拡大し、所得格差も大きくなる可能性もある。

　就職後の雇用状態や給与は、はたして学歴によってどのように異なっているのだろうか。そしてそれは経済のグローバル化や技術革新の進展によって、近年、どのように変化してきているのだろうか。わが国では、高学歴化の急激な進展により、大卒供給者が増えているにもかかわらず、需要側の増大によって、学歴間所得格差は拡大しているのか。もちろん職業選択は、所得の高さだけによって決められるものではなく、自分の特性を活かした職業選択は当然あるべきものだが、ここでは学校教育とその後の仕事との関係について、所得を軸に考えてみたい。

　まず労働市場では、学歴による需要のちがいは失業率のちがいに現れている。求職活動をしているにもかかわらず、求人がなかったり、ミスマッチが発生したりすることによって、仕事に就けない人も多い。それは学歴によって、どのように異なっているのか。

　図 8-12 は学歴別にみた失業率の推移を示している。失業率は短期的な景気変動に左右される面と、長期的なミスマッチ等の構造的要因によって左右

---

10)　戸田・鶴・久米（2014）を参照。

図 8-12　学歴別完全失業率の推移

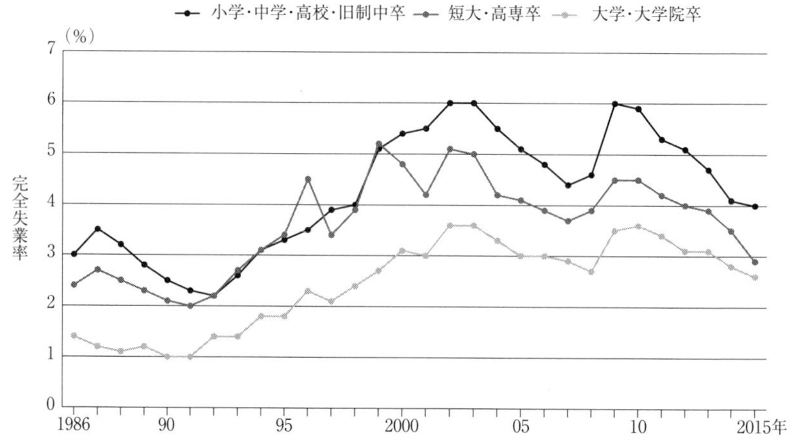

注：2001 年までは、総務省『労働力調査特別調査』（各年 2 月）、2002 年以降は、『労働力調査（詳細集計）』（年平均）。

図 8-13　性、学歴、年齢階層別正規雇用者割合の時系列推移

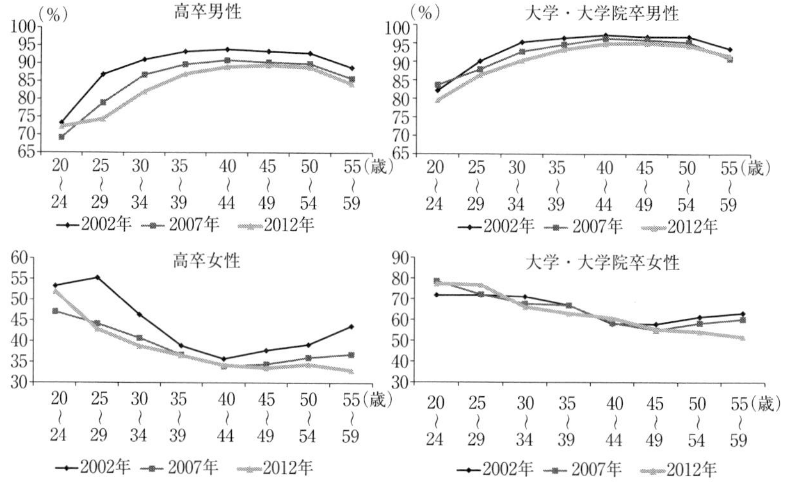

注：『就業構造基本調査』では、会社の役員を除く雇用者のうち、呼称をもとに「正規の職員・従業員」であるか「非正規の職員・従業員」であるかがわかる。本図ではこのうちの「正規の職員・従業員」を正規雇用者としている。

出所：総務省統計局『就業構造基本調査』

図 8-14　年齢階層別従業員 1000 人以上の大企業に勤める男性就業者割合（%）

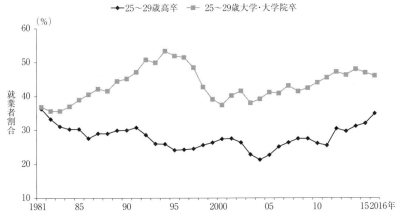

出所：厚生労働省『賃金構造基本統計調査』

される面がある。それらの影響は学歴によって異なっている可能性がある。学歴間の 1980 年代から 90 年代にかけての失業率の差は小さかった。高卒と短大卒ではその差はほとんどなかった。ところがその後、学歴間格差は広がり、2000 年以降になると、高卒と短大卒の差は広がるとともに、高卒と大卒との差は以前にも増して拡大した。それだけ、高卒の失業率の上昇は大きかったといえる。

　これに対して、就業者における正規・非正規の雇用形態の学歴による差はどうだろうか。図 8-13 は、学歴別に全雇用者に占める正規雇用者割合を示したものである。年齢を同じにすると、男性であろうと女性であろうと、高卒に比べ大卒の正規雇用者割合は高く、非正規割合は低い。これを時系列でみると、大卒でも正規雇用者は減り、非正規雇用者が増えているように見えるが、その変化はほんのわずかである。一方、高卒の正規雇用者比率の低下は著しく、非正規雇用者比率が急激に上昇した。このようにして大卒と高卒の正規雇用者比率の差は拡大し、高卒者に対する正規雇用需要は大きく低下したといえる。

　それでは一般労働者について、給与水準のちがいを検討するために、まず企業規模別の就業者割合を見てみよう。賃金の高い大企業に高学歴者が集中

図 8-15　年齢階級別男性高卒を 100 とするときの大学・大学院卒の「年間給与総額」

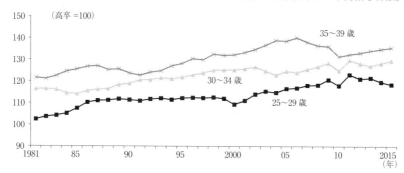

注：年間労働所得は、「決まって支給される現金給与額」と「年間賞与その他特別給与額」に基づき作成。
出所：厚生労働省『賃金構造基本統計調査』より作成。

しているのだろうか。図 8-14 は、25 歳から 29 歳男性について、学歴別に従業員 1000 人以上の大企業で就業している人の割合を示したものである。大卒のうち、大企業に勤める人の割合は、90 年代後半に一度下がったものの、その後持ち直し、近年上昇傾向にある。これに対し、高卒の大企業割合は 2004 年まで下がった後、近年、上昇傾向が見られる。30 歳以降について見ても、大企業における学歴間の差が縮小している動きは見られない。

　80 年代には高卒と大卒では、大企業割合に大きな差はなかった。その後、両者の差は拡大し、一時縮小したが、今もその状況は続いている。大企業における賃金は、中小企業に比べ総じて高いことを考えると、大卒と高卒では、正社員として働いている人に限定しても賃金差は拡大傾向にあるといえよう。産業別に就業者構成比を学歴別にみると、賃金の高い産業で大卒の就業者割合は高まっており、逆に賃金の低い産業で高卒の割合が高まっている。

　図 8-15 は年齢階級別の高卒に比べたときの大卒・院卒の年間給与の差を示している。これを見ると、学歴間の給与格差は、近年、拡大しているように見える[11]。こうしたデータに基づき生涯給与を学歴別に試算してみると、アングロ・サクソン諸国ほどではないが、わが国でも学歴間の賃金格差は、

---

11)　何・小林（2017）。

近年、拡大傾向にあることが確認される。

6　海外経験がその後の所得に与える影響

　経済の国際化が進展する中、海外の企業に対応できる人材に対する需要は高まっている。幼い時に親について海外に居住した経験を持つ人、高校生や大学生・大学院生の時に海外に留学した経験を持つ人、さらには会社に入ってから海外に赴任したり留学した経験を持つ人。近年、こうした人は増加しているが、そこで学んだ語学や知識、体験は国際社会に対応できる人材を育て、社会や企業におけるこうした人材に対するニーズの拡大によって、経済的にも有利になっているのだろうか。

　海外の学校に留学したり、居住したりするには、相当なコストがかかる。その一方、その費用に見合った便益は発生しているのだろうか。海外経験を一種の人的投資とみなし、その便益について、経済的に考えてみたい。国内の大学に子どもを入学させる以上に費用はかかり、海外に留学させることのできる家庭は高所得の世帯に限定されている可能性がある。はたしてそうした投資を通じて、親の所得は子どもに引き継がれ、所得格差は拡大しているのか。2015 年の慶応義塾大学『日本家計パネル調査』の付帯質問に対する回答データを使って検討してみた[12]。

　海外への留学が、外国語の習得、異文化理解の促進、精神的成熟にどのように役立っているかについて、数量的分析を報告した論文は数多く存在する。また帰国後、そこで身に着けた能力がどのように生かされ、経済的にも役立ったかを追跡した調査も、数は少ないが存在する。たとえば King, Findlay and Ahrens (2010) は、ある奨学金をもらってアメリカに留学した学生のデータを使い、英語能力の向上について数量的に検討している。また Kurt, Olisky and Geis (2013) は短期留学プログラム参加者のデータを使い、異文化の理解度の向上への貢献を検討し、Cheng (2014) は香港の大学への留学生について、精神的成長についての分析を行った。そして Higher

---

12)　及川・樋口 (2017)。

Education Funding Council for England（2009）はイギリスの大学で学士号を取った学生を対象に、海外居住の経験のある人とない人で卒業6カ月後の経済状況を比較し、海外居住のある人のほうが高所得になりやすいことを明らかにしている。

日本でも、明治大学の横田正弘教授らは『グローバル人材育成と留学の長期的インパクトに関する調査』を2015年に実施し、3カ月以上の海外留学を経験した学生と、経験したことのない学生について、その後のキャリアを比較し、海外未経験者に比べ、海外経験者のほうが平均年収の高いことを確認した。

『日本家計パネル調査』によると、海外への留学（短期留学を含む）、海外居住（旅行を除く）をしたことのある人は、男女とも高学歴者が多い。男性では、高卒以下で海外での居住経験を持つ人は約2%であるのに対し、大卒では約9%、大学院卒では約25%となっている。女性では高卒以下が約1%しか海外居住の経験を持っていない。これに対し、大卒では約20%、大学院卒では約25%と海外経験を持つ。

海外の居住経験者について父親の学歴を見ると、男女とも大卒の割合が高く、高学歴の人の子どものほうが有意に海外の居住経験を持っている。また本人が15歳のときの父親の就業状況を見ると、女性では自営業だった人が多く、男女とも中小企業よりも大企業に勤めている親が多い。総じて親の所得の高い世帯ほど、海外居住を経験しているといえよう。

英語力にはちがいがあるのか。これを調べてみると、学歴は同じであっても、海外での居住経験を持つ人のほうが明らかに英語能力は高い。とくに若い世代において、海外居住者の英語能力は高く、女性において顕著である。

その一方、現在の就業状況を見ると、差はあるのだろうか。男性のほとんどは現在就業しており、海外の居住経験による有意な差は見受けられない。他方、女性についても年齢や学歴を同じにすると、海外居住経験の有無による就業／無業、正規／非正規の差は見られず、英語力の高さもこれには影響していない。

それでは就業している人に限定した場合、所得にちがいは発生しているのか。計量経済学の手法を使って、年間勤労所得を分析してみると、男性の雇

用者の場合、学歴や年齢、企業規模、産業をコントロールしても、英語力を考慮に入れない場合、海外での居住経験のある人のほうが勤労所得は 10.5％高い。英語力のちがいを考慮に入れても 6.5％高く（英語力の差は 10.7％の年間勤労所得のちがいを生み出している）、さらに労働時間のちがいを考慮しても 6.9％有意に高いことが観察される。女性については、同様の手法（ヘックマンの二段階推定法）を使って推計しても、海外居住の経験の有無によって本人の所得に有意な差は検証されなかった。わが国では、女性の海外居住経験はその後の仕事において十分活かされていないのが現状のようである。

　ただしその半面、英語力については、男性以上に大きな所得の差が観察された（英語力が上級の人はそうでない人に比べ、年間勤労所得が 15.1％から 22.6％高い）。国際社会において、英語力のちがいは、男女とも大きな経済格差を生み出している可能性が示唆される。

7　奨学金は親の所得による子どもの教育格差を和らげるか

　親の所得により子どもの大学進学率には依然としてちがいが存在する。しかも近年、同じ大学生であっても、特定の学部や入試難易度等によって親の平均所得にちがいがあることが確認された。もちろん社会に出てからの所得については個人差があるものの、平均値で見る限り学歴による就業状態や所得の差は、近年、拡大傾向にあることが見出された。このことは、見方を変え、世代間所得移転という視点から見ると、以前にもまして、教育を通じた親の所得の移転が拡大し、次世代に所得格差が持ち越される傾向が強まっており、階層の固定化が進展しつつあるということもできる。はたして、低所得世帯における負の連鎖は、奨学金の拡充によって、断ち切ることは可能なのか。

（1）　奨学金が低所得世帯の大学進学促進に与える効果

　わが国にも多数の奨学金制度が存在するが、その大多数を占めているのが、日本学生支援機構（旧日本育英会）の奨学金制度である。この奨学金は

図 8-16　奨学金の受給者割合（大学・昼間部）の推移

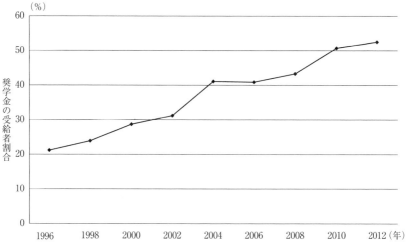

出所：日本学生支援機構『学生生活調査』

日本国憲法が定める国民の教育の機会均等を目指して設立された。この奨学
金制度では、2018 年度からは一部、給付型奨学金制度も始められるが、こ
れまでそのほとんどは貸与型の奨学金であり、受給した奨学金は、利子のあ
る、なしは別にして、将来、返還することが求められる。

　この制度は給付型奨学金とちがって、給付に要する 1 人あたりの費用は少
なくて済み、限られた財源のもと、多くの人が受給できるようにとつくられ
た制度である。受給した人が借りた額を将来返還し、それを財源として給付
するといった互助的な仕組みとなっている。子どもが大学進学期を迎え、親
の所得制約から大学進学を断念せざるを得ない場合、これを利用して、借入
制約を回避することはできるが、はたしてそれにはどこまで大学進学促進効
果が存在するのだろうか。

　親の所得が低下する中、奨学金の利用希望者は急増している。図 8-16
は、学生全体に占めるこの奨学金の利用者割合を示している。利用希望者が
急増しているのに加え、奨学金の事業規模が 2000 年の 4151 億円から 2014
年の 1 兆 1745 億円に拡充されたことで、とくに有利子の第 2 種奨学金を中
心に、受給者割合は上昇し、現在では 5 割を超える学生が奨学金を利用する

までになった。

　日本学生支援機構の奨学金は、大学・短期大学・高等専門学校・専修学校（専門課程）・大学院の学生を対象にしたものだが、以下では大学生を対象にしたものについて見ていく。第 1 種奨学金は無利子であり、第 2 種に比べ、採用要件となる学力が高く（現在、高校 1 年時から申し込み時までの平均偏差値が 3.5 以上）、家計の経済基準も上限が厳しく設定されている。これに対し第 2 種奨学金は有利子であり、学力基準も相対的に緩く（学業成績が平均水準以上と認められる者）、家計所得の上限基準も高く設定されており、高額の貸与も認められる。給付型の奨学金は、従来、障害者や海外留学奨学金に限定されていた。

　同機構の奨学金制度は、これまでにも金額やその選択方式、さらには採用基準、採用時期について、何度かの変更が行われてきた[13]。なかでも注目されるのが、予約採用制度の導入である。これまでの在学採用奨学金は、大学に入学してから応募し、支給が認められる方式であり、ある意味では大学進学が決まり、大学生になってから支給が決まり、進学促進というよりも後追いの効果しかないのではないかという懸念の声もあった。

　これに対し、予約制度は高校在学中で進学先が未定の段階で申し込むことが可能であり、受給の資格があるかどうかがわかる。このため、予約採用では大学に入学した場合、通学費用調達の目途が事前につくことから、進学へのインセンティブをより高めることができるのではないかとの期待が持たれる。

　第 1 種奨学金については、制度が創設された 1984 年度から予約採用はあったが、第 2 種奨学金については、2000 年度から始められた。2004 年当時、第 1 種奨学金の予約採用者割合は 35% 程度であったが、その後上昇し、2014 年には 60% 程度にのぼっている。第 2 種奨学金においても予約採用者割合は 45% 程度であったが、2014 年には 75% に上昇した。

　はたしてこの予約採用型奨学金には、低所得層の大学進学率を向上させる効果があるのか。それとも、もともと進学を決めている人が受給しているだ

---

13)　萩原・深堀（2017a）を参照。

図 8-17　所得階層別の奨学金受給者割合（単位：％）の推移

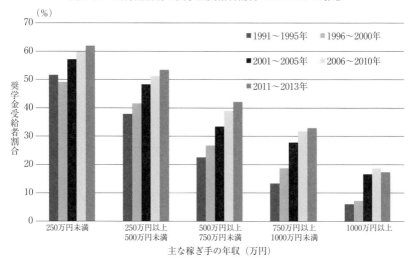

注：2003 年調査では、質問形式が若干異なっており単純に接続できないため、この年のデータは使用していない。
　　したがって「2001~2005 年」のカテゴリーは厳密には 2001、2002、2004、2005 年である。
出所：全国大学生活協同組合連合会『学生生活実態調査』（第 27 回（1991 年）～第 38 回（2002 年）、第 40 回
　　（2004 年）～第 49 回（2013 年）調査）

けで、大学進学の促進効果はないのか。所得階層別にみると、奨学金の受給
者割合は主な稼ぎ手の年収が低い世帯で高く、しかも近年、その伸びは低所
得層から中間所得層において大きい（図 8-17）。

　高校 1 年生のときから大学への進学希望の程度や奨学金の申し込み、支給
の決定、そして高校卒業後の進路について追跡調査した『高校生の進路につ
いての調査（第 1 回～第 6 回、2005-2011）』（東京大学大学院教育学研究科
大学経営・政策研究センター）のデータを使って、進路決定までの経緯を追
うことができる者のうち、「進学は考えていない」と回答した者で予約採用
型の奨学金に応募した者は 3.7％であり、このうち採用された者は 80％であ
る[14]。これに対し、「できれば進学したい」と回答した者で予約採用に応募
したものは 15.0％で、採用された者はこのうち 89.0％である。この比率は
「必ず進学したい」と回答した者（応募率 15.4％、採用率 89.6％）と大差な

14)　萩原・深堀（2017b）。

く、大学進学を迷っている者にも広く開かれた制度になっているといえる。

　高校1〜2年時に4年制大学への進学を希望していた人を対象にしたデータを用い、計量経済学の手法を使って、奨学金が大学進学率に与える影響について分析してみると、父親の所得が高い人ほど、応募の結果、予約採用奨学金に採択されておらず、成績が良いものほど、採択されている。その上で、予約採用奨学金に採択された者と、成績や父親の所得等において、この採択された人と似通った特性を持っている人の大学進学率を比較すると、採択された人のほうが大学進学率は有意に高く、予約採用制度には大学進学を促進する有意な効果があることが確認された[15]。

（2）　奨学金受給者のその後の就業状態と所得

　2016年の慶応義塾大学『日本家計パネル調査』を使って、奨学金を受給し大学を卒業した者（①）と高校を卒業し就職した者（②）、奨学金を受給せずに大学を卒業した者（③）の卒業後の就業状態と所得を比較することによって、奨学金の効果について分析してみたい。また奨学金を受給しながら大学を中途退学した者（④）、奨学金を受給せずに大学を中途退学した者（⑤）をサンプルに加え、比較をしてみる[16]。

　その結果、（1）親の学歴、とくに母親の学歴の低い子どもほど、大学進学者に占める奨学金受給者割合が高いこと、（2）高卒者と比べて、奨学金を受給し大学に進学し卒業した者は非正規雇用になりにくいこと、（3）同じ大卒者であっても奨学金受給者のほうが無業者（失業者や休業者、専業主婦を含む）割合や非正規雇用割合は低いこと、（4）反対に大学中退者は高卒者と比べても無業者や非正規雇用になりやすいことが確認された。

　年収に関する分析結果を使って、それぞれの期待生涯所得を推計してみると、表8-1のようになる。これを見ると、（5）他の条件が同じであっても、高卒者と比べて大卒者は年収が高く、一方で大学中退者は、高卒者と比べて年収が低い、（6）さらに同じ大卒者であっても、奨学金受給者のほうが年収は有意に高いことが確認された。（7）時間あたり賃金を比較する

---

15)　同前157ページ。
16)　樋口・萩原・野崎（2017）。

表8-1　高卒／大卒（文系／理系）別、奨学金受給者／非受給者別、性別、有配偶別に
　　　　みた期待生涯所得

最終学歴	男性（無配偶）		女性（無配偶）		男性（有配偶）		女性（有配偶）	
	受給者	非受給者	受給者	非受給者	受給者	非受給者	受給者	非受給者
高卒	20861	18982	5675	3796	21072	19193	5886	4007
大卒（文系）	22882	21140	8989	7247	23075	21333	9182	7440
大卒（理系）	25842	24169	12595	10922	26026	24353	12779	11106

注1：単位は万円。
注2：高卒の場合は47年間、大卒（文系）の場合は43年間、大卒（理系）の場合は41年間、同一企業で働いて
　　いると仮定した場合の期待生涯所得を示している。
出所：樋口・萩原・野崎（2017）。

と、奨学金を受給している大卒者のほうが非受給大卒者より賃金の高いこと
が検証された。

　奨学金受給者は、大学進学を断念し就職した者よりは、もちろんのこと、
社会に出てからも所得が多くなっていた。他の大学卒業者と比べても、奨学
金受給者は成績が良く、しかも毎年奨学金を受け続けるために一生懸命勉強
したこともあって、就職に有利になり、これに加え就職後も奨学金を返還す
るために一生懸命働くこともあってか、所得が高いという結果になってい
る。

　奨学金の拡充や基準の緩和、労働需要構造の変化の影響を検証するため、
（8）年齢階層ごとに奨学金受給者と非受給者の雇用形態や賃金等の差につ
いて検証してみると、若い世代ほど奨学金受給の成績の基準が緩和されたに
もかかわらず、両者の差は拡大する傾向にあり、奨学金の重みが増している
ことが確認された。（9）期待生涯所得と返済額を比べ、奨学金のネットの
私的利益率を推計すると、現在割引率や物価上昇率がゼロとすると、平均私
的利益率はプラスになっている。しかし物価上昇率がマイナスのデフレ下に
おいては、この関係は大きく変わることが考えられる。今後は流動性制約の
視点から高等教育進学の断念やデフレ下における実質返済額の増加、失業や
非正規雇用の増加が考えられるため、所得の急減による返済不能に対する対
策（所得連動返還方式）や給付型奨学金制度についての検討が必要である。

　以上の結果、低所得世帯における大学への進学促進について、予約採用型

の奨学金制度は有意な効果を持つことが確認された。今後、低所得層に対する給付型の奨学金が拡充されていけば、格差縮小の効果はさらに強められると予想される。その一方、入試難易度別の大学進学についての差は、奨学金の拡充によりどこまで解消されるかは疑問であり、幼児期からの低所得層への経済的支援、さらには勉学機会の拡充支援が必要である。教育の機会均等を実現するには、こうした社会的支出を拡充する必要がある。

さらには長い職業人生の間には、途中で再就職を促したり、キャリアアップを可能にしたりするため、新しいものを学び直せるリカレント教育や能力開発の機会を拡充していく必要がある。またこれを受講しようとする人に対して、教育訓練助成金制度の拡充等により経済的に支援し、だれもがこれを受けられるようにしていく必要がある。再就職やキャリアアップにとって、どのような職業能力を持っているかを記載したジョブカードは有効であり、これを使った伴走型、あるいは寄り添い型の能力開発・就職支援は効果を持つ。さらには同じ仕事を継続するにしても、育児・介護休業や短時間勤務制度の普及とともに、能力開発休業を取りやすくしたり、労働者が主体的に働き方や職業能力開発の目標や計画を見直し、それらに即して働こうとする意欲を高め続けるための相談が定期的にできるような「セルフ・キャリアドック制度」を普及させることも検討に値しよう。

8 結論：所得格差の固定化を阻止する教育制度の確立に向けて

日本の大学進学率は、現在、男子においては6割、女子においては5割近くまで上昇した。過去に比べると、よく多くの若者が高等教育を享受できるようになったが、果たして、日本において、世代を超えた格差の固定化を阻止するほどの、教育の機会の均等が実現されているのだろうか。このような問題意識のもと、本章では、幼児教育、小中学生の学力、大学進学という三つのステージにおける、親の所得や家庭環境と教育の関係について先行研究での議論を踏まえて分析を行った。そのうえで、世代を超えた階層の固定化を阻止するためには、教育制度においてどのような施策が必要とされている

かについて検討した。

　幼児教育については、ヘックマン（2015）の研究を中心に、この時期に意欲、忍耐力、自己意識、自制心といった非認知能力を育てることがその後の学業や仕事において重要であること、そして、家庭における経済格差が子どもの非認知能力や学力の差を引き起こし、大人になってからも経済格差に影響することを指摘した。

　小中学校における学力については、主に日本における先行研究を中心に、低所得世帯の子どもたちにおいて学力形成に不利があることがわかった。また、縦断調査を利用した分析により、親の所得は子どもの学力の差のみならず、学力の伸びにもプラスの影響を与えていることも明らかになった。

　大学進学率に目を向けると、親の所得との関係がさらに顕著になる。というのも、他の国と比較して、日本においては高等教育機関に対する公的助成は少なく、家庭がその多くを負担しなければならないからだ。さらに、所得の高い親の子どもの大学進学率が高いばかりでなく、大学の難易度別に見ても、近年、所得の高い親の子どもは難易度の高い大学に通っている傾向があることがわかった。学部単位で見ても同じ傾向がある。これは、高校までの学力の差が親の所得に左右されて生じていることに起因していると考えられる。

　また、親の学歴と子どもの学歴には相関関係が強く存在し、教育を通じて、世代間で格差が継承されていることも明らかになった。

　さらにこのように生じた教育格差は、将来、就業した際における賃金格差にも影響を与える。学歴間の賃金格差は以前に増して拡大している。また、留学などの海外での経験もその後の所得にプラスの影響を与えること、さらに親の所得が高い世帯ほど、そのような海外経験を持つ人が多く、そこでも格差が生じている。

　家庭の経済状況による教育格差を解消するためには、どういった施策が必要か。本章では、その一つの手段として、大学進学への奨学金制度について着目した。なかでも、日本学生支援機構による「予約採用型奨学金」という、進学先が未定の状態で高校生のうちの申し込むことができる新しい制度に着目して、その効果について分析した。その結果、「予約採用型奨学金」

は、低所得層の大学進学率を向上させる効果があることが確認できた。さらに、奨学金を得て大学進学をしたことで、大学進学を断念した場合よりも高い所得を得ていることも明らかとなった。

　低所得者における不利な状況を緩和するためには、今後、勉学に励んでいることを条件に、給付型のこういった奨学金制度の拡充が重要である。さらに、幼児期・年少期における親の所得や家庭環境と子どもの学力との結びつきを考慮すると、この時期に低所得家庭に対する経済的支援や勉学機会の整備支援も必須だ。

　幼児期の家庭環境が子どもの好奇心や意欲、忍耐力に影響し、それがその後の学力を左右する。そして、その学力の高さが親の子どもへの教育投資意欲に影響を与え、裕福な世帯では成績の良い子どもにさらなる教育投資が行われ、それがさらに学力の差を拡大させる。その差は大学への進学意欲や、より難易度の高い大学への合否に影響を与える。さらに、その差は就職後の賃金にも影響を与える。学歴間の賃金格差や就業格差は、近年、拡大する傾向にある。

　現状の日本において、こういった時間的連鎖、世代を超えた階層の固定化は少なからず存在している。どの家庭に生まれようとも、人生におけるさまざまな機会の均等が保障されることは、活力ある社会を維持するうえでも必要ではないか。格差の固定化を回避するために、教育における機会均等の実現は喫緊の課題となっている。親の所得と子どもの所得の悪循環を避けるためにも、教育の各局面における機会均等策が求められる。さらには長い人生の間には、再就職やキャリア・アップのため、新しいものを学び直せるリカレント教育や職業能力開発の機会を拡充するとともに、定期的に自分のキャリアを再検討し、相談できる伴走型の能力開発制度を普及させ、支援していく施策も必要となる。

初 出 一 覧

　本書の各章のもととなった研究論文は、以下の通りである。しかし、本書執筆にあたっては、それらをベースにしながらも、大幅に加筆・修正を行い、書物として一貫性のあるものに構築している。

第1章　樋口美雄・石井加代子・佐藤一磨（2016）「日本の所得格差と所得変動：国際比較・時系列比較による動学的視点」『三田商学研究』第59巻3号，p.67-91. を改訂し掲載。

第2章　樋口美雄・佐藤一磨（2016）「雇用・賃金統計に見る先進各国共通な流れと日本の特異性」『三田商学研究』第58巻1号，p.15-36. を改訂し掲載。

第3章　石井加代子・樋口美雄（2015）「非正規雇用の増加と所得格差：個人と世帯の視点から―国際比較に見る日本の特徴―」『三田商学研究』第58巻3号，pp.37-55 を改訂し掲載。

第4章　樋口美雄（2013）「日本の貧困動態と非正規労働者の正規雇用化：最低賃金と能力開発支援の経済効果」小川一夫、神取道宏、塩路悦朗、芹澤成弘編『現代経済学の潮流2013』第1章、東洋経済新報社。
Higuchi,Y.（2013）"The Dynamics of Poverty and the Promotion of Transition from Non-regular to Regular Employment in Japan；Economic Effects of Minimum Wage Revision and Job Training Support," *Japanese Economic Review*, 64（2），pp.147-200.
の2編の論文を大幅改訂し、掲載。

第5章　樋口美雄・石井加代子・佐藤一磨（2017）「景気変動と世帯の所得格差―リーマンショック下の夫の所得と妻の就業―」『経済研究』第68巻2号，pp.132-149 を改訂し掲載。

第6章　石井加代子（2011）「経済的地位と医療サービスの利用」樋口美雄, 宮内環, C.R.McKenzie，慶應義塾大学パネルデータ設計・解析センター編『教育・健康と貧困のダイナミズム：所得格差に与える税社会保障制度の効果』第5章、慶應義塾大学出版会を大幅改訂し、掲載。

第7章　石井加代子・浦川邦夫（2014）「生活時間を考慮した貧困分析」『三田商学研究』第57巻4号，pp.97-121 に新しい分析を追加し、改訂して掲載。

第8章　樋口美雄・萩原里紗（2017）「教育投資は所得階層を固定化するのか：国際比較と日本の動き」樋口美雄・萩原里紗編『大学への教育投資と世代間所得移転』序章、勁草書房を大幅改訂し、掲載。

参 考 文 献

相澤直貴・山田篤裕 (2008)「常用・非常用雇用間の移動分析—『就業構造基本調査』に基づく5時点間比較分析」『三田学会雑誌』第101巻第2号, pp. 235-265.

赤林英夫・直井道生・敷島千鶴編著 (2016)『学力・心理・家庭環境の経済分析—全国小中学校の追跡調査から見えてきたもの』勁草書房.

————・敷島千鶴・山下絢 (2016)「就学前教育・保育形態と学力・非認知能力—JCPS2010-2012に基づく分析」樋口美雄・赤林英夫・大野由香子・慶應義塾大学パネルデータ設計・解析センター編『働き方と幸福感のダイナミズム—家族とライフサイクルの影響』第3章, 慶應義塾大学出版会.

明日山陽子 (2006)「米国最低賃金の引上げをめぐる論争」アジア経済研究所 現地レポート〈http://www.ide.go.jp/Japanese/Inter/Report/pdf/asuyama_0612.pdf〉.

阿部彩 (2007)「日本における社会的排除の実態とその要因」『季刊社会保障研究』43(1): pp. 27-40.

———— (2013)「誰が受診を控えているか：J-SHINEを使った初期的分析」国立社会保障・人口問題研究所『サービスにおけるナショナルミニマム研究（中間報告書）』.

安部由起子 (2001)「地域別最低賃金がパート賃金に与える影響」猪木武徳・大竹文雄編『雇用政策の経済分析』東京大学出版会, pp. 259-302.

————・玉田桂子 (2009)「最低賃金・生活保護額の地域差に関する考察」『日本労働研究雑誌』No. 593, pp. 31-47.

————・田中藍子 (2007)「正規—パート賃金格差と地域別最低賃金の役割1990年〜2001年」『日本労働研究雑誌』No. 563, pp. 77-92.

石井加代子 (2005)「たばこ税の引き上げや健康増進法は禁煙にどこまで有効か」KEIO UIVERSITY MARKET QUALITY RESESRCH PROJECT *Discussion Paper*, DP2005-019.

———— (2006)「イギリス高齢者における障害と社会経済的地位との関係」『三田商学研究』48(6), pp.23-41.

————・浦川邦夫 (2014)「生活時間を考慮した貧困分析」『三田商学研究』第57巻4号, pp. 97-121.

————・佐藤一磨・樋口美雄 (2010)「ワーキング・プアからの脱出に自己啓発支援は有効か」樋口美雄・宮内環・C.R. McKenzie・慶應義塾大学パネルデータ設計・解析センター編著『貧困のダイナミズム—日本の税社会保障・雇用政策と家計行動』慶應義塾大学出版会, 第5章, pp. 103-129.

————・山田篤裕 (2008)「年齢階級・世帯類型別にみた日本の貧困動態の特徴」『社会政策研究』9, pp. 38-63.

————・樋口美雄 (2015)「非正規雇用の増加と所得格差：個人と世帯の視点から

―国際比較に見る日本の特徴―」『三田商学研究』第 58 巻 3 号, pp. 37-55.

稲葉由之・高岡信行・岡亜由子（2008）「家計資産格差の推移と要因分解」総務省統計研修所リサーチペーパー第 14 号.

岩井克人（2014）『資本主義から市民主義へ』筑摩書房.

卯月由佳・末冨芳（2016）「世帯所得と小中学生の学力・学習時間―教育支出と教育費負担感の媒介効果の検討」国立教育政策研究所ディスカッションペーパー No. 002.

浦川邦夫（2007）「家族の変容と教育意欲の世帯間格差に関する考察」『経済学研究年報』No. 54, pp. 107-126.

遠藤久夫・駒村康平（1999）「公的医療保険と医療アクセスの公平性」『季刊社会保障研究』35(2), pp.141-148.

―――・篠崎武久（2003）「患者自己負担と医療アクセスの公平性――支出比率とカクワニ指数から見た患者自己負担の実態――」『季刊社会保障研究』39(2), pp.144-154.

及川純一・樋口美雄（2017）「海外居住経験がその後の就業や所得に与える影響」樋口美雄・萩原里紗編著『大学への教育投資と世代間所得移転―奨学金は救世主か』、第 6 章、勁草書房.

太田清（2005）「フリーターの増加と労働所得格差の拡大」『ESRI Discussion Paper Series』No. 140.

―――（2006）「非正規雇用と労働所得格差」『日本労働研究雑誌』No. 557, pp. 41-52.

大竹文雄（2005）『日本の不平等―格差社会の幻想と未来』日本経済新聞社.

太田聰一（2007）「ライフイベントと若年労働市場―『国勢調査』から見た進学・結婚・出産行動」橘木俊詔編『日本経済の実証分析―失われた 10 年を乗り越えて』東洋経済新報社, pp. 217-238.

大橋勇雄（2007）「EU の労働市場と最低賃金」『EU の拡大と深化―通貨統合後の課題』（「拡大 EU の課題」研究会報告書）日本経済研究センター，第 4 章.

―――（2009）「日本の最低賃金制度について―欧米の実態と議論を踏まえて」『日本労働研究雑誌』No. 593, pp. 4-15.

岡部恒治・西村和雄・戸瀬信之（1999）『分数ができない大学生』東洋経済新報社.

奥平寛子・大竹文雄・久米功一・鶴光太郎（2011）「派遣労働者は踏み石か、それとも不安定雇用への入り口か」*RIETI Discussion Paper Series* 11-J-055.

小塩隆士（2004）「1990 年代における所得格差の動向」『季刊社会保障研究』Vol. 40, No. 3, pp. 277-285.

―――（2010）『再分配の厚生分析　公平と効率を問う』日本評論社.

―――・浦川邦夫（2008）「2000 年代前半の貧困化傾向と再分配政策」『季刊社会保障研究』Vol. 44, No. 3, pp. 278-290.

何芳・小林徹（2017）「学歴間の労働所得格差は拡大しているのか」（樋口美雄・萩原理紗編著『大学への教育投資と世代間所得移転』第 3 章，勁草書房.

苅谷剛彦・志水宏吉編（2004）『学力の社会学』岩波書店.

川口大司（2009）「最低賃金と雇用」大橋勇雄編『労働需要の経済学』第8章, ミネルヴァ書房.

────・森悠子（2009）「最低賃金労働者の属性と最低賃金引上げの雇用への影響」『日本労働研究雑誌』No. 593, pp. 41-54.

久米功一・大竹文雄・奥平寛子・鶴光太郎（2011）「非正規労働者の幸福度」*RIETI Discussion Paper Series* 11-J-061.

────・花岡智恵・水谷徳子・大竹文雄・奥山尚子（2014）「パーソナリティ特性の形成要因─家庭・学校・職場の経験から」『行動経済学』Vol. 7, p. 50-54, 行動経済学学会.

黒澤昌子（2003）「公共職業訓練の収入への効果」『日本労働研究雑誌』No. 514, pp. 38-49.

────（2005）「積極労働政策の評価レビュー」『フィナンシャル・レビュー』第77号, pp. 197-220.

黒田祥子・山本勲（2007）「労働供給弾性値はどのように変化したか？：マクロとミクロの双方の視点から」*PIE/CIS Discussion Paper*, No. 339.

────・山本勲（2011）「人々はいつ働いているのか？─深夜化と正規・非正規雇用の関係─」*RIETI Discussion Paper Series* 11-J-053.

玄田有史（2008）「前職が非正社員だった離職者の正社員への移行について」『日本労働研究雑誌』No. 580, pp. 61-77.

────（2009）「正社員になった非正社員─内部化と転職の先に」『日本労働研究雑誌』No. 586, pp. 34-48.

小杉礼子・原ひろみ（2011）『非正規雇用のキャリア形成─職業能力評価社会を目指して』勁草書房.

小原美紀（2001）「専業主婦は裕福な家庭の象徴か？─妻の就業と所得不平等に税制が与える影響」『日本労働研究雑誌』No. 493, pp. 15-29.

────（2007）「夫の失業リスクと妻の労働供給」林文夫編『経済停滞の原因と制度』勁草書房, pp. 325-340.

酒井正・樋口美雄（2005）「フリーターのその後─就業・所得・結婚・出産」『日本労働研究雑誌』No. 535, pp. 29-41.

坂口尚文（2009）「企業にとっての最低賃金」『日本労働研究雑誌』No. 593, pp.29-40.

坂本和靖（2008）「親の行動・家庭環境がその後の子どもの成長に与える影響─The Sensitivity Analysis of Hidden Bias─」*IPSS Discussion Paper Series*, No. 2007-J01.

佐藤一磨（2012）「夫の失業前後の妻の就業行動の変化について」『経済分析』第186号, pp. 116-136.

四方理人（2011）「非正規雇用は「行き止まり」か？─労働市場の規制と正規雇用への移行」『日本労働研究雑誌』No. 608, pp. 88-102.

篠崎武久（2013）「格差感の背景と政策対応について」21世紀政策研究所　研究プロ

208

ジェクト『格差問題を超えて〜格差感・教育・生活保護を考える〜』第3章, pp. 53-74.

清家篤・山田篤裕（2004）『高齢者就業の経済学』日本経済新聞社.

高山憲之・有田富美子（1994）「家計資産の分配とその変遷」石川経夫編『日本の所得と富の分配』東京大学出版会.

橋木俊詔（1998）『日本の経済格差』岩波新書.

――――（2000）「日本の所得格差は拡大しているか―疑問への答えと新しい視点」『日本労働研究雑誌』No. 480, pp. 41-52.

――――・浦川邦夫（2006）『日本の貧困研究』東京大学出版会.

――――・――――（2007）「日本の貧困と労働に関する実証分析」『日本労働研究雑誌』No. 563, pp. 4-19.

――――・迫田さやか（2013）『夫婦格差社会―二極化する結婚のかたち』中公新書.

玉田桂子（2005）「最低賃金はどのように決まっているのか」『日本労働研究雑誌』No. 593, pp. 16-28.

田宮遊子・四方理人（2007）「母子世帯の仕事と育児―生活時間の国際比較から―」『季刊社会保障研究』43(3): pp. 219-231.

中馬宏之・樋口美雄（1995）「経済環境の変化と長期雇用システム」猪木武徳・樋口美雄編著『日本の雇用システムと労働市場』第1章, 日本経済新聞社.

辻村江太郎（1977）『経済政策』筑摩書房.

津谷典子（2009）「学歴と雇用安定性のパートナーシップ形成への影響」『人口問題研究』65(2), pp. 45-63.

戸田淳仁・鶴光太郎・久米功一（2014）「幼少期の家庭環境、非認知能力が学歴、雇用形態、賃金に与える影響」*RIETI Discussion Paper Series* 14-J-019.

豊川智之・村上慶子・兼任千恵・小林廉毅（2012）「医療サービスへのアクセスの水平的公平性」『医療と社会』22(1), pp.69-78.

内閣府（2013）経済の好循環実現検討専門チーム会議、中間報告参考資料、図表13, pp. 15,〈http://www5.cao.go.jp/keizai2/keizai-syakai/k-s-kouzou/shiryou/houkoku/sankoushiryo4.pdf〉.

――――・総務省・厚生労働省（2015）「相対的貧困率等に関する調査分析結果について」〈http://www.stat.go.jp/data/zensho/2009/pdf/hinkonritsu.pdf〉2016年7月アクセス.

――――編（2013）『子ども・若者白書』.

中島上智・西崎健司・久光孔世留（2016）「先進国における労働生産性の伸び率鈍化」*BOJ Reports & Research Papers*.

長濱利廣（2012）『男性不況』東洋経済新報社.

中室牧子（2015）『「学力」の経済学』ディスカヴァー・トゥエンティワン.

西坂小百合・岩立京子・松井智子（2017）「幼児の非認知能力と認知能力、家庭での関りの関係」『共立女子大学家政学部紀要』第63号.

野崎華世（2017）「親の所得と大学進学率」樋口美雄・萩原里紗編著『大学への教育

投資と世代間所得移転―奨学金は救世主か』第 1 章，勁草書房.

萩原里紗・深堀遼太郎（2017a）「大学進学者にとって奨学金は重要か」樋口美雄・萩原里紗編著『大学への教育投資と世代間所得移転―奨学金は救世主か』第 2 章，勁草書房.

――――・深堀遼太郎（2017b）「奨学金は大学進学、大学卒業後の収入・正規雇用就業に寄与しているのか」樋口美雄・萩原里紗編著『大学への教育投資と世代間所得移転―奨学金は救世主か』第 5 章、勁草書房.

橋本英樹（2005）「国民生活基礎調査における健康のとらえ方に関する基礎的検討」『厚生の指標』52(11), pp.14-22.

浜田浩児（2007）「夫婦所得の世帯間格差に対する妻の所得の寄与度」『生活経済学研究』No. 25, pp. 93-104.

樋口美雄（1978）「家計の労働供給行動と消費構造」『三田商学研究』第 21 巻 5 号.

――――（2001）『雇用と失業の経済学』日本経済新聞社.

――――（2013）「日本の貧困動態と非正規労働者の正規雇用化：最低賃金と能力開発支援の経済効果」『現代経済学の潮流 2013』東洋経済新報社.

――――・阿部正浩（1999）「経済変動と女性の結婚・出産・就業のタイミング―固定要因と変動要因の分析―」樋口美雄・岩田正美編『パネルデータからみた現代女性結婚・出産・就業・消費・貯蓄』pp. 25-65, 東洋経済新報社.

――――・佐藤一磨（2015）「雇用・賃金統計に見る先進各国共通な流れと日本の特異性」『三田商学研究』第 58 巻 1 号, pp. 15-36.

――――・石井加代子・佐藤一磨（2011）「貧困と就業―ワーキングプア解消に向けた有効策の検討」鶴光太郎・樋口美雄・水町勇一郎編著『非正規雇用改革―日本の働き方をいかに変えるのか』第 8 章, pp. 193-215.

――――・――――・――――（2015）「日本の所得格差と所得変動―国際比較・時系列比較の動学分析」『三田商学研究』第 59 巻第 3 号, pp. 67-91.

――――・萩原里紗・野崎華世（2017）「奨学金受給が高等教育機関卒業後の就業・所得に与える影響」『三田商学研究』第 60 巻第 3 号, pp. 59-86.

――――・――――編著（2017）『大学教育への教育投資と世代間所得移転』勁草書房。

福田節也（2005）「離婚の要因分析」財団法人家計経済研究所編『リスクと家計　消費生活に関するパネル調査（第 12 年度）』国立印刷局, pp. 49-64.

ブレグマン、ルトガー（2017）『隷属なき道　AI との競争に勝つ　ベーシックインカムと一日三時間労働』野方香方子訳，文芸春秋。

ヘックマン、ジェームズ（2015）『幼児教育の経済学』大竹文雄解説、古草秀子訳、東洋経済新報社.

堀春彦・坂口尚文（2005）『日本における最低賃金の経済分析』労働政策研究報告書 No. 44.

本多智佳・大日康史（2003）「健康の公平性」『健康経済学』pp.267-285, 東洋経済新報社.

耳塚寛明・浜野隆・山田哲也・垂見裕子・中西啓喜・中島ゆり・冨士原紀絵・石井恭子 (2014)「平成25年度全国学力・学習調査の結果を活用した学力に影響を与える要因分析に関する調査研究」お茶の水女子大学.

森川正之 (2017)「労働力の質と生産性—賃金ギャップ—パートタイム労働者の賃金は生産性に見合っているか？—」*RIETI Discussion Paper Series* 17-J-008.

森剛志 (2002)「夫婦間の所得の組み合わせの変化が所得格差に与える影響」『大原社会問題研究所雑誌』No. 524, pp. 33-45.

山口一男 (2009)『ワークライフバランス　実証と政策提言』日本経済新聞出版社.

山田篤裕 (2004)「居宅介護サービスの公平性——『国民生活基礎調査（平成13年）』介護票に基づく分析——」『季刊社会保障研究』Vol.40(3),pp.224-235.

山本勲 (2011)「非正規労働者の希望と現実—不本意型非正規雇用の実態—」*RIETI Discussion Paper Series* 11-J-052.

勇上和史 (2005)「都道府県データを用いた地域労働市場の分析—失業・無業の地域間格差に関する考察—」『日本労働研究雑誌』No. 539, pp 4-16.

吉川洋 (2016)「分断危機を超えて(1)＝格差拡大、価値創造力奪う」(「日本経済新聞」経済教室・2016年01月04日掲載).

吉田恵子 (2004)「自己啓発が賃金に及ぼす効果の実証分析」『日本労働研究雑誌』No. 532, pp. 40-53.

労働政策研究・研修機構 (2010)『非正規社員のキャリア形成——能力開発と正社員転換の実態』労働政策研究報告書 No. 117.

———— (2011)「最低賃金の引上げによる雇用等への影響に関する理論と分析」『JILPT 資料シリーズ』No. 90.

———— (2012)「子どものいる世帯の生活状況および保護者の就業に関する調査—世帯類型別にみた「子育て」、「就業」と「貧困問題」—」調査報告書.

Aakvik, A. (2001) "Bounding a matching estimator: the case of a Norwegian training program," *Oxford Bulletin of Economics and Statistics* 63: pp. 115-142.

Allegretto, A., A. S. Dube and M. Reich (2011) "Do Minimum Wages Really Reduce Teen Employment? Accounting for Heterogeneity and Selectivity in State Panel Data," *Industrial Relations* Vol. 50, No. 2, pp. 205-240.

Arranz, J. M., C. García-Serrano and L. Toharia (2010) "The Influence of Temporary Employment on Unemployment Exits in a Competing Risks Framework," *Journal of Labor Research* 31, pp. 67-90.

Becker, G. (1965) "A theory of the allocation of time," *Economic Journal* 75, pp. 493-517.

Becker, S. and M. Caliendo (2007) "Sensitivity Analysis for Average Treatment Effects," *The Stata Journal*, 7: 71-83.

Booth, A. L., M. Francesconi and J. Frank (2002) "Temporary Jobs: Stepping-stones or Dead Ends?" *Economic Journal* 112, pp. 189-215.

Bradbury, B., M. Corak, J. Waldfogel and E. Washbrook (2015) *Too Many Children Left Behind: The U.S. Achievement Gap in Comparative Perspective.*

Cahuc, P. and A. Zylberberg (2004) *Labor Economics*, The MIT Press.

Cancian, M. and D. Reed (1999) "The impact of wives' earnings on income inequality: Issues and estimates," *Demography* 36(2), pp. 173-184.

Card, D. and A. Krueger (1995) *Myth and Measurement*, Princeton University Press.

————— (1992) "Using Regional Variation in Wages to Measure the Effects of the Federal Minimum Wage," *Industrial and Labor Relations Review* Vol. 46, No. 1, pp. 404-428.

Chamberlain, G. (1980) "Analysis of Covariance with Qualitative Data," *Review of Economic Studies* Vol. 47, No. 146, pp. 225-238.

Cheng, Annie Y-N. (2014) "Perceived value and preferences of short-term study abroad programmes: A Hong Kong study," *Social and Behavioral Sciences* 116, pp. 4277-4282.

Claudio, E. M. and C. Pagés (2008) "Who Benefits from Labor Market Regulations? Chile,1960-1998," in James J. Heckman and Carmen Pagés, eds. *Law and Employment: Lessons from Latin American and the Caribbean*, University of Chicago Press.

D'Addio, A. and M. Rosholm (2005) "Exits from Temporary Jobs in Europe: A competing Risks Analysis," *Labour Economics* 12, pp. 449-468.

Dehejia, R. and S. Wahba (1999) "Causal Effects in Non- Experimental Studies: Re-Evaluating the Evaluation of Training Programs," *Journal of American Statistical Association* 94, pp. 1053-1062.

————, ————— (2002) "Propensity Score Matching Methods for Non-Experimental Causal Studies," *Review of Economics and Statistics* 84, pp. 151-161.

Dickens, R. and A. Manning (2004) "Spikes and Spill-overs: The impact of the national minimum wage on the wage distribution in a low-wage sector," *Economic Journal* Vol. 114, Conference Papers No. 494 (Mar.), pp. C95-C101.

Douthitt, R. (2000) "Time to do the chores?" Factoring Home-production needs into measures of poverty," *Journal of Family and Economics Issues* 21(1) pp. 7-22.

Dube, A, T., W. Lester and M. Reich (2010) "Minimum Wage Effects Across State Borders: Estimates Using Contiguous Counties," *Review of Economics and Statistics* Vol. 92, No. 4, pp. 945-964.

Esteban-Pretel, J., R. Nakajima and R. Tanaka (2011) "Are Contingent Jobs Dead Ends or Stepping Stones to Regular Jobs? Evidence from a Structural Estimation," *Labour Economics* 18, pp. 513-526.

Fuchs, V.R. (1986) *The health Economy*, Harvard University Press.（邦訳：江見康一、二木立、権丈善一［1995］『保険医療政策の将来』勁草書房）.

Gagliarducci, S. (2005) "The Dynamics of Repeated Temporary Jobs," *Labour Economics* 12 pp. 429-448.

Goodin, R., J. Rice, A. Parpo and L. Eriksson (2008) *Discretionary Time: A New Measure of Freedom*, Cambridge University Press.

Grossman, M. (1972) "On the concept of health capital and the demand for health," *Journal of Political Economy* Vol.80 (2), pp.223-255.

Hagen, T. (2003) "Do fixed-term contracts increase the long term employment opportunities of the unemployed?" *ZEW Discussion Paper*, 03-49, Mannheim.

Harkness, S. (2010) "Women's employment and household income inequality," in Gornick, J.C. and M. Jantti, eds. *Income and Inequality: Economic disparities and the middle class in affluent countries*, Stanford University Press.

———— and M. Evans (2011) "The employment effects of recession on couples in the UK: women's and household employment prospects and partners' job loss," *Journal of Social Policy* 40(4), pp. 675-693.

————, S. Machin and J. Waldfogel (1997) "Evaluating the pin money hypothesis: The relationship between women's labour market activity, family income and poverty in Britain," *Journal of Population Economics* 10, pp. 137-158.

Harvey, A. and A.K. Mukhopadhyay (2007) "When twenty-four hours is not enough: Time poverty of working parents," *Social Indicators Research* 82, pp. 57-77.

Heckman, J. J. and T. E. MaCurdy (1980) "A Life Cycle Model of Female Labour Supply," *Review of Economic Studies* 47(1), pp. 47-74.

————, ———— (1982) "Corrigendum on a Life Cycle Model of Female Labour Supply," *Review of Economic Studies* 49, pp. 659-660.

————, H. Ichimura and P. Todd (1997) "Matching as an Econometric Evaluation Estimator: Evidence from Evaluation a Job Training Programme," *Review of Economics and Statistics*, 64, pp. 605-654.

————, ————, J. Smith and P. Todd (1998) "Characterizing Selection Bias Using Experimental Data," *Econometrica* 66, pp. 1017-1098.

HEFCE (2009) "Attainment in Higher Education: Erasmus and Placement Students," *London HEFCE Issues Paper* 44.

Hertz, Tom, Jayasundera Tamara, Patrizio Piraino, Selcuk Sibel, Smith Nicole and Alina Verashchagina (2007) "The Inheritance of Educational Inequality: International Comparisons and Fifty-Year Trends," *B.E. Journal of Economic Analysis & Policy Advances* Vol. 7 , Iss. 2 (Advances), Article 10.

Higuchi, Y. (2017) "How Changes in the Japanese Labor Market Shape Marriage and Fertility Decision: Toward Measures to Help Women Maintain Valance among Family, Work, and Social Responsibilities," *Discussion Paper*, Panel Data Research Center at Keio University.

————— (2013) "The Dynamics of Poverty and the Promotion of Transition from Non-regular to Regular Employment in Japan ; Economic Effects of Minimum Wage Revision and Job Training Support," *Japanese Economic Review* 64, pp. 147-200.

Jenkins, S., A. Brandolini and J. Micklewright, eds. (2012) *The Great Recession and the Distribution of Household Income*, Oxford University Press.

Johson, Jr., J. H., J. D.Kasarda and S. J. Appold (2011) "Assessing the Economic and Non-Economic Impacts of Harrah's Cherokee Casino, North Carolina," Frank Hawkins Kenan Institute of Private Enterprise, Kenan-Flagler Business School, University of North Carolina at Chapel Hill .

Kakuwani, N., A. Wagstaff, and E. van Doorslaer (1997) "Socioeconomic Inequalities in Health: Measurement, Computation and Statistical Inference," *Journal of Econometorics* Vol.77, pp.87-103.

Kalenkoski, C., K.S. Karmrick and M. Andrews (2011) "Time poverty thresholds and rates for the US population," *Social Indicators Research* 104, pp. 129-155.

Kambayashi, R., D. Kawaguchi and K. Yamada (2008) "Minimum Wage in Deflationary Economy:Experience of Japan, 1994-2003," *mimeograph*.

Karoly, L. A. and G. Burtless (1995) "Demographic Change, Rising Earnings Inequality, and the Distribution of Personal Well-Being, 1959-1989," *Demography* Vol. 32, No. 3, pp. 379-406.

Kawachi, I. and B.P. Kennedy (2002) *The health of nations: why inequality is harmful to your health*, New Press.

Kawaguchi, D. and Y. Mori (2009) "Is Minimum Wage an Effective Anti-Poverty Policy in Japan?" *RIETI Discussion Paper Series* 09-E-032.

————— and K. Yamada (2007) "The impact of minimum wage on female employment in Japan," *Contemporary Economic Policy* Vol. 25, No. 1, pp. 107-118.

King, R., A. Findlay and O. Ahrens (2010) "International student mobility literature review," *Project Report*, Higher Education Funding Council for England (HEFCE), Bristol.

Kohara, M. (2010) "The response of Japanese wives' labor supply to husbands' job loss," *Journal of Population Economics*, Online publication date: 22-May-2009.

Kurt, M. R., N. H. Olitsky and P. Geis (2013) "Assessing global awareness overshort-term study abroad sequence: a factor analysis," *Frontiers: Interdisciplinary Journal of Study Abroad*, 23, pp. 22-41.

Lalonde, R. (1986) "Evaluating the Econometric Evaluations of Training Programs with Experimental Data," *American Economic Review* 76, pp. 604-620.

Lerman, R. and S. Yitzhaki (1985) "Income inequality effects by income source: A new approach and applications to the United States," *Review of Economics and*

Statistics 67(1), pp. 151-156.

Lundberg, S. (1985) "The Added Worker Effect," *Journal of Labor Economics* 3(1), pp. 11-37.

Moriguchi, C. (2015) "Income Inequality in Japan: Comparative Historical Perspectives," presented at Japan Program Seminar, Asia-Pacific Research Center, Stanford University.

Neumark, D. and W. Wascher (2000) "The Effect of New Jersey's Minimum Wage Increase on Fast-Food Employment: A Reevaluation Using Payroll Records," *American Economic Review* Vol. 90, No. 5, pp. 1362-1396.

————, M. Schweitzer and W. Wascher (2004) "Minimum Wage Effects throughout the Wage Distribution," *Journal of Human Resources* Vol. 39, No. 2, pp. 425-450.

———— and W. Wascher (1992) "Evidence on employment effects of minimum and subminimum wage: Panel data on state minimum laws," *Industrial and Labor Relations Review*, Vol. 57, No.2, article4. pp. 55-81.

————, ———— (2004) "Minimum Wages, Labor Market Institutions, and Youth Employment: A Cross-National Analysis," *Industrial and Labor Relations Review* Vol. 57, No. 2, pp. 223-248.

————, ———— (2007) "Minimum Wages and Employment." *IZA DP* No. 2570.

OECD (2008) "Growing Unequal? : Income Distribution and Poverty in OECD Countries," OECD Publishing.

———— (2011) "Divided we stand: Why inequality keeps rising," OECD Publishing.

———— (2012) "Labor Losing to Capital: What Explains the Declining Labor Share?" in *OECD Employment Outlook 2012*, OECD Publishing.

———— (2014a) "Focus on top incomes and taxation in OECD countries: Was the crisis a game changer?" OECD Publishing.

———— (2014b) *OECD Employment Outlook 2014*, OECD Publishing.

———— (2015) "In it together: Why Less Inequality Benefits All," OECD Publishing.

Piketty, T. (2014) *Capital in the Twenty-First Century*, Harvard University Press (トマ・ピケティ『21世紀の資本』山形浩生・守岡桜・森本正史訳、みすず書房).

Rosenbaum, P. R. and D. B. Rubin (1983) "The Central Role of the Propensity Score in Observational Studies for Causal Effects," *Biometrika*, Vol. 70, No. 1. pp. 41-55.

Shorrocks, A.F. (1983) "The Impact of Income Components on the Distribution of Family Incomes," *Quarterly Journal of Economics* Vol. 98, pp. 311-326.

Skoufias, E. and S. W. Parker (2006) "Job loss and family adjustment in work and schooling during the Mexican peso crisis," *Journal of Population Economics* 19, pp. 163-181.

Stephens, M. J. (2002) "Worker Displacement and the Added Worker Effect," *Journal of Labor Economics* 20(3), pp. 504-537.

Stewart, M. B. (2002) "Estimating the impact of the minimum wage using geographical wage variation," *Oxford Bulletin of Economics and Statistics* 64, pp. 583-606.

───── and J. K. Swaffield (2008) "The Other Margin: Do Minimum Wages Cause Working Hours Adjustments for Low-Wage Workers?" *Economica* 75, pp. 148-167.

Thompson, J. (2009) "Using Local Labor Market Data to Re-Examine the Employment Effects of the Minimum Wage," *Industrial and Labor Relations Review* Vol. 62, No. 3, pp. 343-366.

Van Doorslaer, E. and A. Wagstaff (1992) "Equity in the Delivery of Health Care: Some International Comparisons," *Journal of Health Economics* Vol.11, pp.389-411.

─────, C. Masseria, and the OECD Health Equity Research Group Member (2004) "Income-Related Inequality in the Use of Medical Care in 21 OECD Countries," *OECD Health Working Papers*.

Vickery, C. (1977) "The time poor: A new look at poverty," *Journal of Human Resources* 12(1), pp. 27-48.

Wagstaff, A. and E. van Doorslaer (2000) "Measuring and Testing for Inequalities in the Delivery of Health Care," *Journal of Human Resources* pp.716-33.

Waldfogel. J., Y. Higuchi and K. Nozaki (2017) "The Achievement Gap in the U.S. and Japan," forthcoming.

Wilkinson, R. (1996) *Unhealthy Societies: the Afflictions of Inequality*, Routledge.

Yamazaki, S., S. Fukuhara and J. Green (2005) "Usefulness of Five-item and Three-item Mental Health Inventories to Screen for Depressive Symptoms in the General Population of Japan," *Health and Quality of Life Outcomes* 3(48).

Yokoyama, I., N. Kodama and Y. Higuchi (2016) "What happened to wage inequality in Japan during the last 25 years? -Evidence from the FFL decomposition method," *RIETI Discussion Paper Series* 16-E-081.

Zavodny, M. (2000) "The effect of the minimum wage on employment and hours," *Labour Economics* 7, pp. 729-750.

索　引

あ　行

アクセスビリティ　125, 129
アトキンソン係数　6
アベセダリンプロジェクト　170
一億総中流　2
一時的貧困　3
一般労働者　35, 91
医療・福祉分野　33
医療サービス　125-127, 129-135,
　　142-144
医療ニード　134, 137
医療費　127, 143, 144
インセンティブ　23
失われた20年　182
運動　135, 141, 163
　　———習慣　160, 164
影響率　81, 83
英語力　192
お金で時間を買う　149, 151, 154, 164
卸・小売業　33

か　行

海外居住を経験　192
海外経験　191
介護　165
階層の固定化　180, 193
カイツ指標　81, 82, 89
格差　4
　　———の拡大　168
カクワニ係数　131
可処分所得　7
可処分時間　150, 153, 155

家事サービス　149
家族形成　70
家庭環境　167, 168, 170-172, 180
華麗なるギャツビー曲線　180, 181
完全失業率　110, 111
学生生活実態調査　184
学力　167, 169, 170, 173, 174
　　———格差　168
学歴　169, 171
　　———間所得格差　182, 187
　　———間の賃金格差　46
　　（親の）———　171, 174, 176, 180,
　　182, 197
機会の均等　2, 168
期待生涯所得　197, 198
喫煙　129, 141
規模間格差　47
規模の経済(性)　8, 62
逆転現象　80
キャリアコンサルティング　99
求職意欲喪失効果　118
給付　104, 107, 108, 123
　　———型奨学金　194
教育　180
　　———投資　168, 172, 174
　　———年数　129
　　———の機会均等　167, 168, 199,
金融危機　28, 103
金融資産　15
慶應義塾大学パネルデータ設計解析セン
　　ター　3
景気後退　31
景気変動　106, 110, 118, 122
経済格差　169, 170, 172, 180
経済成長率　28
経済的地位　125, 127, 128, 130, 144
経済的利益　1

結果の平等　168

健康格差　125, 127, 128, 145, 146

健康資本　129, 130, 139

健康状態　125, 128-130, 133, 134,
　　　137-141, 144, 145, 148, 159, 160,
　　　163, 164

建設業　33

高額療養費制度　126, 135, 145

後期高齢者医療制度　135

高校生の進路についての追跡調査
　　　183

交叉効果　60

公衆衛生　125

高所得　103, 113, 114, 184, 185, 191

恒常的貧困　3

公的医療保障　125, 126, 130, 140, 144

高等教育機関の支出　178

公平性　131, 132, 134, 144

国民皆保険　125, 144

国民経済計算　40

国民生活基礎調査　8, 18

固定化　19, 20, 24

固定効果推計方法　86

雇用機会　29

雇用形態　73

雇用削減　87

雇用者指数　33

雇用者数　28, 31, 33

雇用者報酬　40

雇用戦略対話　81

雇用喪失効果　88

雇用調整速度　28, 34, 49

雇用保険　107, 108

雇用保障　44

雇用量　88

婚姻率　70

混合世帯　63, 67

さ　行

サービス業　33, 106

最小二乗法　137, 160

最低限必要（な）家事時間　149-153,
　　　156, 159

最低賃金　77-79, 81, 84, 85, 87-89, 91

　　───審議会　79

最適雇用量　34

再分配効果　108, 123

産業別最低賃金　79

自営業者　58

時間　147-150

　　───あたり賃金率　60

　　───調整後所得貧困　151, 158

　　───的に余裕　163

　　───的余裕　147, 148, 163, 165

　　───の貧困　154

　　───の貧困線　153

　　───貧困　148-150, 155, 157, 158,
　　　160, 162-165

　　───貧困線　150

　　───割引率　129, 130, 139

シグナリング仮説　187

時系列分析　6

自己啓発　96

自己負担　126, 131, 135, 137, 139, 143,
　　　144

資産格差　3, 15

市場経済　1

自然実験　88

時短　164

失業　107-109, 114, 115, 123

　　───者　106

　　───保険　95

　　───率　187

実質賃金　36

ジニ係数　6, 8, 10, 13, 15, 58, 68, 108,
　　　110, 111, 121, 123, 181

社会生活基本調査　154

社会保障　107, 108, 123

　　───制度　14

　　───費　13

就業意欲喪失効果　31

就業開始　116

就業形態　58

就業行動　104

就業率　　30

受診　　134, 135, 137, 139-143

──抑制　　125, 126, 146

住宅・宅地資産　　15

集中度曲線　　132

収入分布　　4, 5

主観的な健康感　　135, 137, 140, 141, 144,
　　159, 160

順序ロジット　　160

奨学金　　167, 178, 180, 193

──受給者　　197, 198

賞与　　114, 115, 123

所得　　140, 147, 148-150, 158, 163, 171,
　　176

──階層　　3, 58, 64, 104, 111, 113,
　　115, 122, 127, 130-132, 138, 139,
　　142, 144

──階層間　　137

──格差　　1-6, 10, 17, 21, 24, 25,
　　27, 49, 53, 59, 62, 74, 103, 104, 110,
　　111, 121, 123, 128, 132, 169, 180,
　　182, 191, 193

──格差仮説　　128

──再分配機能　　13

──再分配調査　　13, 121

──の再分配機能　　14, 24

──の貧困　　154

──貧困　　158, 160

──貧困線　　150-152

（夫の）──が低下　　120, 123

（夫の）──低下　　116-119, 122

（夫の）──の低下　　115, 122

（親の）──　　167, 175, 176, 180,
　　182, 184, 185, 191-194

上位1％の所得占有率　　11, 24

常用雇用契約　　63

常用労働者　　46

ジョブ・カード制度　　99

新規参入　　117, 118

新規就業　　118

──関数　　89

水平的公平性　　127, 131, 145

睡眠　　164

──時間　　135, 141, 144, 160, 163

スクーリング仮説　　187

ステッピング・ストーン　　95

ストレス　　73

税　　14

生活水準　　147

生活保護　　80, 95, 147, 152

──受給　　135

正規・非正規　　93

正規雇用　　20, 107, 112, 117, 189

正規転換　　78

正規労働　　67

──者　　91, 94

──世帯　　63, 67

生産性　　75

生産年齢人口　　28

製造業　　33, 106, 113

成長力底上げ戦略会議　　81, 85

政労使対話　　81

世帯間所得格差　　105, 111, 118, 119,
　　121

世帯所得　　115-119, 174, 182, 184

世帯主所得　　53

世帯の所得格差　　69

世代間所得移転　　169, 180, 181, 193

世代間の所得弾力性　　181

積極的な雇用政策　　95

積極的な雇用対策　　30

絶対的貧困　　152

──率　　17

セルフ・セレクション・バイアス　　96

専業主婦　　53

全国学力・学習状況調査　　174

全国消費実態調査　　10, 15, 18, 121

相対的貧困　　152

──率　　17, 18, 24, 77

総務省『家計調査年報』　　4

た　行

大学進学　　194

──率　　167, 176, 182, 185, 193,

195, 196

耐久消費財資産　15
第3号被保険者制度　87
タイル係数　6
脱出率　20
単身世帯　158, 163
単独世帯　10
地域別最低賃金　79
中央集権的な賃金決定方式　92
長期失業者　31
長時間労働　148, 160, 163, 164
賃金　36, 38
　──カーブ　47
　──格差　46, 48
　──構造基本統計調査　46, 48
追跡調査　20, 170, 171, 173, 174
低所得　67, 103, 109, 113, 114, 128,
　137, 174, 185, 193, 195, 199
　──者　126, 132, 144, 145
　──層　123, 132
低賃金労働者　84, 87
デッド・エンド　95
デフレ　36
転換　94, 95, 96
転職　114, 123
同一労働・同一賃金　77, 91, 91, 93
等価可処分所得　8, 10, 134, 136, 142,
　143
等価世帯所得　62, 64
同時貧困　158, 158, 163
当初所得　13
都道府県別有効求人倍率　117, 118,
　119
トマ・ピケティ　180
共働き　155, 163
　──世帯　149, 157, 158, 161

な　行

内部留保　40
ニード　127, 131, 132, 137, 142, 144
二次元的貧困線　149, 150

二値採点法　135, 138
日本家計パネル調査　3, 24, 58, 85,
　104, 127, 134, 154, 182, 191, 197
日本学生支援機構　193
日本子どもパネル調査　171
認知能力　169, 172, 187
年間給与指数　36
年功賃金　48
能力開発支援　77, 78

は　行

配偶者控除　87
ハウスマン検定　119
派遣切り　107, 113
派遣社員　107, 109
派遣労働者　93
働き方改革　164
バブル　15
パート　87
パートタイム　84
　──労働者　43
パート法　93
パート労働者　36, 46, 91
ビクター・R・フェックス　129
非自発的非正規労働者　97
非正規雇用　19, 107, 109, 112, 189
非正規労働　41, 42, 50, 53, 54, 58, 61,
　67-69, 73-75
非正規労働者　77, 86, 91, 94, 98
非正規労働世帯　63
必要最低限の家事時間　163
ひとり親世帯　149, 156-158, 161, 163
非認知能力　169-172, 180, 185, 187
非標準労働者（non-standard worker）
　45
標準労働者（standard worker）　45
貧困　19-21, 69, 163, 172, 173
　──線　18
　──脱出率　19
　──突入率　19
　──率　69

貧乏暇なし　157, 158

夫婦間分業　63

付加的労働者効果　115-118, 123

不況　103-105, 116

2 人以上世帯　10

フルタイム労働者　58

プールド OLS　86

プロビット・モデル　137

プロビット分析　160

分権的賃金決定方式　92

ベーシック・インカム　173

ヘックマン　172

　　　　――の二段階推定法　86

ペリー就学前プロジェクト　170

変量効果推計方法　86

保育所　171

法人企業統計　40

ま　行

マイケル・グロスマン　129

毎月勤労統計調査　35

マッチング法　96

未満率　81, 83

民間消費デフレータ　39

無期契約労働者　45

無期転換　77

無期労働契約　95

無業世帯　63, 67

無配偶世帯　109, 110, 123

名目賃金　36

メンタルヘルス　134, 138, 141, 159,

　　　　160, 173

モラルハザード　80, 95

や　行

雇止め法理　95

有期契約労働者　45

有期実習型訓練制度　99

有期労働契約　95

有期労働者比率　44, 45

有配偶女性　57

有配偶世帯　109, 111, 122

要因分解　60

幼稚園　171

余暇　147, 150, 156, 164, 165

　　　　――時間　156, 157

予約採用型の奨学金制度　198

予約採用奨学金　197

予約採用制度　195

ら　行

リーマン・ショック　29, 36, 103,

　　　　105-109, 111, 113, 116, 121-123

離職関数　89

離職率　89

留学　191, 192

累進的性格　15

ルトガー・ブレグマン　173

労働供給　104, 111, 115, 118, 122, 123

労働契約法　93

労働市場　27

労働時間　28, 35, 36, 50, 60, 87, 116,

　　　　117, 119, 120, 136, 142, 150, 153,

　　　　155, 159

労働生産性　38-40, 50

労働費用　37, 38

労働分配率　28, 40, 41, 50

労働力人口　28

労働力調査　42, 106, 109

労働力率　30

ローレンツ曲線　6, 132

ワ　行

ワーキングプア　68, 70, 75, 77

ワーク・ライフ・バランス　148, 150

ABC

Extensive margin　117
GHQ　134, 135, 138, 141
Logit モデル　116

OECD（経済協力開発機構）　8, 45, 54, 58, 64
Off JT　95
Pooled Logit　117, 118
quota system　167
Random Effect Logit　117, 118
World Values Survey　22

著 者 略 歴

樋口美雄（ひぐち・よしお）

慶應義塾大学商学部教授。1952 年生まれ。80 年、慶應義塾大学大学院商学研究科博士課程修了。博士（商学）。

82 年、同大商学部助教授。85‐87 年、米国コロンビア大学客員研究員。91 年、慶應義塾大学商学部教授。

95—96 年、米国スタンフォード大学客員研究員、オハイオ州立大学招聘客員教授。2005—08 年、国民生活金融公庫総合政策研究所所長を兼務。09-13 年、慶應義塾大学商学部長。09—14 年、内閣府統計委員会委員長。12 年、日本経済学会会長。16 年、紫綬褒章受章。慶応義塾・福澤賞受賞。厚生労働省、内閣府、文部科学省等において多くの公職（労働政策審議会会長、働き方改革実現会議有識者議員、一億総活躍国民会議民間議員など）を歴任。

主著

『日本経済と就業行動』東洋経済新報社、1991 年、日経・経済図書文化賞受賞

『雇用と失業の経済学』日本経済新聞社、2001 年、エコノミスト賞受賞

『人事経済学』生産性出版、2001 年　ほか多数

石井加代子（いしい・かよこ）

慶應義塾大学経済学部特任講師。1978 年生まれ。慶應義塾大学商学部卒業、London School of Economics and Political Science 修了（MSc 取得）、慶應義塾大学大学院商学研究科博士課程単位取得退学。医療経済研究機構を経て現職。

主な業績

「介護労働者の賃金決定要因と離職意向—他産業・他職種からみた介護労働者の特徴—」『季刊社会保障研究』2009 年（共著）

佐藤一磨（さとう・かずま）

拓殖大学政経学部准教授。1982 年生まれ。2010 年、慶應義塾大学大学院商学研究科博士課程単位取得退学。博士（商学）。プライス・ウォーターハウス・クーパース株式会社アソシエイト、明海大学経済学部専任講師等を経て現職。

主な業績

『日本における労働移動に関する実証分析』三菱経済研究所、2015 年

「危険回避的な人ほど早く結婚するのか、それとも遅く結婚するのか」内閣府経済社会総合研究所『経済分析』190 号、27—44 ページ、2016 年　など

格差社会と労働市場
——貧困の固定化をどう回避するか

2018 年 3 月 24 日　初版第 1 刷発行

著　者―――――樋口美雄・石井加代子・佐藤一磨
発行者―――――古屋正博
発行所―――――慶應義塾大学出版会株式会社
　　　　　　　〒108-8346　東京都港区三田 2-19-30
　　　　　　　TEL　〔編集部〕03-3451-0931
　　　　　　　　　　〔営業部〕03-3451-3584〈ご注文〉
　　　　　　　　　　〔　〃　〕03-3451-6926
　　　　　　　FAX　〔営業部〕03-3451-3122
　　　　　　　振替　00190-8-155497
　　　　　　　http://www.keio-up.co.jp/
装　丁―――――渡辺弘之
印刷・製本――藤原印刷株式会社
カバー印刷――株式会社太平印刷社

慶應義塾大学出版会

多様化する日本人の働き方

非正規・女性・高齢者の活躍の場を探る

阿部正浩・山本勲 編

もう一つの「働き方改革」に注目せよ！　非正規雇用者、女性、高齢者が働く場を効率化することで、就業率をさらに高め、少子高齢化に十分対応可能な労働環境を整備できる。わが国の将来に向けて、その方策を考察・提言する。

A5判／上製／280頁
ISBN978-4-7664-2494-2
◎4,200円

◆目次◆
序　章　日本の労働市場はどう変わってきたか 阿部正浩
第Ⅰ部　非正規雇用の労働力と貧困
第1章　非正規雇用から正規雇用への転換と技術革新
　　　　　　　　　　　　小林徹・山本勲・佐藤一磨
第2章　非正規雇用者へのセーフティ・ネットと流動性　戸田淳仁
第3章　所得と時間の貧困からみる正規・非正規の格差
　　　　　　　　　　　　石井加代子・浦川邦夫
第Ⅱ部　女性労働力と出産・育児
第4章　結婚・出産後の継続就業——家計パネル調査による分析
　　　　　　　　　　　　樋口美雄・坂本和靖・萩原里紗
第5章　育児休業期間からみる女性の労働供給　深堀遼太郎
第6章　企業における女性活躍の推進　　　　　山本勲
第7章　地域の育児支援政策の就業・出産への効果
　　　　　　　　　　　　伊藤大貴・山本勲
第Ⅲ部　高齢者の労働力と定年・引退
第8章　中高年の就業意欲と引退へのインセンティブ　戸田淳仁
第9章　中高年期の就業における家族要因
　　　　——配偶者の就業と家族介護が及ぼす影響　酒井正・深堀遼太郎
第10章　定年退職は健康にどのような影響を及ぼすのか　佐藤一磨
第11章　高齢者の失業が健康に及ぼす影響
　　　　　　　　　　　　山本勲・佐藤一磨・小林徹

表示価格は刊行時の本体価格（税別）です。